中财往事丛书

往事曾谙

主 编 王 强

副主编 安秀梅 魏鹏举

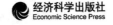
经济科学出版社
Economic Science Press

图书在版编目（CIP）数据

往事曾谙/王强主编.--北京：经济科学出版社，
2014.7
（中财往事丛书）
ISBN 978-7-5141-4800-8

Ⅰ．①往… Ⅱ.① 王… Ⅲ. ①中央财经大学-校史
Ⅳ.①G649.281

中国版本图书馆CIP数据核字（2014）第144489号

责任编辑：王　娟
责任校对：杨　海
责任印制：李　鹏

往事曾谙

主　编　王　强

副主编　安秀梅　魏鹏举

经济科学出版社出版、发行　新华书店经销

社址：北京市海淀区阜成路甲28号　邮编：100142
总编部电话：010-88191217　发行部电话：010-88191522
网址：www.esp.com.cn
电子邮件：esp@esp.com.cn
天猫网店：经济科学出版社旗舰店
网址：http://jjkxcbs.tmall.com
北京季蜂印刷有限公司印装
710×1000　16开　22印张　260000字
2014 年 8 月第1版　2014 年 8 月第1次印刷
ISBN 978-7-5141-4800-8　定价：　66.00元

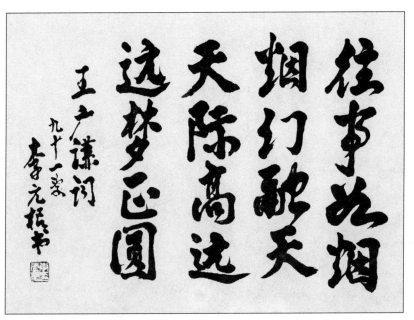

中央财经大学校长王广谦教授为本书题词："往事如烟，烟幻融天，天际高远，远梦正圆。"

李元根老先生书。

写在前面的话

提起往事，我们就会说"往事如烟"，我们编辑《中财往事》就是要把如烟散去的中财往事在中财人的记忆里钩沉出来。这里是中财人记忆里的中财历史，这里是未来认识中财、研究中财的史料。

在这里是中财的往事，在这往事里也折射着那些年代的中国大学。未来的史学家，在这本中财个案的往事里，也会把这些史料化作思想的利器，去解说中国大学的艰难与坚强。

这是我们的一个回忆平台，我们会把那些散去的烟云重新聚合，把那些模糊的影像拂拭清晰。不要忘记那些逝去的人物，是他们筑起中财历史的阶梯；不要忘记那些悠远的事件，那都应是中国大学教育难得的记忆。

中财是中财人的家园，对历史的关注与梳理，不只是为了唤起归属感，也是为了更好地反思我们那些曾有的经历，也是为了我们更清醒地规划未来，实现梦想。

我们关心中财，不忘历史；我们关心中国的大学教育，更应不忘历史。历史不只是以往的时空，更是思索未来的依据。这历历的档案和史料，就是我们面对未来的良好参照，今天与明天的风景里一定都会有昨天故事里的精神一脉相承。

在这里，我们不是写历史，我们更是为未来的史学家准备史料，为未来的史学家寻找史源。我们不追求精致，但要尽量完全；

我们不要求装饰，但求朴质真实；我们无须宣泄情绪，一任平实自然；我们不设话语禁区，但亦不欲收饹饤庸沓之音与补纤牵合之作也！

我们这里也不必都是那么正襟危坐，也不求宏大叙事，固然言不出于一己，文必关乎天下，但也要使命与兴味相兼，史笔与文采共襄，记人融于故事，持论传以思想。即便稀缺之档案，宜有审慎之鉴别；或见舛疑之史象，常可相析以廓清。

历史的探究，也是为着对传统的把握。我们虽然不是写什么大历史，但在史源、史料及与史象的探寻、搜集与描述中，亦能看出我们的传统。扩出去说，天地人物，皆须有个道理，天长地久，人物流变，时间积累起来形成历史，历史凝聚出传统，传统谁也回避不了，传统有着"克里斯玛（charisma）特质"，它感召人、支配人，因为它有着先人的道理作依据。"道"和"理"，在古人那里也是可以分着说的。道有道的宇宙，理有理的宇宙。钱穆先生说："道的宇宙，是在创造过程中，有多种可能的变动，而且有些尽可由人来做主。理的宇宙，则先已规定了，在此规定中，无法有变动，谁也不能另有主张，另有活动之余地"（《中国思想通俗讲话》，东大图书股份有限公司，1990，第20页）。那么，"道"、"理"合着说，既有创造而变动，又有法则以恒定。传统以道理为依据，则传统的"克里斯玛特质"就表现为其既有创造而新变之可能，又有约法之律条的限定。传统是具有着"可能"的规定性，所以它既有感召之力，亦有支配之力。故而，所谓准确地把握传统，是在有限中求无限，亦即在有限之规定中，求无限之新变。

所以，这样一个并不起眼儿的小册子，里面也能生出无限光彩，里面也会有高尚的情怀、伟大的力量。

编者

2014年6月24日

目　录

95　朝花夕拾——昔年旧事

195　菁菁校园——清河别恋

237　　**中财侧记——史料辑轶**

中财旧影

1950年中央税务学校第一期税政三班全体同学毕业合影

1952年税政班同学在校门前合影

李予昂，1949年中央税务学校创建时任首任校长（兼任国家税务总局局长）

陈岱孙，1952年，北京大学、清华大学、燕京大学、辅仁大学经济系财经部分与中央财政学院各系科合并成立中央财经学院，任第一副院长，主持工作

20世纪60年代
中财学生在校
园合影

20世纪60年代
中财同学在排
演文艺节目

20世纪60年代
中财学生在教
学楼前合影

1960年中央财政金融干部学校广西政治理论师资班毕业合影

20世纪60年代同学在校门口留影

戎子和，1953年任中央财政干部学校校长（兼任财政部代部长），1978—1985年任中央财政金融学院院长、党委书记

1967年庆祝中华人民共和国成立十八周年合影

1968年8月1日中财院1631无产阶级革命派毕业合影

往事漫忆——江山昔人

中共中央主席毛泽东副主席周恩来朱德陈云等同志接见财贸经济部门等院校毕业生合影 1957年6月7日

1957年，中财部分毕业生在中南海受到毛泽东、周恩来、朱德等党和国家领导人接见

毛主席与中财

杨禹强*

　　中央财经大学是由中央人民政府直接创办的第一所财经高校。毛主席、周总理等党和国家领导人对学校的创建、规划、选址和教学给予了特别的关心。

　　1949年3月，在中共七届二中全会上，毛主席提出党的工作重心转移，要进行大规模的经济建设，以恢复国民经济，改善人民的物质生活。要实现这个目的，就必须培养一大批懂得经济管理的人才。正是在这样的时代背景下，新中国成立不到46天，中央财经大学前身中央税务学校便在毛主席等党和国家领导人亲切关心下，伴随着新中国隆隆的礼炮声诞生了，其办学宗旨是培养国家急需的财税管理干部，隶属财政部管理。

　　学校从筹备到诞生以至日后的运转，无不体现出党和国家领导人对学校的关怀。中央政府为学校确定了"忠诚朴实、廉洁勤能"的校训，从精神上塑造这所光荣的学校。在校址选择上，中央政府也是悉心思量。新中国成立之初，北京城内各方面条件都很紧张，要寻觅一处合适的办学场地相当不易。考虑到学校人才培养的性质和任务的急迫，中央政府将校址选定在中南海附近的西皇城根22号院。在师资选派上，中央政府也尽全力为学校积极延请师资创造条件。虽然当时师资紧缺，但翻阅史料我们可以看出，学校聘请的教

---

*　作者单位为中央财经大学学校办公室。

师都是一时俊彦，很有特色。师资主要有三类人员，一类是经济学界名家，如马寅初、千家驹等人，主要讲授经济学理论知识；一类是党内理论家和文化大家，如毛主席的秘书田家英及谢觉哉、萧三、何长工、范长江等人，主要讲授社会理论知识；一类是政府财经管理部门的负责人和骨干，如时任校长李予昂便是当时国家税务总局局长，主要讲授财经管理实务。

有着党和国家领导人的关怀，又肩负着建设国家经济的重任，这种荣誉感和使命感激励着当时的中财师生们以极大的热情参与各项工作学习以及社会政治实践活动，校园生活精彩纷呈，学校发展生机勃勃。

1952年的院系调整中，原北京大学、清华大学、燕京大学、辅仁大学的经济系科并入中央税务学校，成立了中央财经学院，任命经济学名家陈岱孙先生为第一副院长，汇聚了北京乃至全国经济学界的一大批名师大家，这是学校办学史上引以为傲的一段佳话，学校自此进入了正规化的全日制本科办学新时期。1956年时，中央财经学院在校生已达933人。自创办以来的短短几年，学校培养了数千名财经管理干部，这些干部活跃在国家宏观经济管理部门，为国民经济恢复和发展做出了突出贡献。

1957年6月28日，毛主席专门在中南海召集了中财及相关财经类院校的师生代表，询问学校的办学进展和师生情况，勉励师生为新中国建设努力学习，贡献力量。校友杨德祥先生是这样回忆的：

1957年夏天，我在会计班工作，当时学院的书记是秦穆伯，院长是陈如龙。6月28日那一天接到通知说是有中央首长接见，我们学校是由秦穆伯、我和会计班的一位班主任带着这个班的学生去了中南海。我们特别兴奋，从学校一直走到了中南海怀仁堂。到了之后，中南海的负责同志就给我们安排座位。那时候我们班的学生正好安排在中间，在毛主席的身后，我们带队的几个有中间就坐的，我是在边上坐着，心里特别激动。因为太激动了，当时毛主席具体说了什么我却忘了。后来摄影师给我们照了相。洗出来后是一张很大的照片，大概有十几寸吧。文化大革命爆发后，红卫兵到了家里什么都拿，我说我就要这张照片，这张珍贵的照片便保存了下来。

岁月如烟，伟人逝去，当年还略显稚嫩的学校如今已发展成为国内外知名的财经高等学府。2003年12月，在毛泽东同志诞辰110周年之际，校长王广谦和宣传部长巴图应湖南省宣传部之邀赴韶山参加纪念活动。由于学校创建之初得到毛主席的亲切关怀，主办方特别邀请王广谦校长作为高校代表在纪念座谈会上发言。王校长代表学校师生表达了对毛主席的崇敬之情，并向主席的家乡人民致以亲切问候，同时也表达了几代中财人一直不忘毛主席等老一代党和国家领导人创建学校的恩情，表示要与全校师生员工一道，尽全力将中财办成一所具有鲜明特色的国际名校，成为推动社会向前向上发展的中坚力量。

冬天的故事
——邓小平与中财

汪　冲*

"1979年，那是一个春天，有一位老人，在中国的南海边画了一个圈。神话般地崛起座座城……"。这是歌颂改革开放总设计师邓小平同志的歌曲——《春天的故事》中的歌词。那年，中国开始实行改革开放政策，邓小平同志以战略家的眼光，高瞻远瞩，决定在东南沿海设立经济特区，画下了南海边的四个圈，谱写出春天的故事。

在中财人的心目中，1979年不仅有"春天的故事"，还有属于全体中财人的"冬天的故事"。因为那年冬天，同一位老人，从春天走来，在冬天，在中财老校长——戎子和院长的信笺上，同样画了圈，深受全国人民尊敬与爱戴的中央首长这重重一笔，温暖了我们中财许多年的冬天。

故事还得从十年"文革"说起。"文革"爆发后，全国多数高校渐次被迫停办甚至撤销，中财亦未能幸免。1969年深秋9月，学校大部师生被迫向河南淮滨县马集公社农村迁徙。三年后的1972年12月，中财迎来了校史上最寒冷的冬天，学校接到财政部转来的三年前国务院决定的停办通知。虽然停办，仍有许多信念坚定、千磨万击犹坚劲的中财人，"每依北斗望京华"，坚信学校还会复兴，冬天既已来临，春天又岂能远哉？

---

*　作者单位为中央财经大学文化与传媒学院。

数九寒天，冰封雪锁神州整十载；万千关山，云幕盖中财亦七年。"文革"甫一结束，各行各业百废待兴，各大高校纷纷筹划复建。1977年9月15日，时任国务院财贸组主任姚依林同志在全国银行工作会议上提出"恢复中央财政金融学院"的建议，时任国务院副总理的李先念同志当即表示支持和同意。11月15日，财政部向国务院报送《关于恢复中央财政金融学院的请示报告》，学院领导亦为此奔走，皆欲争取早日复校。所有中财人都怀着希望、以前所未有的力量前行。

寒冬既过，暖春随即而来。1978年2月22日，教育部向国务院报送《关于同意恢复中央财政金融学院的报告》。三天后，时任国务院副总理的方毅同志批示："拟同意，请李（先念）副主席、（纪）登奎、（余）秋里、王震、谷牧同志批示"，李先念等中央领导纷纷表示同意尽快复校。复校有望，散布于五湖四海的中财旧部，守得云开见月明，终将野云望为霖，中财的复校工作由此开始，无人不心向往之，溯流求之。

三月，京城迎来了新时期最明媚的早春，满城杨柳发出翠绿的新芽，生机勃发，欣欣向荣，大地像诗人一样，谱写着春天的故事。3月16日，教育部向财政部发出通知：

"根据国务院领导同志的批示，同意在北京恢复中央财政金融学院。该院设置财政、金融、国际金融、会计、统计等专业，……面向全国，实行财政部和北京市双重领导，以财政部为主。"

时隔多年，中财院终于再次迎来了建校后又一个属于自己的春天。

复校工作虽全面启动，面临的困难却比预想的更多。因为我们的校舍在"文革"期间被全部征收为北京卷烟厂所用。要原址复校，若不能顺利收回校舍，则所有复校的努力都将付之东流。

为了争取让卷烟厂早日归还校舍，财政部早在1978年1月就向教育部发出急件《关于报送恢复中央财政金融学院情况的补充说明的函》，就校址问题做了主要说明。阳春三月，财政部又于29日给北京市革委会发送《关于共同做好恢复中央财政金融学院筹备工作的函》，将学院房子问题作为亟须北京市委帮助解决的主要问题作了说明。4月，北京市委书记郑天翔同志批示："同意恢复财院，另建烟厂。"北京市委决策果断，同意将校址校舍归还中财。为了尽快解决校舍问题，6月至7月间，财政部姚进副部长、中财戎子和院长、张焕彩副院长等同志多次到烟厂上级主管部门北京市一轻局，商谈关于落实北京市委4月12日批示的烟厂搬迁和校舍归还问题。8月4日财政部党组会议上，也决定中财院原址复校，责成卷烟厂迁出另建，并同意其迁建费用可从财政部支出中解决。

金秋九月，开学在即，复校后的中财即将迎来新一届学子，卷烟厂只腾挪出了几间房舍还给我们，复校筹备组工作人员勉强搬回原址办公。10月初，复校后的首批129名新生开学报到，因无宿舍，故这批新生全部为北京生源。同学们在相当简陋的办学条件下刻苦求学。有鉴于此，戎子和老院长怀着沉重的心情，于1979年2月24日深夜，以恳切的口吻给邓小平、李先念等中央领导同志写信，申述中财校舍问题，希望中央拨冗审处，以使卷烟厂按照北京市委做出的决定，尽快归还中财校址。

当时的中国百废待兴，有太多的大事亟待决策，刻不容缓。中财的复校，相对于改革开放、经济建设、平反冤假错案等国家大事而言，虽算不得需要多次惊动中央领导的大事，但教育是延续民族文化的命脉，是民族伟大复兴的希望，是实现四个现代化的基础，在国家建设需要大量高素质管理人才的历史关头，包括中财院在内的各大高校复校，又不能算是无关紧要的小事，而是关乎民族前程、国家未来的大事。邓小平同志虽日理万机，依然高度重视戎子和院长在信中反映的事实，亲自在信件上圈批多处，在那年冬天，谱写了一曲属于中财的"冬天的故事"。信件批转给李先念副总理，他又批示："乎加同志（时任北京市委书记林乎加）阅，建议按原规定办。"有了邓小平和李先念同志的批示，北京市加快了寻觅合适的烟厂新址的工作，但烟厂一时也无法迁离中财。

1979年10月，学校又迎来了一年一度的招生和新生入学工作，仅有的几间校舍，远远满足不了学校招生和正常教学活动需要，早日要回全部校舍，改善办学条件已刻不容缓。为此，中财学生决定联名写信给邓小平同志，表达校舍仍为卷烟厂所用，学校无法进行正常的教学活动。同学们在信中恳切地说：

"我们怀着满腔热情来到中央财政金融学院学习，但是，学院没有教室，没有图书馆，没有操场，我们不具备最基本的学习条件；有的是烟厂充耳的噪音、满天的粉尘，干扰师生的学习，损害师生身心的健康，致使我院的教学活动和师生的生活受到严重的影响……

邓副主席，目前，我们已经停课等待北京市委为我们解决问题……希望您过问此事，以便尽早地解决问题。"

同学们言辞恳切，客观陈述事实，情理兼具，让人读之动容；与此同时，中财300余名学生到北京市委请愿，恳请市委督促卷烟厂尽快归还校舍。

冬天，有冰雪，亦有阳光；有寒冷，更有温暖。11月1日，为国家大事奔波操劳的邓小平同志，再次提笔在信上批示："任重同志，似可由国务院派人协同北京市委调查处理，如何，请酌。"同日，王任重副总理在信上批示："请国栋、吴波同志派人与北京市委的负责同志到财院调查处理。能让出的房子立即让出，并让卷烟厂限期搬开，处理结果报邓小平同志。"对中财师生而言，邓小平同志的批示是那年冬天里最温暖有力的文字，整座校园也荡起了滚滚春潮，大家都渴望早日收回每一幢校舍。11月15日，财政部副部长陈如龙和北京市革委会副主任白介夫带领有关同志根据邓小平等中央领导同志批示的精神来中财和卷烟厂进行了视察，表示要加快推动卷烟厂归还学校校舍问题的解决。

1980年4月，学校再次面临着新生入学却无法容纳的压力，又于7月11日、9月10日、10月17日，先后三次给北京市人民政府写了紧急报告；8月20日还给中央书记处写了报告。8月28日，戎子和院长再次给赵紫阳、万里同志写信，并在五届政协会议上就中财校舍问题做了书面发言。由于烟厂未能及时归还全部校舍，9月，学校在《人民日报》和《光明日报》刊登了延迟新生报到的通知，受到了多家知名度高、有影响力的媒体的关注。《人民日报》、《光明日报》、《中国青年报》、《北京日报》等媒体记者相继对中财与卷烟厂围绕校舍归还问题进行了客观报道，这再一次引起了党中央、国务院有关领导的高度重视。10月17日，国务院郑思远、毛联钰、袁晋修3位副秘书长召集财政部、北京市人民政府、北京卷烟厂和中财的负责同志于中南海假山会议室开会，研究解决中财的校舍和新生入学问题。会议最终决定：北京卷烟厂在3年内建成并迁出中财原址，将全部校舍退还中财。11月7日，中财和卷烟厂签订了《关于北京卷烟厂退还中央财政金融学院校舍的协议书》，至此，中财与北京卷烟厂间关于校舍归还问题的解决，终于有了书面协议的方案。

欲流之远者，必峻其源泉。求木之长者，必固其根本。校舍归还问题虽一波三折，但由于邓小平、李先念等中央领导同志的关心，终得到较为圆满解决。故，中财人亦不曾有负国家民族之重托，在改革开放以来的新时期，为国家经济的发展培养了大批高素质人才。去树之思，无日不荫。在中央财经大学蒸蒸日上之际，唯有乘盛世雄风，再造经世济民之良才，以财经教育之领先成果，告慰邓、李诸公对中财殷切之关爱。

陈岱孙先生与中财

杨禹强*

从陈岱孙先生简短的生平《小传》中，我们可以看出其留学归国后大半生多是在清华大学和北京大学渡过的，在这两校过渡之间，有一段不凡的岁月，那就是"1952~1953年任中央财经学院第一副院长。"担任中央财经学院第一副院长，是陈岱孙先生作为教育家办学的重要经历，也是中央财经大学发展史上弥足珍贵的一段佳话。

1952年，正是全国范围内的高等学校"院系调整"时期，这也是新中国成立之后在中国教育史上备受瞩目的大事件之一。在这次全国范围的院系大调整中，原北京大学、清华大学、燕京大学、辅仁大学的部分财经科系调整到中央财政学院，在此基础上成立了中央财经学院。中央财政学院的前身是成立于1949年的中央税务学校，隶属财政部领导，第一任校长是由时任国家税务总局局长李予昂兼任。据史料记载，国家成立这所学校的主要目的，就是为当时百废待兴的新中国培养急需的中高级经济管理人才。随着中央财经学院的成立，隶属关系由原来的财政部转变为高教部领导，也预示着这所学校将朝着正规化的大学办学方向转变，不过在培养全日制本科生的同时，它依然保留着为国家培养急需干部的传统，所以还承担着每年为财政部轮训干部600人的任务。

---

* 作者单位为中央财经大学学校办公室。

中央财经学院建院之初，首先成立了筹委会，筹委会主任委员正是著名的经济学家陈岱孙先生。陈岱孙生于1900年，福建闽侯人，1926年毕业于哈佛大学研究院经济系，获得哲学博士学位，先后任教于清华大学、西南联合大学，担任过经济系主任、法学院院长等行政职务。从学术背景、阅历、年龄、声望与视野可以看出，选择陈岱孙先生作为这所肩负国家经济建设重任的高校负责人，是非常恰当与明智的。1952年12月10日，时任教育部部长马叙伦签发了关于陈岱孙先生的任命，"由第一副院长陈岱孙主持中央财经学院的工作"。学院院长暂缺。由此，开启了陈岱孙先生与中央财经大学的不解之缘，其对学校的影响、牵挂与期盼也一直伴随日后的生活。

据离休老同志王万友回忆，当时年富力强的陈岱孙先生受命担任中央财经学院负责人一年多时间里，总是踌躇满志，忘我工作，希望干出一番事业来。翻阅史料，我们可以看出，在此期间，陈岱孙先生工作的着力点主要体现在确立办学理念、加强制度建设、广揽英才并促进融合、设置学科专业和进行教学改革等几个方面。在确立学校办学理念方面，考虑到学校的前身是发轫于1949年的中央税务学校，以"延安式"干部培训为人才培养特点，陈岱孙先生上任伊始便提出了要办正规大学的思路，强调既要继承学校原有的优良传统，同时还要融合民国时期借鉴欧美大学以追求高深学问、培养宏大人才为宗旨的办学理念，这一办学理念成为了学校日后不断发展、追求卓越的精神动力和力量源泉。

在制度建设方面，陈岱孙先生提出要朝着"大学化"的方向建章立制，从原来的"干部培训"学校向真正意义上的"大学"蜕变。在他亲自领导下，学校制定了《中央财经学院院章（草稿）》，作为学校的根本大法，在人才培养、学术研究、组织管理、学生活动等方面都做了具体规定，其间渗透着"教授治学"的精神，在当时整个国家正轰轰烈烈地向苏联学习的时代背景下，显得尤为可贵。

在师资引进与促进融合方面，陈岱孙先生也是念兹在兹，作为头等大事来抓。根据史料记载，经过院系调整后，当时学校共有教职工356名，其中教授24名，副教授11名。在这批教师中，除了一批富有经济管理经验的专家和干部外，还有余肇池、赵人俊、戴世光、吴景超、陈达、王传纶、周作红、罗志兴、姚曾荫、赵承信、郑林庄、张伟弢、饶毓苏、袁方、徐卜五、赵锡禹、杨承祚、崔书香、孙昌湘、董浩、李景汉、魏重庆、陈文仙等著名学者。这其中，既有像陈岱孙、魏重庆等享誉全国的经济学大家，亦有社会学领域如陈达、李景汉、吴景超、赵承信等领军式人物；同时还有一些在应用经济学研究方面造诣深厚的学者，如素有中国会计学界"南潘北赵"之说的赵锡禹、中国统计学科前辈崔书香、财政金融学家王传纶等；此外还有一些默默耕耘、厚积薄发、大器晚成的学者，如郑必坚等。当时的中央财经学院，真可谓是群贤毕至，名家荟萃，这批学养深厚的学者加入，给学院创造了非常浓厚的学术氛围。当然，这些来自不同学校的教师也带来了各自不同的办学理念与教学风格，难免在工作中有些小摩擦，但在陈岱孙先生和风细雨和人性化的领导风格感染下，教师之间总体上和睦相处、其乐融融。这一点，我们可以从当年工资调整一事看出。1952年10月29日至11月15日，学校专门成立了工资调整评议委员会，采取"领导与群众相结合、充分准备，多协商，少开大会"的原则，用了18天的时间，在教职工相互还不太熟悉的情况下，顺利地进行了工资调整，教职工工资平均增加40.7%，高于全国高校教师工资增加18.6%的水平。总结此事的经验，学校认为："一是领导负责，亲自动手，与陈（岱孙）院长、秦（穆伯）主任的亲自动员和掌握分不开；二是通过党团及群众大会和个别交谈，充分进行了宣传教育，强调处理好个人利益和国家利益的关系；适当的批评和自我批评，所谓'适当的'，是不能搞得太激烈，否则就会丧失调整工资的意义，不利于团结。"在工资调整过程中，陈岱孙院长不顾个别职工对高级知识分子工资调整过高的意见，坚持给予高级知识分子以特殊照顾，充分发挥他们的积极性。从这一点能够看得出陈岱孙先生深知办好一所大学的根本是尊重并充分发挥教师、尤其是高水平教授的作用，同时也可以看出他温文尔雅的性格中有坚毅的一面。

在学科专业设置和教学改革方面，在陈岱孙院长的领导下，根据国家经济建设的需要，结合中财的实际情况，设置了财政系、统计系、会计系、企业管理系以及贸易系5个本科层次的专业，同时还设置了贸易、银行、劳动以及保险等4个两年制的专修学科，共有学生1768名。翻阅史料我们可以看出，对每个专业人才培养目标和课程体系设置都是非常明确的，也很符合当时人才培养的要求。这些学科专业都是当时国家经济建设急需的，也奠定了中央财经大学日后学科发展的基本架构，如今已是学校优势特色学科，在国内高校中占有举足轻重的地位。这些成绩的取得，是与当年陈岱孙先生在学科专业设置方面的远见卓识分不开的。从1952~1953学年的档案资料中，我们可以看出，当时学校在人才培养，特别是在教学改革方面主要还是向苏联学习、向人民大学学习，注重加强师资培养，改进教学方法，提高教学质量。在这个过程中，也出现了整齐划一的"苏联模式"与多数教师中已形成的自由多元的欧美大学教育理念之间的冲突，陈岱孙院长总是能够直面这些问题，尽力妥善加以解决。

正当陈岱孙先生试图将心中规划好的大学蓝图逐一付诸实现的

时候，1953年8月，高教部发来（53）综财马字第30号通知，决定撤销中央财经学院，同时，决定成立中央财政干部学校，继续为国家培养急需的中高级经济管理干部，师资以原财政学院、税务学校人员为主，这所学校后来发展成为中央财政金融学院。撤销后的中央财经学院学生并入中国人民大学，部分师资安排到北京大学、清华大学、人民大学、钢铁学院、石油学院、林学院等院校，陈岱孙先生调到北京大学任教。

虽然离开了中央财经学院，但陈岱孙先生与中央财大的联系并不因为离开而隔断，而是一直延续着。1978年，"文革"中停办的中央财政金融学院恢复招生，得知这个消息，陈岱孙先生十分高兴，主动表示要回学校给学生作讲座，还联系安排一些熟悉的教授到学校授课。在20世纪70年代末、80年代初，中央财大邀请了当时国内著名经济学大家来校为师生作系列讲座，成为当时开风气之先、研究中国经济问题的中心之一。这系列讲座的第一场便由原来的老领导、已是经济学泰斗的陈岱孙先生开讲。当时正读大一、现任学校组织部部长的叶飞学长（1980级）告诉笔者，陈岱孙先生来校讲演那天，他还不太知道先生的大名，只是看到很多的老师和同学们不约而同地往学校大礼堂走，询问后才知道是怎么回事，他马上随着人流一起去礼堂听讲。据他回忆，当时陈岱孙先生演讲的内容似乎是与如何正确认识西方经济学有关。多年过后，叶飞学长仍然对那天盛况空前的讲演场景印象深刻，为刚入大学不久就有机会一睹大师风采感到庆幸。时光飞逝，陈岱孙先生阔别中财大已近30年，久别重回是怎样的一种感觉，也许只有老先生自己知道，但对当时的年轻学子而言，听着陈岱老的讲演，就像听着家中久经世事的老人与他们叙说家常一样温馨亲切。

除了有时回中央财经大学作讲座或参加学术活动外，陈岱孙先生还保持着与当年留在学校继续工作的朋友、同事们的密切联系，在参加学术活动中，若遇到来自中财大的教师也显得格外高兴，总是询问学校的发展情况。在这些教师当中，崔书香教授是与陈岱孙先生联系比较多的一位。崔书香教授生于1914年，1935年考入清华大学经济系作研究生，1937年在美国威斯康星大学经济学系获硕士学位，1939年获哈佛大学瑞德克利夫学院经济学系硕士学位。除了时间上的先后，崔书香教授与陈岱孙先生在求学经历和毕业院校方面有着惊人的巧合和一致，两位教授又同为经济学界人士，经常在学问上相互切磋，保持着君子之交。据崔书香教授回忆，"陈岱孙先生一向关心咱们学校，每一次见到他，他总是要问起学校的情况。"特别是在1996年年初，在学校将更名为中央财经大学之际，陈岱孙先生专门通过信件向时任校长王柯敬和副校长王广谦提出了殷殷期望。在信中，陈岱孙先生希望中财能成为一所有理念、有特色、有发展眼光、有时代气象的大学，能够为国家培养更多担纲扛鼎的领军人物和一批又一批高素质财经管理人才。陈岱孙先生先后求学于威斯康星大学、哈佛大学，任教于清华大学、西南联大、北京大学等这些闻名于世的学府，对于大学教育发展及学术建设的识见自是高人一筹，所以其对中财发展的谆谆之言无疑是我们的宝贵财富。经过60余年的发展，中央财经大学已被社会美誉为"中国财经管理专家的摇篮"，培养了近10万名学生，涌现出李金华、金人庆、戴相龙、孙志强等一批杰出的校友代表，他们为国家所作的贡献应该可以告慰老院长陈岱孙先生的殷切期盼。

现任中央财经大学校长的王广谦教授亦曾与笔者谈及自己与陈岱孙先生的一段不解之缘。王广谦教授是中央财大79级本科生，研究生毕业后一直留在母校工作，对中央财经大学的历史渊源与发展历程十分了解。据他所言，作为晚学后辈，在参加一些学术会议遇见陈岱孙先生时,老先生总是热情地与他说话,询问学校的发展情况,言谈之间充满了对中财大的惦记和期盼。正如王广谦校长所言,"每次看见陈岱老总是觉得非常亲切,他对学校的发展是那样的关心,让我印象深刻,也令我深受感动,总是能给我增添做好学问、办好学校的信心与力量。"

虽然,陈岱孙先生主持中央财经学院工作仅短短一年多,但他的办学理念、领导风格和人格魅力对学校日后发展产生了非常重大的影响,至今仍然发挥着潜移默化的作用。熟知学校这段历史的师生,无不为能有陈岱孙先生这样学术大家担任过学校领导而深感骄傲,无不感念陈岱孙先生为学校发展所付出的艰辛和作出的重大贡献。

1997年7月,先生驾鹤西去,时任校长王柯敬和副校长王广谦代表学校到先生家中吊唁,先生家属特意将学校敬献的花圈放在屋内正中央位置,他们告诉两位校长,"先生一生中担任最高的职务是中央财经学院第一副院长,我们为此感到骄傲!"在北京大学先后举办的纪念陈岱孙先生诞辰100周年和112周年活动中,主办方特别邀请王广谦校长作为嘉宾代表发言。在发言中,王校长是这样评价先生的:"作为学贯中西的经济学大家,先生为我国经济学蓬勃发展做出了开创性贡献;作为著名的教育家,先生为我国经济学界培养了众多杰出人才,为我国高等财经教育事业做出了重要贡献。特别是他在担任中央财经学院第一副院长期间,以其先进的办学理念、远见卓识和实干精神,奠定并推动了中央财经学院朝着现代正规大学的转变,中财学子无不受益于先生的功业。"王校长的真挚发言道出了全体中财人的心声。

陈岱孙先生永远活在中央财经大学师生的心中,我们永远怀念他!

难忘中财元老戎子和校长

中央财经大学党委宣传部辑撰

1999年，《中国财经报》一篇题为《理财有方　功在太行——纪念戎子和同志协助邓小平同志理财的突出贡献》的文章，是这样评价我们中财老校长戎子和同志的："戎老是特别热爱财政工作的。他革命战争年代理财，和平建设时期理财，他为人民理了近60年的财，他是财政工作的行家里手。在长期的理财生涯中，戎老做出了许多开拓性的成就，立下了很多功劳，这是财经战线上公认的事实。"

1906年戎老出生在山西省朔州市平鲁县。肄业于山西大学。1936年9月参加革命工作，同年12月加入中国共产党，参加发起成立"山西牺牲救国同盟会"，任执委、常委。1937年，他参与了抗日武装山西新军的组织创建工作，任山西新军决死三纵队政治委员，同年6月兼任山西长治五专署专员、牺盟中心区党团书记，年底兼任专署保安司令，后任决死三纵队司令员。1941年7月任晋冀鲁豫边区政府副主席、党组副书记。1948年9月任华北人民政府财政部部长。1948年北平解放前夕，他作为中共三人代表之一，参加了北平的和平谈判，并在同年12月任北平军事接管委员会委员，兼物资接管委员会副主任，协助叶剑英同志主持了北平的财政经济部门的接管和恢复。

新中国成立后，戎老历任财政部副部长，党组副书记、书记，政务院财经委员会委员。1952年10月至1953年8月任财政部代部长，期间兼任中央财政干部学校（中央财经大学前身）校长。后任中共中央西北局委员、财贸办公室主任，1978年5月任财政部顾问，同年7月兼任中央财政金融学院院长（中央财经大学前身）、党委书记，1979年1月任财政部党组纪检组组长。他还是第五、六届全国政协常委，曾任中国财政学会会长、名誉会长。1988年离休。因病于1999年3月20日在北京逝世，享年93岁。

可以说，戎老一生大部分时间都辛勤耕耘在财政工作的事业上，也正是因此，他与中央财经大学结下了一辈子的缘分。今忆斯人，最让我们感念的，是在60多年学校发展的风雨历程中，学校的三次"新生"都离不开戎老的辛勤扶持与鼎立支撑。

第一次是中央财经大学的前身中央税务学校成立。1949年，中华人民共和国成立之初，经济遭受了战争的严重破坏，要进行大规模的经济建设，就需要大批搞经济、懂经济的人才和干部。中央税务学校就是在这样一个背景下开始着手筹建。1949年11月6日，中央人民政府财政部复函华北税务总局，批准建立税务学校。此文件由时任部长薄一波，副部长戎子和、王绍鳌签发。这所学校也成为新中国第一所以培养财经专业人才为主的学校。为了加强高等财经教育，1951年7月，财政部开始筹备建立中央财政学院。当时任副部长的戎老选了三个人组成了一个筹备小组，负责学校的组织计划、办院方案等的筹划。9月，中央人民政府财政部第56次部务会议正式决定建立中央财政学院，此次会议正式通过《筹办中央财政学院方案》，并规定学院暂设财政、税务、会统计三系。中央财政学院以中央税务学校为基础，扩充筹设之，从1951年9月到1952年6月中央税务学校正式并入中央财政学院为止，中央税务学校一身两任，经历了大学正规化的第一次提升。

　　第二次是中央财政干部学校成立之时。1953年，国民经济恢复时期的任务顺利完成，我国进入了大规模社会主义改造时期，财政工作也进入一个新阶段，国家对财政工作提出了新的任务和要求，财政战线急需大量具有较高政治觉悟，掌握财政、税收专业理论知识的较高级专业技术人才和财政经济管理干部。由此，政务院财政经济委员会于1953年4月13日批准开办中央财政干部学校，决定由时任代部长的戎老兼任校长。这一时期的学校虽然是"干部培训"性质，但是在教育教学和制度建设上，作了十分有益的探索，以其干校的办学经验融入了中财的传统，也为中财办学特色的形成提供了强有力的支持。不久，中央财政干部学校与中国人民银行总行干校合并，又成立了中央财政金融干部学校，随后并入中央财政金融学院。期间戎老多予力焉。

　　第三次是在"文革"甫结束时。"文革"初学校被迫停课、停办几近10年。1978年3月，中央财政金融学院正式复校。复校后戎老仍兼任第一任校长。他主持召开复校后第一次院务会议，研究扩大招生、房子、落实政策、清理档案等问题，并着手予以实施。当时校舍被北京卷烟厂占用，戎老亲自给邓小平、李先念等中央领导写信反映校舍问题，在全国五届政协会议上还就此作了书面发言。接着，戎老又向赵紫阳、万里和北京市领导及相关部门反映情况，积极商讨，解决问题，为校舍回归付出了艰辛的努力，非常人所能及。

　　春秋荏苒，岁月沧桑。如今，戎老已离开我们十余年了，在戎老之子戎耿先生的大力支持下，学校搜集整理了戎老的一些照片，编制了一本影集，寄托全校师生对敬爱的戎子和老校长的纪念和缅怀。

　　2013年2月3日，龙年腊月小年，冒着大雪，王广谦校长和宣传部魏鹏举部长专程去戎老家中探望了老校长戎子和的夫人陆耕女士及其家人，问安叙旧，翻阅纪念影集，一起感念戎老，共话学校发展。

戎老在推动中央财经大学发展道路上的倾心投入和付出，赢得了师生们的广泛尊重和爱戴。他为学校做出的开创性贡献和丰硕业绩，也将永远铭刻在中央财经大学的史册之中。

风满银帆——师者故事

斯人风景旧曾谙

王　强

　　孟子说过，"所谓故国者，非谓有乔木之谓也，有世臣之谓也"（见《孟子·梁惠王下》）。历史是人物构成的，没有人物，就没有故事，自然也谈不上历史。所以中国人写历史，就以"纪传体"为正宗，都是人物的故事。

　　我1982年春大学毕业来中央财经大学（原中央财政金融学院）至今已30余年，可是我认识这个学校已近50年了，可以上溯到20世纪60年代中"文化大革命"初始时。家母是这所学校金融系的教师，我那时因"停课闹革命"无学可上，也无处可去，便日日随家母到财院上班，便也略知这里的一些老师，那都是我的长辈，虽然有些被打倒，但也终是长辈。家母尝为道其事，我自常生敬仰之心，虽然也觉得与当时形势颇显扞格，但总不能将他们作敌人看待，因为当时我的父亲也被隔离审查，我也并不能把他当敌人。当时也确实有一些因革命而夫妻反目、父子成仇者，可我却一时跟不上那革命的脚步，这也可能颇受家母的影响。

　　我真正开始认识中央财政金融学院（以下简称财院），应该是在北师大上学的时候，那时财院刚刚恢复，家母也从北京财贸学校回归到财院。我们北师大离财院很近，财院的大礼堂当时经常放电影，我就骑着自行车来看，闲暇时也常来财院蹭点吃喝。因家母的关系，也就常能看到财院的老师们，也就常能和他们聊天，也就因之渐渐认识了这所大学，知道了些这所大学的历史，我的脑子里就有了些这里的人物和故事。碰巧我大学毕业又被分配到了这里教书，小时候的那些长辈们一时就成了我的同事，跟他们也就有了更多的接触。现在我已年过半百，那些我曾很尊敬的长辈们也大多做了古人，可是每每想起他们，便有不尽的故国遥思。

在这里可令我追忆者多多，若删繁就简，我还是想先说说几位名师，比如崔敬伯、崔淑香、凌大挺、张玉文、刘光第。我不能言其全，也只是些丛残小语，零星杂记而已。

崔敬伯

崔敬伯

崔先生在国初是政府的高级税官，此前在国民政府时也是高级税官。这是我认识崔先生之后知道的，也是尽人皆知的。20世纪80年代初，我曾随家母去看望崔先生，先生貌清癯，其声尚壮朗，耳稍聩，步履略显蹒跚。他听说我是北师大中文系的学生，便和我谈诗，先生旧体诗作得好，有《镜泊诗稿》，音律不苟，意境高远。我那时初生牛犊，与先生纵横捭阖，坐语移日，竟无视先生为财政税务专家，只把他当做文史宿儒。先生那日谈兴甚浓，与我奇文共赏，疑义相析，我从先生那里知道了很多在课堂上不知道的东西，我真没想到在财院还有这样文史功底深厚的老师。从先生家出来已是日落时分，家母说她来这里那么多年也没听过老先生说过这么多话，我只跟家母说崔先生太了不起了。家母说，崔先生了不起的还没跟你说呢，他是财税专家。

我说财税我不懂，只是这文史功底就足令人叹服不已了！

崔淑香

崔淑香

小时候我管崔先生叫崔阿姨，因为她和家母过从颇深，常来家中做客。那也似是"文化大革命"中。我那时就知道崔先生的老伴是著名的经济学家陈振汉先生，"反右斗争"时也是著名的"右派"。崔先生是著名的统计学家，在美国的哈佛大学读过书。20世纪70年代，财院解散后，崔先生经常来家里和家母聚谈。那时家里没电话，联络不便，崔先生骑着一辆小红自行车从颐和园那边到百万庄我家来，逢家母不在，她就留一张小条贴在门上，常常是用英语写的，她知道家母不懂英文，但是她说她的汉字写得不好看，又知道我家一个邻居阿姨精通英文，她说可以让这位邻家阿姨作翻译。家母经常拿着崔先生的英文小条激励我学好英语，虽然到现在我的英文也不好，可是那时确实努力地学过一阵英语，那动力就是崔先生的那些英文留言。记得我考大学时，从顺义的知青队回家取东西，正好那天崔先生到家里来，家母就让先生帮我看看英文，先生说，你的英文写得很漂亮，就是错字病句太多，我当时很不好意思，先生就鼓励我多写多看，而且叫我特别注意多读，要有语感。1977年考大学，我的数学和英语考得都不错，数学好是因为有财院的程玉英教授让她老伴给我辅导的；英语考得好，就要归功于崔先生那一席教诲了。我到财院教书后很少见到崔先生，记得有一次在校园中见到她，我还和她说起她给家母留英文小条的事，她朗朗笑着说，这事你还记得？我知道你母亲有翻译，我就写着玩啦。她还说我在校报上看到你的书法作品，你的汉字写得真好，我要能写这么好就不留英文小条了。我说您是谦虚，您的英文小条让我一直惭愧没有学好英文。她说中文其实比英文难学。我想这是先生在鼓励我罢了。

张玉文

张玉文

张先生是会计专家，学问亦关乎金融。我小时候叫她张妈妈，不知为什么这样叫，她和家母都在金融系执教，"文革"前就经常到我家做客，我对她印象很深。她常是穿一袭旗袍，坐在那里很端庄，一口地道的北京话，字正腔圆，一丝不苟。偶尔也见她吸一支烟，那姿态也十分优雅。她的字写得好，家父常对我说，你张妈妈的字里有英气，不太像女同志写的。先生亦擅女红，还曾给我和舍妹做过衣衫。家母和我说，张妈妈是在辅仁大学家政系读过的，大学时代也是校花，当时尚可与王光美（后来刘少奇的夫人）争胜。这一点我后来在启功先生那里得到过证实，启先生当时是辅仁大学的老师。我毕业分配到财院后，曾去看望老师，启先生就问我，你们那里是不是有个张玉文？说她大学时是出了名的美人。而且启先生知道张妈妈的丈夫是梁保罗。梁叔叔我也见过，印象中也是很英俊的。可惜"文革"初被迫害致死。

"文革"时财院解散，张先生去了厦门大学，常与家母书信往来，那时到信箱里取信，一看那刚劲的字迹，便知道是张妈妈有信来。张先生好像也是1978年财院复校时返京的，家父是年秋病殁，记得张先生来家吊唁，与家母抱头痛哭，有一句话我至今记得，她和家母说："现在终于咱们敢哭了。"因为当时"文革"已经结束，虽然家父的政治结论还没做，但形势好了，不那么"左"了，所以敢哭了。想想极左时期，家里有政治问题的人就是死了，连被哭的权利都没有。有的人家甚至强打精神，与死人划清界线，人性被政治泯灭，在那个非常时代已经司空见惯了。

1982年年初我分配到财院后，经常见到张先生，我还叫她"张妈妈"，她叫我"小同事"。有一次在老教学楼（现在已拆除，即现在专家宾馆后面女生宿舍那个地方）听到张先生上课，声音洪亮，一板一眼的，那音质十分吸引人，她讲的是经济课程，我站在门外一直听到下课。她出来见到我说"你怎么在这儿？"我说我在门外听了一节课，她开玩笑地说，你这是偷听啊！我说您讲课的声音有魅力。我还问她，"有借必有贷，借贷必相等"这在会计学里很重要么？她说很基本，"你想学会计？"我说不。她问"那你问这个干什么？你不是学中文系的么？"我说只是觉得这话有意思，似乎蕴含着一种平衡的道理。她说，我看你这个小同事挺有意思，中文也好，经济也好，往深里研究都是魅力无穷的。

最后一次见张先生是在主教楼的电梯口，她提着一只菜篮子，里面有些许菜，我问她，您还自己买菜啊？她说都得吃饭啊，吃饭就得买菜做饭啊，还能锻炼身体。你母亲过世太早，一个是她性格内向，一个是她不会锻炼。时家母已过世有年矣。

凌大斑

凌大斑

我来财院的时候，凌先生在研究所工作，家母当时也在研究所工作过一段，与先生交好。我当时正在选注《中国古代公文》，知道财院除了崔敬伯先生，凌先生的古文献功底亦好，就让家母作伐拜见凌先生。先生鹤发红颜，貌若神仙，一口京腔，绵软可亲。那时我知道先生写了茶税史，他还为我讲了许多古代的典章制度。他和我说，若注解古代文书，要知道古代列朝制度。他说"三通"是要看的。先生所谓"三通"者，就是《通典》、《通志》和《文献通考》。所以，我在注解时，多去图书馆查阅"三通"，那时"三通"我还没有家藏。

先生旧学功底深厚，亦善丹青，我曾想让先生作画，先生笑而不允，只是说你让你老师启元白画啊，他是名家，我不足论，只是糊口小技而已。我以为只是先生谦逊，也就不坚请。后来我听我的亲戚说过，"文革"时先生遭难，经济上入不敷出，他给人家干过零活，还给绢花厂画过纸灯笼，画一个几分钱，就靠各处这些微薄收入维持家用。如是，我才知道先生为什么说他的画画是"糊口小技"。

先生平时在校园中散步，也是财院一道风景。他常是西式装扮，手执细杖一枝，西装革履，天暖时穿衬衫、吊带西裤，风度翩翩。常和他一起散步的是外语教研室的张建业教授，二老一治专门史，一精于英文，而凌先生专治国史却着西装；张先生精通英文却穿国服，这也是一种"中西合璧"，相得益彰。我在北师大读书时，在校园中就经常看到那些大师级的老先生曳杖徐行，那些老先生身上凝聚着这个学校的文化、传统、学问、文章。一个学校要是没有这些老先生，就如同一个家里"家徒四壁"一样。我每见到凌先生、张先生他们在校园中漫步，就觉得我们学校虽小犹好，精神上的堂庑顿觉高大，就像宅院里有老树，厅堂上有名人字画，虽不见得有钟鸣鼎食，但总觉得是诗礼传家。孟子说"所谓故国者，非谓有乔木之谓也，有世臣之谓也。"近人清华梅贻琦校长因之而说"大学者，非谓有大楼之谓也，有大师之谓也。"吾于凌先生等老先生之于中财大，亦如是说。

刘光第

刘光第

我之知道刘光第先生，是因为家母和先生在《金融研究》杂志上一起发表过文章，又因为先生与"戊戌六君子"中的刘光第同名，所以就记住他了。家母和我说，刘先生了不得，他是财院唯一一个读过西南联大的，这更令我心生敬仰。

改革初，先生在经济学界多有倡论，我毕业来财院时，就知道他是经济学界的知名教授了。那时家母随财院一个代表团到南方考察，带队的是姜明远院长，还有张玉文、刘光第等耆宿。他们归来后，我在校园中见到刘先生，自报家门，说了家母的名字，先生说，我听说你来财院供职，好啊，你们一家两代人都为咱们学校做贡献。只是你若学经济就更好，咱们国家现在缺经济人才啊。从那时认识了刘先生就经常在校园中见到他。见到他也就是鞠一鞠躬，叫一声刘先生。先生也就欠欠身，笑一笑就过去了。只是有一次跟我说，你还是叫"先生"，现在好像不习惯这么叫了。我说我们在师大念书时见到老先生都是叫先生。刘先生说新社会移风易俗，都不那么叫了，师大还是"古风犹存"啊。我说我还比较习惯这么叫，先生说这样听着亲切，也有师者尊严。

20世纪80年代末，多有政治风波，先生与我们一些年轻人一样地指点江山，激扬文字。后来我们都被批评，一日遇到先生，先生对我说，我们都是爱国的，要相信群众相信党。90年代初，小平同志南方谈话传达后，先生同我说，中国共产党就是伟大，小平同志就是英明。

1995年年末我去韩国教书，1996年先生突然驾鹤西去。我是从同事给我的信中得到此噩耗的。当时我在釜山一个禅院中请韩僧为之超度，那感觉不亚于苏东坡在杭州孤山的惠勤禅室痛悼欧阳修的仙逝。

以上所记诸位教授，都是中财的名师耆宿，今虽都已做了古人，但其事迹精神都历历载于中财史册。一个学校在其历史的一个时间段落有这样一代人，就为这个地方增添了厚重的内容，留下了不可磨灭的痕迹。夫子曾云："君子疾夫没世而名不称焉。"这些老师，以他们的学问文章，人格力量彪炳于中财，名显于天下，这是我们的财富。一个学校的财富，不在于校园有多大，楼宇有多高，系科有多完备，专业有多丰富……，而在于教师之热爱教育，尊重学问，奖掖生徒，境界高远。这就是所谓有大师更胜于有大楼，有好教师更胜于有好设施。好老师不只是传授知识，更是滋养学生，是能给学生自由之思想，使之有独立之精神。那这老师首先是要有境界的，而且是天地的境界；同时是有学问的，而且是有思想的；还要有悲天悯人之心，对学生能博之以文约之以礼，对职业心存敬畏无私无碍。中财是有过这样的老师的，我们现在仍有这样的老师在无私地奉献着。一个学校因为有了这样的老师，才使学校有光芒，有影响，才会使我们的学生在他的学习阶段不忍蹉跎。

忆王立达先生

闵庚尧

我是在1962年8月调来中央财政金融学院的（中央财经大学前身）。王立达先生比我早来三个月。王先生教现代汉语与基础写作，我教公文写作。由1962年相识共事，直到学校在"文革"中期的1971年解散，相处近十年，颇值得一叙。

"标点是文章的组成部分"

我刚来学校，领导便让我讲公文，先是去财政部实习一个月，回来便是上课。这自然要写出讲稿的。讲稿写好后，先是让王先生看，之后，准备再让当时的教务长看。王先生看得很快，看完后，说："在内容上我提不出意见，因为我不懂公文；文字上也算顺畅。但在标点上，我想提点儿意见。您这稿子写得也许太急了，有不少段，几乎是一逗到底。一逗到底，说明该段是一个意思。但实际上并不是这样。您有好几段，每段实际上有三层，乃至四层意思。既然如此，怎么能够一逗到底呢？标点是文章内容的组成部分，一段话有三层意思，就应用三个句号，或者分号。这样，看起来就很清楚。别人看着清楚，自己看着也清楚。"王先生当时是讲师，四十二三岁，我当时还是一个二十多岁的小助教。王先生的这番教诲，使我受益终生。

日语水平数第三

王立达先生是20世纪30年代北大东语系毕业的高才生，当时因学业优秀曾两次出访日本。在中财，我们所在的教学单位叫做普通课教研室，下设汉语组、外语组、体育组、逻辑组。我与王先生都在汉语组。外语组有英语、法语、俄语，没有日语。有一个学期，外语组的老师课不太重，想学点儿日语，让我跟王先生说一声，可不可以。我找王先生一说，王先生同意。很快就开了班，学了起来。我也参加了，听了一段时间的课。

学了不到两个星期，大家都感到，讲得太好了，除了按一般程序进行教学外，还几乎把每一个日文的字母、语素，词的发生、发展、变化、来源，与汉语的关系、对应，语音上的相近与相异，等等，都讲得头头是道，深入浅出。与其说是讲日语，不如说是讲中日文化，中日语言文字的交流史。凡是听课的人，无不感到听着过瘾。

有一次，大家在课下聊天，一位年轻老师带有调侃的意味对王先生说："您这日语水平可算是顶到天了。您自己怎么评价？"王先生说："不行，不行！""客气什么？您自己鼓吹一下，又不上您的税！"大家也跟着起哄。这时，王先生终于被大家搞昏了，于是，自鸣得意地说："可以这么说，当今中国日语水平最好的有三个人，第一是廖承志，第二是郭沫若，第三就是鄙人。廖、郭二人是国家领导人，已经不再研究日语。鄙人我现在还在研究日语。"大家一听，起哄曰："高，实在是高！"大家心里想，您这哪是第三啊，这不分明是第一么？

"茶叶明目……好吃！"

1964年7月底，学校安排王立达、我，还有汉语组的任寅智老师，去山东济南出差，学习、考察山东财经大学的汉语教学情况。到了济南，山东财经大学接待得很好，从领导到老师，都作了介绍，应对方之邀，我们把山东财经大学的情况也作了介绍。"正事"完了，山东财经大学的领导说，各位老师来一次也不容易，别忙着走，在济南玩玩，再去泰山看一看吧。于是，我们三个人，先是看了济南的大明湖、趵突泉，随后去了泰山。

游大明湖、泰山，停留的时间不太多；游趵突泉，停留的时间较长，先是在园子里转了一圈，接着就在茶楼里买了一壶茶，坐下来边喝茶、边赏景。最后，茶喝完了，服务员正要把茶具拿走之时，王先生说话了："茶碗拿走，茶壶先放一放。"大家不知什么意思，只见，王先生把茶壶盖拿开，不管三七二十一，居然把手伸进茶壶里，用手去抓壶里剩余的茶叶吃，一边吃一边说"茶叶明目，这要比茶水好！好吃！"往日的斯文全无，逗得大家直发笑。

"文革"中受冲击

1966年，史无前例的文化大革命开始了。在汉语组受冲击的教师，首当其冲的便是王立达先生。先是大字报，什么"王立达是反动杂家"，"王立达是日本特务"，不一而足。不久，又被造反派抓走，游街、拔草、劳改……

有意味的是，在一些学生写的大字报中，似乎仍然有几丝调侃，如"王立达先生对社会主义充满了仇恨，他穿着中式裤子，故意搞得一个裤腿长，一个裤腿短……""王立达在上课时，给社会主义抹黑，他腰里系着一条麻绳，麻绳上拴住一个烧饼……"

在批判会上，一些造反派的学生问王先生："你是拔草，还是游街？"王回答曰："我游街。"于是让王先生拿着一个破洗脸盆，敲着，满街走，左右前后簇拥着一些看热闹的人……

但终于还是让王先生拔草了，之前先生宁愿游街，不愿拔草，是因为王先生的腰不好，有残，吃不消。但既然成了"牛鬼蛇神"，这"拔草"一劫，是绝对不可免的。

王先生的拔草，与众不同。一般的人拔草，是一把一把地拔，王先生却是一根一根地拔。为什么？因为没拔过，没力气，不会拔。

一次在院内，院党委书记看到我（当时是运动时期，书记尚未进"牛棚"），谈到王立达，书记说，王立达的问题，是有结论的。现在运动起来了，免不了受到冲击，千万不要想不开。意思是让我找他谈谈。但实际上，王先生很通脱，很想得开，很大度。所以，书记的指示，我最终也没机会去落实。

1978年中央财政金融学院复校，我从大连回到北京，回到学校。听到北京的老师讲，王先生因吃错药，去世了。听到这一消息，顿时木然，觉得很悲戚，很可惜。他是一位学者，他除了对语言、历史有很深的造诣外，还对颐和园情有独钟，有很深的研究。回京不久，去他家探望他的夫人，还提到他写的颐和园书稿之事。

王立达先生博闻强识，聪明过人，著作颇丰；为人处世颇显晋魏之风，大度、通脱、幽默，有别于众人，让人觉得可爱、有趣。

史诗交融讲财政——忆崔敬伯教授

杜英斌

我是中央财大六零级财政班学生，年过古稀，但38年前听崔敬伯教授讲授"中国财政史"的情景，至今历历在目。虽几经搬家，当时的课堂笔记一直妥为保管，随手可取。

崔老是我国财政学界前辈，是我国著名的财政专家。给我们授课时已是65岁高龄。我清楚记得，第一堂课是在1964年2月1日春节过后正月十九。

第一节课，老师先是赠财政六零班诗一首：

耳重何堪任讲宣，

只因组织重耆年。

识途老马吾岂敢，

鼓劲春风共著鞭。

边教边修供史料，

再接再厉赖深研。

古为今用弘新建，

忆古知甘永向前。

崔老用隽永的诗文表达了感念知遇之恩和晚年奋发的信心。

崔老主讲明清时期财政，讲到十八世纪中叶以后的清帝国已走向衰落。其原因首先是疯狂的土地兼并使大批农民失去土地，赋役私租也随之加重。如长江各省漕粮地区，胥吏在征收漕粮时常用"斛面浮改"（旧量器，方形，口小底大，容量本为十斗，后来改为五斗）的办法来勒索农民。农民交米一石，需要多交五六斗的手续费，而地主豪绅纳粮一石常只有五六斗，而老百姓交粮一石常要交到三四石当一石才能得胥吏的验收。这叫做"以小户之浮收，补大户之短长"，就是穷人多交，富人少交，以补富人少交的差额。另外还有各级官吏衙役对农民私派勒索。总之私派大于官征，杂项大于正税，农民苦不堪言。

崔老引用大思想家龚自珍一首诗来说明上述情况。

不论盐铁不筹河，
独倚东南涕泪多，
国赋三升民一斗，
屠牛那不胜栽禾。

冶铁煮盐到春秋战国时已有发展，齐国大理财家管仲曾以渔盐之利，使齐国富强，到战国后期已成为商品生产。中国商业鼻祖猗顿，在山西临猗县以经营盐业富甲天下，邯郸郭纵以冶铁生意兴隆。本来发展盐铁是增加财政收入的重要手段，清不管盐铁，财政收入大减。也不兴修水利，单靠江苏、浙江一带交税充实国库，江浙老百姓叫苦连天。国家要三升，下面就加成一斗，栽禾已不能救急，把牛杀了先度过难关再说！如此杀鸡取卵的经济政策，不仅是农民的苦难，也为清帝国的崩溃埋下隐患。

讲到康熙年间，农民徭役很重，而且服役劳动条件也十分恶劣。崔老又引用龚自珍一首诗：

> 只筹一缆十夫多，
>
> 细算千艘渡此河，
>
> 我亦曾糜太仓粟，
>
> 夜闻邪许泪滂沱。

讲到1895年（道光二十一年）甲午战争失败后，李鸿章与日本首相伊藤博文在日本马关签订《马关条约》，中国赔偿日本二万万两白银，人民负担更加沉重。

崔老引用清代诗人丘逢甲所做的《春愁》：

> 春愁难遣强看山，
>
> 往事惊心泪欲潸，
>
> 四万万人同一哭，
>
> 去年今日割台湾。

表现了《马关条约》签订后国人悲愤之情。

讲到抗日战争时，前方战士浴血奋战，而重庆国民党官员却过着苟且偷安，纸醉金迷、粉饰太平的日子。

崔老引用南宋诗人林升的《题临安邸》：

> 山外青山楼外楼，
>
> 西湖歌舞几时休？
>
> 暖风熏得游人醉，
>
> 直把杭州作汴州。

崔老丰厚的学养，广博的知识，古诗文的造诣，使课堂教学充满诗的韵味和快乐的气氛。听崔老史诗交融授课是一种享受，是一种快乐。但，今天学来也很难。崔老曾东渡日本游学。又赴英国留学，就读于英国伦敦大学经济学院。民国期间曾在燕京大学、中法大学、朝阳学院、中国大学、北平大学、重庆大学任教授，还在政府任过财政税务官员。谁能有崔老这般阅历？

虽然崔老"学富五车"，学生望尘莫及，但老师对我的影响也是深远的。老师孜孜以求、诲人不倦、认真严谨的学风始终是我的榜样。而方法也令我受益无穷。如讲授财政的时代特征——财政制度演变——主要财政政策——政策出台的时代背景——执行结果——历史评价——可资借鉴的经验教训。这一系列思路启发引导着我几十年的教学方法。

虽然崔老驾鹤西归已多年，虽然师生分别已近40年，但老师的精神在我心里历久弥新！

杜英斌简介

男，1935年12月生，山西临猗县人。1960年9月进入中央财政金融学院学习，1964年8月毕业，曾任山西财经学院院长（山西财经大学）、党委书记，享受国务院特殊津贴专家，会计学教授，曾出版12部专著和教材，在《会计研究》和《财务与会计》等刊物发表论文50多篇，被英国剑桥国际传记中心（IBC）收入世界名人录。

陈菊铨老师的留学生活

杨　韵（整理）

陈菊铨老师

陈菊铨老师曾是中央财政金融学院党委书记、财经出版社社长。"文革"期间在政治部工作，1969年到东北财大任职，复校后历任中央财政金融学院副院长、副书记、书记等职。

陈菊铨老师毕业于上海暨南大学，后到北京俄语专科学校（现北京外国语大学）学习了一年的俄语。有了语言条件后便到了苏联列宁格勒财经学校财经专业学习，当时共去了6个人，24岁的他抱着"勤恳学习，报效祖国"的心愿开始了留学生活。那时，我们国家每个月补贴500卢布给苏联留学生。在陈菊铨老师就读的财经学校一般洗一次澡1.5卢布、一份套餐3.5卢布，还有很多不要钱的黑面包可以吃。学校里每个周末都有舞会，不过他从来没去过，把课余时间全都用在了图书馆，而周日的时候图书馆休息，于是他每到周日就到列宁格勒市图书馆读书。工作日每天早上9点上课，连上4节或6节，下午3点下课，中午不吃午饭。在学校吃得最多的就是土豆和黑面包，几乎每天都吃，后来是吃到不想再吃的地步了。当时去的6个人中，有5个是以全A的成绩带着"优秀毕业证"的称号走出列宁格勒财经大学的大门的，他就是其中一个。

1957年，列宁格勒迎来了250岁生日，这些留学生就和苏联人民一起庆祝了这个节日，听中国驻苏大使馆留学生管理处的同志说毛主席访苏时可能会到列宁格勒，于是1000多名留学生带着无比激动的心情聚集在列宁格勒等了整整一夜，谁知毛主席因为时间仓促就直接回国了。当时大家都非常失望，因为离开祖国时间长了是真的很想见一见祖国的亲人、看一看毛主席。

留学生学习固然辛苦，然而他们在课余时间，用平时省下来的钱开始了浪漫的苏联之旅。他们游经涅瓦河畔，看了一幅幅充满异域风情的精致画卷，看了冬宫，也亲眼看了为"十月革命"立下功劳的"阿芙乐尔"号巡洋舰，还到了黑海边沿着它走了很久。但是，陈老师惋惜地说，他们没有多余的钱和时间，虽然当时年轻，但仍然有很多值得去看的地方没有去，真的是很可惜呢！

中财教授有一套

——凌大珽先生给"老银专"上课

杨　博（整理）

　　当时（20世纪50年代初期）北京有一批"老银专"，就是"老年银行专修班"，这些人都是老解放区的银行工作人员，虽然文化程度不高，但都是处长级。政府把他们招到北京来，在业务方面进行进修、提高。可他们毕竟不是普通的学生，这些"老银专"毕业后是要回到工作岗位上去的。他们挑老师，美国留学回来的，不行；来了个科长级干部，也不行。学校当时请了北大的经济学教授给"老银专"们代课，他们不满意。他们对书中所说的各个国家的理论知识并不满意，甚至也没有兴趣，便要求财政部再派人。财政部经过商量，就派凌大珽先生去了。因为凌先生在财政部地位比较高，他们还真服了，那时阶级观念很强呀。凌先生了解他们的心理，所以他给这些"老银专"上课就先拿财政上的问题来说，配合着一点财政上的简单理论。他们上课时很认真，对老师也很不错。上课时凌先生一出汗，他们就立刻拿一盆凉水来给他擦脸，很有人情味。后来这些"老银专"就要毕业了。毕业就要考试，怎么考？他们多是工农干部出身，笔试不行，就改口试。凌先生出了一些题目，大家挑一挑，挑完就口试。他们考试的时候很紧张，一头的汗，有的还带着茶碗水果等，边吃边答题，以稳定情绪。口试也有不及格的，但都给予毕业了，毕业后又把这些老干部送回了工作岗位。

中财耆宿访谈丛选

【编者按】这里选编的五篇访谈录,是在中财55周年校庆前由当时的中文系96班"小记者团"采写的。其时,成立于1997年的中文记者团本着"知我中财,建我中财,爱我中财"的宗旨,就中财的历史、现状及前景等问题走访了本校的老教授、老领导等。当时辑成一册采访录,赠送校友,影响甚广。于今被访人多已作古,记者团的学生也毕业了十余年。今再读此册访谈录,仍觉可亲,老先生们的音容笑貌宛如目前,先生们所言,极有史料价值。因选出五篇,以飨读者。于此亦当向当时采访的"小记者"们致以谢意。并将他们的名字表彰如下:

团长:刘　琴(中文九六级)

团员:蒋　瑛　宋　丽　邓　云　刘　飒　赵　锐　郭培堂

　　　洪　鹏　陈　萌　缪　鹭　张　静　韩　峰　童白云

　　　陈　丰(中文九六级)　　　肖爱萍　谢　岩　姜小晶

　　　杨　颖　董洁琼　唐馨玲　刘　丽　周思思　刘　芳

　　　陈　萌　曾靖江(中文九七级)

姜明远院长访谈录

陈 丰 张 静 刘 琴

姜明远院长

时间：1998年4月

地点：姜院长家

记：姜院长，您能给我们讲讲复校时候的具体情况吗？

姜：我虽然知道一些，但记得不太清楚了。那时候学校规模很小，就三个系：财政系、金融系、会计系。开始时烟厂还没有搬走，等烟厂搬走之后嘛，我才建立起了这三个系。我们认为没有必要增加其他的系，比如税务系，跟财政系就没什么区别。当时三个系，教职工一共409人。

记：刚复校时，是409人吗？

姜：是。新中国成立以前是409人，后来复校后，满员还是409人。

记：您能简单介绍一下我们学校比较有成就的校友的情况吗？

姜：有成就的人比较多，有些人我记不得名字了。金人庆，是北京市副市长、中央候补委员，据说曾到了财政部，现在当国家税务总局局长去了。戴相龙，是中央委员、中央银行的行长。

记：我觉得您关于设系的观点是很正确的，原来的3个系扩成10个系，现在又要合并了。

姜： 其实，这是一个很简单的道理。对各个部门讲，如税务局称，学校必须给我办一个班，后来，保险公司又想你学校给我办一个保险系，中央银行也想让学校办一个外汇系，各部门、各单位都想在学校设立一个系，我们是办学校，还是办职业训练班？办学校就要培养人才，培养人才就不能太狭窄；过去我说过，会计系的可以当财政厅厅长、财政局局长，也可以当银行的行长、副行长，学财政、金融的去当会计当然也没有问题了。所以搞得太专业、太狭窄，学生就不好就业。如果你学的课程还是那么多，还不就是一个系吗？就这样一个简单的道理。

记：您能不能简单谈一下个人的经历？

姜： 我是河北邢台师范毕业的，是抗战以前的师范专科毕业。1938年我到延安，在抗大学了一段时间，后来，本来是要参军的我去搞了外事工作。因为在延安那地方，知识分子少，懂得外事的人少，我懂外文，能接待外国人，所以就去了。其实我外文也是一般，但在当时的环境下还是比较缺少这样的人才的。就这样我干了几年的外事工作。后来，延安财政困难以后，我就到财政厅搞财政工作。到财政厅后，我跟财政厅厅长南汉臣说："我也不懂财政，你调我到财政厅来干什么？"他说："财政，你不会吗？干干就会了。"他首先给了我一个任务："你给部队发五万套衣服，我告诉你，没钱，没人，也没机器，但是这五万套衣服必须得发。"我成了被服厂的厂长。一共13台机器，8台能用(叹气)，30个工人，钱也没有，屋子也没有，但得完成这个任务。"怎么样，你能完成这个任务吗？"对着南汉臣，我把胸脯一拍，说："行，我接受这个任务了。"(大家笑)他说："你能不能说说怎么完成这个任务？""哎呀，你叫我说，我就完不成了。"因为当时在谈话，我没什么考虑，我说："我得回去考虑一下，考虑好了，我再告诉你。现在叫我说，我说不来。"南汉臣也痛快，"好，我就要你这样的干部!"结果干了三个月，完成了任务。干革命工作，就是要无中生有，不是有句话说"巧妇难为无米之炊"嘛，共产党就是要"巧妇能为无米之炊"。之后，我又从延安财政厅调到了中央财政部。开始，中央财政部是华北财政部，1949年8月成立中央财政部；当时我在华北财政部做会计处处长，后来又做了一年的财政研究所所长。1960年中央财政金融学院成立后，我就被调到财政金融学院做院长了。

崔书香教授访谈录

缪鹭 陈萌 洪鹏 刘琴

时间：1997年12月15日

地点：北京大学成泽园崔老师家

记：崔教授，您在学校创立初期是教什么课程的？

崔：教基础课之一的统计学。当时一个人要教三四门课。我还教经济思想史、西方经济学、货币银行。我看了5本俄文的有关统计学的书，内容都差不多。统计学与数理联系比较紧密，但苏联反对"数学游戏"，所以讲得太简单。

记：现在国家教委着手对高校一些专业合并，就是觉得专业分得太细。是这样吗？

崔：是，这是对的。西方综合性的大学比较多。那时我国财经学科主要学习苏联，排斥西方理论，使许多东西都落后于西方，经济也受到影响，有一定的局限性。1978年以来全国形势有了很大的改变。人们的思想也在解放。但转变的过程是艰难、痛苦的。除了依靠老师、学校外，还要靠学生。

记：崔老师您的一生一定发生过许多事情吧？

崔：是的。我是1914年出生的，现在已经83岁了(崔教授抚摸着杯子，自信、洒脱地笑着)。那是民国3年，国家又穷又乱，混战不已，小时候的我就逃来逃去。记得是"国耻"的五月，那时的国旗好像是代表汉、满、蒙、回、藏5个民族的五色旗。以前那国歌还挺好听的呢!(稍停)那时,中国老打败仗,让外国人很是看不起。我当时在辅仁大学读大学。新中国成立后,辅仁、燕京大学由于是教会学校,所以都被解散了。后来我们学校在教学上学习苏联,分科太专,没什么内容可讲。由于我接受了西方的思想,土改后也参加了思想改造。之后,全国又开始了大跃进。1964~1965年我去了湖南、广西等一些地方,对农村的情况也有了一定程度的了解。复校时,老师们的生活比较艰苦,住在搭建的棚子里或者在外面租房子住,学生们住得相对稍好一些。后来我就调剂到研究所去了。

记:据说您曾在国外生活过一段时间,是吗?外国人会不会看不起中国留学生呢?

崔:1935年我在清华读研究生,一年后还未毕业就去了美国威斯康星大学学习,1937年又去了哈佛。两年半,四门统考都考过了,我获得了硕士学位后就回来了(我们不禁对她这显赫的学历感到惊叹)。在哈佛念书时,老师只提供参考书,没有讲义。我们是边打工边学习的。当时美国规定最低工资为三角五,这些钱正好可以吃顿饭。我们是自己租房子住的。美国人民还是很友好的,非常同情中国人。哈佛图书馆的书库允许我们随便进出,美国华盛顿的国会图书馆也是这样。

记:听说您和费正清先生挺熟悉的,是吗?

崔:我们是在美国留学时认识他的。1933~1935年他来北京清华大学讲学。他对同学很好,像兄长一样,时常请大学生到家里玩。抗战时,他在重庆待了两年,我们也去了重庆,就和他在那里会合了。他后来不是写了"China"这部书吗?

记:崔老师您会几种外语呢?

崔:我会德语,这是上大学时学的,还会法语、英语。至于俄语则是在新中国成立后学的(记者皆面露惊羡之色)。

记：崔教授，谈谈您对我们财经文秘专业的看法，好吗？

崔：你们这专业不错。秘书工作很重要，哪个部门没有秘书？但既然是中文系，就应把中文底子打好，要多练写作、多修改，还要吸收古文、现代作品中有益的东西。当然学习不可能面面俱到，要抓住重点，还要灵活运用。你们要珍惜大学四年时间，多学些东西，不能浪费时间。

最后，我们请崔教授与我们合了影。这次采访让我们受益匪浅。对于她所取得的成就我们感到钦佩；对于她的遗憾——没有机会上好课、给同学们传授知识，我们深深理解；对于她的希望——祖国强大起来，我们会为之努力奋斗！

王佩真教授访谈录

杨智斌　刘　琴

王佩真教授

时间：1997年12月

地点：中国人民大学

1997年12月20日下午2：00，记者如约来到王教授家中。在素雅大方、富有韵味的书房中，王教授接受了我们的采访。

王（笑）：我可真是第一次接受学生采访，你们的信我看到了，准备简单地谈几点，有关于学校的，也有关于我个人的，如果有什么不明白，你们再问我，好不好？（边说边拿起几页稿纸）

王（戴上眼镜）：中财是在探索中发展壮大起来的，它是一所新兴的综合性大学，与共和国同龄。它的前期主要是干校，1960年更名为中央财政金融学院，1996年又更名为中央财经大学，步入了发展的新阶段。四十多年来，学校已为国家经济建设培养了3万多人才。据国家教委调查：全国高校毕业生中成为国家高级干部的比率，人大第一，第二就是中财，所以有人开玩笑说中国财经巨头都出在中财大。

（笑，兴致盎然）第二点，我就要讲，表面上不起眼的小学校，如何培养出众多的高级人才呢！学校很小，比不上清华、北大，连人大也比不上。（记者心有戚戚焉）但是，各种因素决定了我们的学生也是风雨中铸出来的英才。尤其在"文革"期间，好端端的高等学府居然变成了一座卷烟厂，这对中财是毁灭性的破坏。

后来，我们是在机器的轰鸣声中复校的，当时的条件相当艰苦，但大家精神状态都很好。尽管生活条件相当恶劣，但老师们为能重新登上讲台、培养人才、在教育战线上创业而激动；学生们经过了"文革"的历练，很珍惜这次学习机会。当时我们在木板房里上课，夏天，学生一边听课一边流汗；老师一边讲课也一边擦汗；冬天四面漏风，风一吹冷得刺骨。但学生不怕苦，他们为能有学习、报效国家的机会而高兴。很多学生毕业时分配到哪就去哪，从最底层开始锻炼，现在都干得不错。所以说，中财的学生都是风雨铸出的英才。

第三，中财虽然小，但它有它独特的校风。首先是忠诚，学校一直坚持正确的办学方针，从老师这一面讲，以忠诚党的教育事业为宗旨，兢兢业业。老教师数十年如一日，中青年教师也不嫌清苦，无怨无悔地奋斗在教学第一线上。学生以忠诚于人民共和国建设者为宗旨，就是现在来讲，大多数同学能埋头学习，不受经商风气的影响，也是一种忠诚的表现。其次是求实，坚持实事求是是学校一贯坚持的方针，学生不仅是学习理论，更重视财经工作业务操作。曾有人笑话中财是算盘珠子学校，不重视理论，其实完全不是那么一回事；还有一点是作风踏实，毕业生不像有些学校的学生摆花架子，因此社会对毕业生的反映都很好，说我们的学生踏实、肯干；最后是创新，学校教学注重应用、发展，注重学习西方的经验、理论。比如说我们开新专业，我们也要求毕业生做社会主义事业的开拓者，社会也反映我们的学生有闯劲、干劲。

（微笑、抬头稍作深思）第四点谈谈我个人，我个人可以自豪地讲是桃李满天下，全国各地都有我的学生。不吹牛地说一句，我到哪儿都不愁没饭吃。（沉吟）我是新中国第一批硕士研究生，教学至今也有40多年，北至黑龙江，南到海南岛到处都有我们的学生。9月份我去香港，了解到中财80多个毕业生都干得很出色。不管哪个专业的学生，老师去了之后都非常的热情。所以我说做了几十年教师，最大的喜悦或者最大的安慰，就是看到一批一批的学生能够成才。这就是他们对母校、对老师最好的回报。

第五，将自己这几年的体会总结成一点就是"青出于蓝胜于蓝"。在新的形势下，我遇到很多新的挑战：首先是外语，尽管学过很多门外语，但用起来还得靠字典。所以，起码要熟练掌握一门外语才能满足教育与学习的需要。再一个挑战是数学，目前研究强调应用数学，可由于高等数学长期未用，用起来还是很费劲。还有一个是新技术挑战——计算机，你们也看见这台电脑了吧！用它还没有我用笔写得快呢，可是不用不行，时代发展要求你会使用它。（笑）所以我就说自己是活到老学到老。我总是感觉时间不够用，加上目前任务比较重，基本上就没有节假日。但反过头来再看看自己的学生，有的做了各级领导干部，有的成了知名学者，某种程度上讲都比我强，这说明什么问题呢？就是"青出于蓝胜于蓝"。"弟子不必不如师"，如果学生不如老师，那就说明老师的教学是失败的，学生就应该超越老师，成为人才，学校才可能兴旺，历史才能进步，国家也才能越来越富强。所以我就希望我的学生超过我，这是我的切身体会。当然，就像一个人不可能十全十美一样，一所学校也必然有不尽如人意之处。过去的已成为历史，希望还是在你们身上。你们要抓住每一个发展机遇，为将中财办成一流的财经大学而不懈努力。说来说去，希望与责任都在你们这些年轻人身上，我们已经是过去的一代了，你们才是未来。

记：王老师对我们满怀希望，更令我们感到自身存在的不足，您觉得我们这一代大学生与以往那些大学生相比有什么差距？我们该如何努力？

王(微笑)：差距谈不上，不同倒是有几点。

一就是你们的实践经验少。复校以前的学生都有实践经验，大多数都是工作中表现出色、实践经验丰富的学生；复校后的大学生大多经过"文革"的锻炼，是工农兵大学生。比如说现在的副校长王广谦，就是先当兵后进的大学。所以这些当过兵、进过工厂、接触过社会、去过最基层的人与你们这些从学校到学校的人，思考问题的方式是不一样的。另外，可以坦白地对你们说，你们学习的劲头不足，认为上大学容易，只知道贪玩、纪律松懈、不能吃苦、没有远大的理想。人无远虑必有近忧啊！(加重语气)不要只考虑眼前，人活一生首先要考虑的是怎样干事业，这一点很重要。年轻人一定要先干事业，切忌先享受。人一生最初的方向太重要了，人活着离不开奋斗、牺牲的精神，学做人与学知识要结合起来，这才是真正意义上的德才兼备(话语饱含深情又令人深思)。

(李金华审计长在中财作学术报告时，充满深情地说："王佩真教授是我的启蒙老师，我的第一碗酒就是在王老师家喝的。"顿时，全场掌声雷动。那是送给王老师和所有老师的最好礼物!)

闻潜教授访谈综录

杨智斌　刘　琴

闻潜教授

时间：1998年4月

地点：闻老师家

闻潜教授，河南人，1930年生，1953年人大研究生毕业，致力于高校科研教学工作四十多年，成果丰硕，享有盛誉。笔者经过几番联系，终于获得了采访的机会。

1998年4月15日下午，闻潜教授于百忙之中，抽空接受了我们的采访，他坦率地说多年没有周末，一切能推脱的都推掉了，对于中文系则是个例外。记者就最感兴趣的几个问题采访了闻教授。采访中，闻教授严谨求实的治学风格、淡泊名利的人生哲学给我们留下深刻的印象。

闻潜教授首先给我们讲述了人各有志的道理。他说我们毕业后无外乎三条路：第一去国家机关当公务员，第二下海去经商、进企业。闻教授说选择前两者必须要定一个目标，当公务员就要升官，掌握权力才可能成就事业；下海则必须争取发财，成为企业的高级管理人才，而不是去什么街边倒白菜。第三条路就是和老师一样，留在高校与研究机关内部,甘心坐冷板凳,既没有升官也没有发财的机会和可能。但如果在研究过程中能对社会做出贡献,这也算是一件幸事,可以说是乐在其中。所以说人各有志,哪条路都很好,三者都一样。闻教授致力于金融宏观调控、金融市场运行等领域的研究,尽管忙碌不堪,但非常充实。闻教授强调说,他要求他的博士生,在校学习就要严肃、认真,尽心研究,甘心坐冷板凳,没有这一点是不可能成才的。他诙谐地说:"有一种人也可能发财,而肚里没有学问,如果父亲是个部长,这靠的只是机会,但这种人也有风险,陈希同的儿子不是被抓起来了吗?""所以,人各有志,但要达到这个目的,在学习阶段必须勤奋、用功,否则虽然可以拿一张文凭,但含金量并不大。"

接着闻教授又谈起自己的学术立场与一些基本原则。闻教授说,"报社记者都称我为中国这块黄土地上的经济学家,因为我专门研究中国的经济运行。我就对他们说,美国的事我们干涉不了,人家也不让我们干涉;但中国的经济中国经济学家要考虑,如果不考虑,都留给朱镕基一个人也不行。(笑)中国经济学家虽然派别很多,但无外乎两派,我就夹在中间,我的观点既没人支持,也没人反对。20世纪90年代以后,一派主张搞西方(照抄照搬),一派不反对西方但对西方未必有兴趣。简单的移植不可能成功,否则多办几所外国语大学、多翻译几本书就行了。我的书里也有不少西方的东西,我不排斥西方,也不盲目崇拜西方,我研究的就是中国这块黄土地上的事情。"

最后,闻教授还说要创作一本小说,"我们这一代经济学家经历了风风雨雨,历经各种磨难,写出来对后人很有价值。中国的小说不少,但专门写这一层次的还不多见。"闻教授还笑着说:"你们是中文系的,是这方面是专家,到时候还得请你们帮助修改修改。"我们也笑了，大家都深为闻教授的魅力所折服。

龙志美教授访谈录

杨智斌　刘　琴

时间：1998年4月

地点：龙老师家

龙老师是一位慈祥而开朗的老人，她热情地接待了我们。因为早知我们的来意，她很快就向我们打开了话匣子：

"我这么说，一个是谈我本人，一个是谈谈我来这个学校的所见所闻。你们先了解我，再了解这个学校。我是1963年11月份来的，实际上我出身于湖南长沙。小时候我赶上了抗日战争，1937年的时候国民党火烧长沙，我们家全被烧光了。烧光了以后就逃到了农村，之后就一直在农村过着逃难生活。我是1933年出生的，抗日战争没法上学，我父亲、母亲就教我识字，之后我上了两年半的小学，再后来我就考上了长沙市的一个比较好的中学——周南女中。这个学校有革命传统，地下党员特别多。我是1947年加入的，1948、1949年就是民主运动"反饥饿、反迫害、反内战"。当时我在学校积极地罢课、护校，迎接解放军。

1950年，初中毕业后，我就参干到了东北贸易部。当时东北是老解放区，需要知识分子。那时初中毕业就算知识分子，不像今天，大学生都难找工作。去了之后我还是继续学习，在东北商专学习。学完以后，我就到东北商业学校（就是辽财的前身）教书。后来并没有教书，基本上是做青年团的工作。接着团市委又把我调到了团市委学生工作部，一直做学生工作。1956年，党中央号召"青年干部向科学进军。"我坚决要学习，团市委起初不放我走，后来总算允许我考试，还给了我复习的时间。我自己想考经济学，学经济学。另外，现在来说是天真的想法，我就觉得学经济还是不错的，于是，我一心一意地选择了经济学。我的第一志愿是东北人民大学，等我毕业的时候，东北人民大学已经改成了现在的吉林大学。

当时，大学里还是比较重视经济学的。我们拿着《资本论》，从头到尾地背。上大学第一学期开始，每天就到图书馆抢座位，学习的精神是相当不错的。1961年毕业填志愿的时候，我们都选择了当时最艰苦的地方。我第一志愿填的是西藏，第二志愿填的是新疆，然后是解放军。之后，总政治部去我们班要两个毕业生，我就被分到了哈尔滨军事工程学院。

后来因为我爱人在北京，我就被调到了北京炮兵学校教政治经济学。1963年年底，炮校合并我就转业到了财金学院。我选择财金学院是因为财金学院对政治经济比较重视；另外，我一直是搞青年团工作的，还是愿意跟青年人打交道。没想到最终把我留在了宣传部，让我主要负责学生思想方面的工作。那时只有财政、金融、会计三个系，一个系一年级是五六百人，一共是两千人。

我们学校20世纪50年代开始是叫做财政干部管理学院。1952年院系调整，北大、人大的财政、金融这些系都到了咱们学校。1960年正式成立了中央财政金融学校，原来都是干校性质的学校。

1965年，我领了一部分财政系的学生在湖南武岗县搞了一年四清。回来就遇上了文化大革命。当时学校的各项工作全部都打乱了，学校什么也搞不了，学生、教师分成了好几派。周总理当时对财金学院也很重视，亲自来到群众中做群众组织方面的工作。

当时周总理接见群众组织，我去过一次。记得是1960年12月23日，主要是接见包括我在内的11个人，就是在最高国务会议室。旁边坐的都是部长，李先念跟周总理和我们坐在一起。周总理和我们一个一个地握手。当握到我那里时，他问我：'你叫什么名字？'我说：'我叫龙志美'接着周总理又说：'你是什么地方出生的？'我说：'我是湖南长沙的。'开始进去，我也有点紧张，他一说完，我就不紧张了。周总理又说：'你们湖南人吃饭叫Qia饭，对不对？'我说：'对，对，对。'我对那次周总理的接见印象很深。周总理是在半夜接见我们，一宿长途电话就没断。"文革"搞了十年，总理受的罪真是不少。一次接见，医生几次出来给他擦鼻血，一个劲儿问总理要不要休息，当时我就流眼泪了。人们对总理的感情还是非常深的。

1970年，林彪第一号战令下达，要上山下乡，我们就撤出北京到信阳去了。当时我在革委会，因为这学校要撤销了，所以就让我搞干部分配。当时绝大部分老师到了辽财，一部分搬到了厦门大学，也有到其他岗位的。这个学校撤销以后校址就变成了烟厂。我到了北京语言学院教留学生，也给来华的专家讲课。

1978年我们学校复校，姜明远校长让我回来搞宣传。复校的过程也是很艰苦的：烟厂不给学校房子，满院子不是车间就是烟垛，到处都是烟味。为此，学校花费了很多的时间和精力来解决房子的问题。一直到1987年年底，房子的问题才得到了最终的解决。

1980年，我坚决要求上教研室上课，教政治经济学。1994年，我就正式退休了。

杨德祥先生采访录

杨　博　严亨特（采访）
严亨特（整理）

记者：杨老师，您能给我们回忆一下你青年时代的工作经历吗？

杨：就从1945年开始说吧，1945年上半年那个时候我还在村里边儿。

记者：您当时是在哪个村呢？

杨：我当时是在河北省行唐县第五区北龙岗村，在那时候我是青救会主任。

记者：青救会是怎样一个组织呢？

杨：青救会就是青年救国会，那时候还有工会、妇联会、村委会，我那时候在青救会，就是管教青年的。

记者：那老先生您能跟我们讲一下当时的工作状况吗？

杨：那个时候是没有什么复杂的事情的，只有一个村剧团比较忙活，哪里有喜事了，哪里有活动了，村剧团就过去演出，别的也没什么了。

记者：恩，那杨老师，我们从书中知道您是1953年来到我们这个中央财政干部学校，当时是在组织科，您能和我们讲一下当时的情况吗？

杨：我是1949年7月进的北京，那个时候正是在打完太原的时候，我到了北京在丰台西仓库工作。

采访者：那您能跟我们介绍一下，你最初来到中央财政干部学校的时候，学校的环境是怎么样的？

杨：那时候是1950年，我们这些人都是农村来的，组织我们学文化，成立文化班，学到高中毕业。当时这文化班是在北京西黄城根的中央税务学校里，我当时在那里学习。那个时候，在各个单位里头都是有人组织没文化的人去学习的，学到高中文化为止。那时候中央财政干部学校还是叫中央税务学校的，那时候的校长就是中央税务局局长，没有专职的正式的校长和院长。

记者：那老先生，您是哪一年到中央财政干部学校的呢？

杨：1954年文化班毕业以后呢，我就到这来，那时候我就留校了，在学校里就工作了。

记者：您能跟我们介绍您在此期间的工作经历吗？

杨：那段时间都是在学习，工作经历倒是什么也没有。后来留校工作了，是在财政金融学院，学校建在了大钟寺那里，那时候我在学校管保卫，管着进门出门的人，后来到保卫科是以后的事情了。再以后，我就调到了学校成立的基建班、税务班、财政班中的税务班去当组织干事，当时我在税务班挑了申永富（音）和另外一个学生留在学校里工作了，他们两个都是党员，而且学习成绩也比较好的。税务学校这几个班都是一年的学习时间，这一批学生毕业以后，又多成立了一个会计班，然后削去了税务班，我就在会计班工作了，当时已经是1957年了吧。就是我在会计班工作的时候，也不知道是谁通知的，说是有中央首长接见，当时的书记是秦穆伯，院长是陈如龙，其他也没别的什么副院长、校长之类的人员，当时有没有别的学校去我也不清楚了，光记得是我们学校会计班里我和一个班主任去了中南海了。那时候秦穆伯、我和这个班的班主任就带着这个班的学生，跟着学校去了中南海，由我们学校这儿一直走到了中南海怀仁堂。到了那儿以后，中南海就给安排座位，从东往西一溜，然后有人开始宣讲，说首长来了以后谁也不准伸手，不准和首长握手，坐着在那儿不许动。那时候我们的学生正好在中间那一块，正在主席的后边儿，我们带队的几个有在中间坐着的，有在边上坐着的，我那时候是在边上坐着的。后来就照了相，我们学校有张大照片，大概有十几寸吧。后来文化大革命，啥东西都被拿了，就留下了这个照片，我说我就要这个，就把这张照片保存下来了，别的什么都没了。

记者： 老先生在那个年代的生活想必是十分艰苦吧，那时候您都经历了些什么磨难？

杨： 那时候是苦呢，什么都没有，也没吃穿，道路也不行，都是土路，而且还要步行赶路。

记者： 那您能跟我们讲一下当时学生的学习条件是怎样的吗？

杨： 那时候我是在文化班嘛，虽然和税务班同属于一个学校，但实质上是两码事，而且那时候我也不管这个班，所以也不是很清楚那些学生们具体是什么情况。只知道是那时候有上海来的学生，吃馒头都是扒了皮吃，这个给我的印象很不好，这学生吃国家的东西怎么都这样！

记者： 就是不珍惜吧。

杨： 对，就是吃馒头剥了皮，太讲究。

记者： 您还是给我们回忆一下"文革"时期的情况吧。

杨： 那个时候我不在这儿，"文革"期间我是调到了北京市财贸学校，我是1962年就调到了北京市财贸学校。那个时候我们学校说是要解散，所有的行政人员都不要，留下几个教员，就留几个教员，其他都是调到甘肃、宁夏和青海的。我本来是准备调到宁夏的，但是当时快过春节了，我就说快过年了，我得回家里看看，学校就批准了，让我回去，我就回家了。后来过了个春节以后我回来，学校又叫我别走了，让我调到北京市，这时候我就调到北京市财贸学校了，所以"文革"期间，我是不在这个学校的。

记者：那当时的财贸学校和中财有什么关联吗？

杨：没有，它是属于北京市的。我为什么到财贸学校呢？是因为当时北京市的一个银行干校被我们学校合并了，合并到了财政学院，一部分人从那里调了过来，后来我们学校解散，我就跟着到北京市财贸学校了，合并期间我们学校一直是直属财政部管理的。一直到文化大革命结束，学校才恢复。但是文化大革命的时候学校不是解散了嘛，学校的地就被北京市卷烟厂给占了。当时姜明远当副校长，负责恢复学校的工作，他也是学校的元老嘛，对我们学校的感情很深厚，他就坚持要在卷烟厂占着的地方原地原址恢复我们的学校，他就坚持要这个地儿。那个时候我记得，中央是给过一块儿地方让我们用来恢复学校的，在安定门外，姜明远和我都去过，姜明远说什么也不要那块地，就是要在原来的地方恢复我们的学校。为拿回这块地，还和北京市卷烟厂打官司了，后来这事还惊动北京市市委，市委来插手了，把北京市卷烟厂给弄走了，这学校才恢复了。（开心地笑）

记者：老先生，那您后来又回到我们学校去了吗？

杨：哎，就是这学校恢复了，我就由财贸学校又回来了。那时候财贸学校也不行了，人也都走了，我当时就要求回到我们学校来，那时候是，嗯，1978年吧，1978年学校恢复。然后我就回来了，回来以后就开始建这个学校。刚开始的时候，什么都没了，学校都是空的，房子也不够。

记者：那1978年复校以后，第一学期的工作学习条件想必是十分艰苦吧？

杨：那时候什么条件也没有，屋里都是空的嘛。就在现在那个北楼，当时我们都在那个北楼，办公也在北楼，一开会，就在北楼，一人坐一个小马扎，就什么也没有了。然后，我就在那儿弄家具，北京市批了木头以后，我就在那里做家具，做一些桌椅板凳，布置一下教室，学校就慢慢恢复起来了。

记者：那么当时的课程是怎么设置的呢？还是原来的会计、财政和基建吗？

杨：那个我都不知道了，那时候基建、财政什么，好几个班班次都变动了。那个时候因为我不管教育方面，我就知道的不多了。

记者：那么老先生您是哪一年从我们这个学校退休的呢？

杨：1985年。1985年那个时候我们学校有个培训中心，你们听说过没有？里面都是外国的学生，那里有个教学楼，那都是我布置的。

记者：我们学校1985年就有留学生了吗？

杨：对，当年外国来了很多人，到这里培训，组织了一个培训班。当时有韩国、美国的学生来这儿培训，咱们在培训中心里给他们上课。

记者：1985年学校的情况就好多了吧？

杨：嗯，1985年情况已经好多了。以前这学校乱得很，1985年以后就整理的差不多了。过去我们学校和人民大学是一个单位的，跟人民大学分家的时候，桌椅什么的都被拉走了一批，剩下一些就归我们。

记者：就是当时有几个大学的金融系和经济系给合并到了我们学校吧？

杨：对，那主要是人民大学，什么系我也不清楚了，光知道是人民大学和我们是一个单位，后来就分家了。

记者：那老先生您跟我们讲一些您记忆深刻的事情吧。不必是一些很重大的事情，就讲一些令您记忆深刻的小细节吧？

杨：也没什么吧。文化大革命这一段重要的时候我也不在。在这以前有个"三五反"的时候，那一段时间我们每个人都得做检查。检查什么呢？检查你过去都用过学校什么，我就说，我用过学校一个信封和信纸。我过去就用过公家一个信封，写过信，用过信纸。那个说说就完了，当时就有过那么一个过程，也不算处罚，都是说说就完了。

记者：那当时最后检查的时候，有人被处罚吗？还是就是所有人做个检查？

杨：没人被处罚。被处罚的都是粮食统购统销的时候，那时候有人被处罚。就是过去买粮食没什么规定，后来买粮食就定量了，不能随便买了，叫统购统销。那时有人消息灵通，赶在搞统购统销之前到市场上去买了一袋面，这个就有人被处分了，要开除党籍，那时候还是税务学校的时候。

那个年代的故事

霍焕民

一、 友谊楼和越南留学生

友谊楼，即现在校医院所在的三层小楼。20世纪50年代是单身干部居住，故称"单干楼"。1962年，一层改成是医务室（不含东侧的第一大教室），二层是普通课教研室，三层是会计系。普通课教研室英语组、俄语组、汉语组、体育组、逻辑组五个教学单位均在二层办公。

1966年9月高教部分配35名越南留学生到中财院学习银行外汇专业，该批留学生来之前分别曾在吉林师大、杭州大学、西北大学等高校学习过汉语，一般生活用语还可以。院里决定让他们住在单干楼的三层，重新装修，每人一间，专门配备新买的床、一头沉的桌子和大衣柜。为了中越友谊，我国每月每人还发给他们39元的生活费。随之，将"单干楼"改名为"友谊楼"。

越南留学生，35名学生分成两个班，汉语课有李贵如老师和我负责授课，每人一个班。这批留学生，据说大多是越南的高干子弟，或是烈士子弟，他们受国家的委托到中国留学，肩负着回国建设祖国的重任。因此他们学习很认真、刻苦。由于来自不同学校，汉语基础不同，水平也高低不等。领导一再叮嘱我们，不仅要好好教学，还要和他们搞好关系。所以，我们除课堂教学以外，还经

越南留学生合影

常到宿舍看望、交谈，联络感情。

他们学习刻苦认真，虽然汉语水平有限，但学习起来十分较真儿。举几个例子：

第一，我给他们讲完"量词"之后，有一学生发问："汉语太复杂，太难学，能不能简化一下？一头牛、一匹马、一间房子、一辆汽车、一支笔、一个人、一尾鱼，多复杂。能不能改一下？凡有头的，都用头表示，为什么不能说一头人？"

我回答："你提的问题很好，但不能改。说复杂，真的复杂，这正是汉语的精彩之处，它的表意功能细腻、完善、准确，是世界各国语言所不能比拟的。要回答你的问题，就要从汉字起源及其发展史上讲起，你现在的水平是听不懂的。先记住我的话，量词这样用是约定俗成的，不能乱用。至于为什么，今后，我会慢慢给你讲到，等你掌握汉语的规律时，你会以懂得汉语而感到自豪。"

第二，我给他们留的一道作业题：用"起……作用"造一句子。一个学生的作业是这样写的："北京市的公共汽车起拥挤的作用。"我批曰："不对。"学生问："为什么？主谓宾没问题。"我说："这个句子之所以不对，不是语法问题，而是用词错误。拥挤，用错了。"学生说："北京市的公共汽车真的很拥挤。"我答："拥挤是实情，但，不是汽车的'作用'。这叫用词不当，把拥挤改成交通就可以了。"这个例子说明他们学习很认真、很投入，只是词汇量不足，所以错误难免，提醒他们要多多掌握词汇。

一个多月后，因我国文化大革命，让他们停课回国，从此再也没回来。我给他们上课感到很费劲，讲深了听不懂，讲浅了又不爱听，生怕完不成领导交给的任务。

二 、在"四清"运动的日子里

1963年8月，我被分配到中央财政金融学院普通课教研室汉语组任助教，截至1966年3~4月，两年半的时间，参加了三次"四清"运动和一次校内的"五反"运动。第一次是随教务处长兼普通课教研室主任黄岭松同志，于1964年春到北京市顺义县马坡公社，搞了两

金融62班部分同学在河南"四清"时合影

个多月的"四清"，也叫社会主义教育运动；回来后在学校跟随黄健又搞了一个多月的"五反"；1964年9月仍随黄处长到河南省郏县庞庄公社，搞了10个月的"四清"；1965年下半年，又派到辽宁省铁岭县煤建公司搞了不足一年的"四清"，直到1966年4月才回到学校。

1. 第一次接触实用文

在马坡公社搞"四清"时，因为我是中文系毕业的教师，黄处长让我留在办公室，主要任务是每天为总部写"简报"，结束前写"总结"。简报和总结都属于实用文，在大学根本没学过，一开始我写的简报和散文差不多，黄处长批评说："你的文笔不错，可惜文体错了。简报就是把一天的主要工作或者是大事，向总部作一简要的汇报，其特点就是实、简、快，少叙述，多说明，除"编者按"以外尽量少议论。"经黄处长的指点，加上银行同志的帮助，总算写了几篇像样的实用文章。别看"几篇"，可来之不易，要深入实际到大队了解情况，和"四清"工作队的队员座谈，和公社领导座谈，和社员座谈，当掌握全面情况之后才能写出符合要求的简报。在马坡公社的时间不长，可这是我工作以后第一次接触实用写作实践，永不忘怀。

2. 写"总结"要看对象和需要

到铁岭煤建公司搞"四清"的工作队员，来自三方，全国供销总社（一处长任副队长）、辽宁供销社（一处长任队长）和中央财政金融学院（我和两个学生）共计九人。赴辽宁省搞"四清"的总指挥是国务院五办副主任马振邦同志（"四清"工作团团长）。"四清"结束前约两个月，领导让写总结，队里抽出三个人组成写作班子，其中有我，组长是省供销社的哈长富同志。我们调档案、查资料、基层走访、调查研究、大小座谈会不知开过多少，目的就是搜集资料。半个月过去了，该动笔起草了。第一稿写了约1.5万字，五个方面的内容，即开头、主要成绩和收获、主要经验和教训、主要建议或意见、今后的设想和打算。稿子交上之后没几天，打回来批示道："文字太多，篇幅过长，重点不突出。"我们根据领导的批示，进行了修改，框架没动，删去了一些过程，简约了文字，将约1万字的稿子又交上了。本以为差不多了，谁知又打回来了，批示曰"总结几条经验嘛！"从队长到组长，以及写作班子，全都傻了。我们废寝忘食，夜以继日地仔细研究，认真揣摩领导批示，才如梦初醒，恍然大悟。国务院领导挂帅，主要是总结经验予以推广，而我们的总结却按常规进行，面面俱到，特别是"主要建议或意见、今后的设想和打算"，用得着你说吗？稿子后来改成两部分，即主要成绩和经验。用简单扼要的语言概括出成绩，这是开头；接着总结了八条经验，全文不足5千字。一个礼拜的时间，上边电话来了："写得不错，第一稿如果这样写还用修改吗？"我们每人虽然掉了十几斤肉，但完成了任务，而且懂得了写总结不能照搬框框，这种收获是不能用掉肉来计算的。

3.靰鞡和乌拉草

在铁岭搞"四清"时，穿上了靰鞡（也叫乌拉），用上了乌拉草；亲眼目睹了"窗户纸糊在外"的情景。

平时常听人说："东北有三宝——人参、貂皮、乌拉草"，但乌拉草是什么模样，全然不知。通过与煤建公司的工人师傅"三同"（同吃、同住、同劳动），不仅为工人师傅品德的高尚而深受教育，而且了解了当地的社会风貌和特点。乌拉，是冬天穿的毡子做的棉靴，乌拉草是多年生草本植物，常放在乌拉中保暖。由于东北很冷，穿我们带的棉鞋是过不了冬的，工人师傅就告诉我们买带乌拉草的乌拉。这样我们才知道乌拉是乌拉，草是草。

煤建公司的师傅劳动在煤厂，休息在工棚。工棚就是搭有土炕通铺的砖瓦房。进入深秋，就开始糊窗户。我们和工人师傅一起打糨糊，用纸糊窗缝，都糊在窗外。我问："糊在里边不行吗？"师傅："不行。"我问："为什么？"师傅："到时候你就知道了。"十冬腊月，大雪纷飞，工棚内炉火融融，内外温差极大，师傅说："看到了吧，如果把纸糊在屋内还能挡风挡雪吗？"我佩服得五体投地。触景生情，写下几句打油诗：

之一
东北三大宝，
人参貂皮乌拉草。
乌拉是靴草是草，
相得益彰防冻脚。

之二
东北三大怪，
三分之二已不在。
留有糊窗纸在外，
防风拒雪不为怪。

4.烟比向日葵还高，且是绿色食品

我们在河南省许昌市集训之后，乘大巴赴郏县庞庄公社的路上，看到一片片大面积的"向日葵"，但只有杆没有头。大家小声

议论：此地的副业搞得不错，向日葵已收割完毕；种那么多向日葵吃得完吗？司机师傅听后哈哈大笑，用标准的河南话说："那不是向日葵，是烟棵。"我们个个大吃一惊。

我们那个小组一行五人，分别住在贫下中农的老乡家，同吃、同住、同劳动（以下简称"三同"）。三同，是中央对"四清"队员的统一要求。按自己的定量每月向老乡交一次全国粮票。由于三同，才从老乡那里知道，那个地区主要种植烟叶。烟农是有职称的，必须具备"烟师"的职称才可种植烟叶。从烟师那里知道，种烟不许用化肥，也不许用农药，这样才能种出绿色食品。烟叶的等级不是因品种不同，而是一株烟所产烟叶的位置。从头到根，中间的两片叶是做高档烟的，比如大中华；依次上下的四片是做中档烟的，再依次上下的六片叶是做一般烟的。剩下的就当柴烧了。

在烟农的指点下，一年的时间我没有抽过烟卷儿，而是学会了卷大炮（从合作社买来烟叶用报纸卷成烟型的烟）。当时我在日记中写道：

如果说朱自清先生形容荷花是"叶子和花仿佛在牛乳中洗过一样，又像笼着轻纱的梦"，那样美丽，那样纯洁，富有梦一般的畅想，那么我就可以说，烟叶仿佛在绿色染缸中染过一样，又像笼着蓝色海洋的梦，那样挺拔。

三、在"五七干校"的日子里

1.风雪信淮路

1969年，为了落实林彪的"第一号令"，中央财政金融学院的教职工，以及65级的学生，要到河南省信阳专区淮滨县马集公社

"五七干校"接受贫下中农再教育。11月中旬学校直属连（原行政各处、室和普通课教研室的干部、教师）组成先遣队，赴马集公社为大批人员下乡做准备。我记得成员有李连山、范增袍、丁振颖、邱光信、杨荣贵、我和财政65级的两个学生。我们坐火车先到信阳，由信阳中转站派了一辆敞篷解放牌大卡车，沿着信阳到淮滨的公路（大家都称它为信淮路）把我们送往淮滨马集公社，300公里左右。

那天一大早就朔风大作，似刀割脸，手脚冰凉。好在我们都穿着棉鞋和棉猴（戴帽子的棉大衣），大家依偎着蜷缩在卡车上，咬着牙相互鼓励，小声而有力地同声说："下定决心，不怕牺牲，克服万难，争取胜利。"走了不足50公里，又落下了雨夹雪，不一会儿，浑身上下就要湿透了。司机把车停在路旁说："行李下边有块大塑料布，大家披上吧。"我们赶紧把塑料布拽出来，大约有3米见方，正好能盖住我们几个人，我们每个人都用手抓住塑料布，挡住了部分雨雪。大家对司机师傅感激不尽，又同声说："向工人阶级学习，向工人阶级致敬！"因为没有手套，只好左右手替换着拽。时间长了，手冻僵了，拽不住了，塑料布腾空而飞。这时恰好到了息县，司机师傅找到长途汽车站，让我们到候车室避避风雨，我们又是感激涕零。

天那么冷，没有一个人叫苦；风那么大，没有一个人喊怕。为什么？因为大家都知道到"五七干校"的任务是改造思想；都知道自己是"老九"；都知道"老九"前边还得加一个"臭"字。

2.就地取"材"

马集镇在淮河以北约五公里，"五七干校"的直属连队，在马集镇南约一公里，地势低洼，很有特点。当地农民说："无雨地如石，遇水土如胶"。我们到干校的主要目的就是改造思想，因此，边劳动，边革命，不可避免地写大字报批判资产阶级思想。如果在北京，张贴大字报，要么用白面煮成糊糊；要么到商店买现成的糨糊。在马集就不同了，随便找一块有土的地方，挖一坑，洒些水，搅和搅和，泥就可以当糨糊用。由于就地取泥，贴大字报可以说是"节约闹革命"。

3. "走资派还在走"

1971年夏收，割麦子。由于土地不肥，麦子长得不高，穗也不大，地长百米左右。领导指示大家：每人割两垄，割到头休息一会儿再往回返。由于性别不同，年龄不同，熟练程度不同，速度当然也不同。姜明远副院长在北京已被打成"走资本主义道路的当权派"，在109劳改队改造，到干校后仍是改造对象。那时他50多岁，身体健壮，割麦子很熟练。用他的话说：在延安参加劳动受过锻炼，割麦子和割谷子差不多，都必须弯腰用镰刀。因此，那一次割麦子他一马当先，把30多岁的壮年教工甩在后边，第一个到头。正是这一举动惹恼了领导，中午收工时，领导气冲冲地说：晚上开大会，对今天的劳动进行总结。到了晚上在会上领导说：今天的割麦任务虽然完成了，但阶级斗争的新动向也出现了，姜明远割麦时不顾别人，只顾自己，一个劲儿地往前割，第一个到达终点，还高举镰刀，伸伸懒腰。说明什么？走资派还在走，不是阶级斗争新动向是什么？大家必须认真地进行批判。

领导说完，与会者大眼瞪小眼，会场鸦雀无声，似丈二和尚摸不着头脑。胆子大的在窃窃私语，被领导看见了说："赵铁成你能不能大点声？"领导说的是金融系的赵铁成老师，赵答道："我听老乡说麦收就是虎口夺粮呀，要不然一场雨下来就完了。姜明远割得快正是他接受改造的表现，应该表扬，和走资派挂得上钩吗？至于伸懒腰、举镰刀，弯腰一个多小时，手都磨出泡来了，伸伸腰，举举镰刀活动一下血脉这很正常，怎么能说走资派还在走呢？"赵铁成的一席话不仅壮了大家的胆，也引起了共鸣，你一句，我一句，七嘴八舌，都为老赵的话喝彩。搅得领导也乱了方寸。一气之下说：散会。

4.战士吃上"天鹅肉"

在马集，范增袍作食堂管理员，杨荣贵作大师傅，邱光信作会计，我作采购员。每天骑着自行车到周边集市上买菜，近的3~5里，远的二十几里。除公社驻地天天有集市外，其他集市均有定日，或逢5，或逢10，天天买菜只能打一枪换一个地方，反正周边的村庄集市都跑遍了。要吃肉很困难，一个集市只杀一头猪，去晚了就没了，不得不到老乡家里买活猪。另外，道路很难走，除马集到淮滨是石子公路之外，其他的要么是羊肠小道，要么是田间渠埂，好在我30出头，身强力壮，骑自行车的技术可说上乘，驮一头200斤的活猪，走十几里地跟玩儿似的。

薛集在淮河南，马集到薛集约20里地，要乘船。1970年秋天，正是雁南飞的季节。有一天我到薛集买菜，还没到渡口，突然看到西边麦地里灰蒙蒙一片，约半亩地之大。我推着车沿着河北岸慢慢地往前走，看见一个男子推着一辆方形的四轮车，上下左右均用树枝伪装，一只狗绕车而行。等我走到离它们约50米的时候，才看到"灰蒙蒙"的是大雁群，各个昂首挺胸，站立不动，面大都朝西，从东到西雁群越显变小，最西边那一只，个头略大，似乎是领队。那男子示意我停步，我趴在田埂后观看。那男子推着用柳条伪装起来的车一点一点往前移，旁边还跟着一只黄狗，大约离雁群20米的时候，只见那只黄狗飞一般地向雁群的西边跑去。受惊的大雁展翅行走，准备起飞，说时迟，那时快，只听嘣的一声枪响，那是一种铁砂枪，枪弹散状扑向展翅欲飞的雁群，大雁闻声多数飞走，飞不走的不是伤就是死。男子跑过去捉捡大雁，我也跑去帮忙，共计28只。走到河岸的避风处，男子熟练地把大雁胸前的绒毛拽下放进布袋，我用标准的河南话问男子："你经常打雁吗？"男子："很难碰上，没法，家太穷。你是'五七（干校）'的吧？"我："是'五七'的，到薛集买菜，看到你很稀罕就来了。"男子："把大雁卖给你中不中？"我："咋卖？"男子："恁（你们）'五七'有钱，每个月都发，最少50多元，买了吧，每斤2毛8分。"我："可以买，你为啥把胸前的毛拽走啊？"男子："那不是毛，是绒，俺打雁不是为了卖肉，而是为了卖绒。"28只一共140斤，合计39.2元。

男子："恁给39元，2毛不要了，因为不用零卖了。"我："我是'五七'的，为公家办事，恁要给俺开个条。"

我揣着条子，骑着车子，驮着大雁，回到马集，大家已收工开午饭了。听说买回大雁，纷纷观看，连长吩咐一排帮厨，主要任务是收拾大雁。晚饭每人一碗大雁肉。日后几天大雁成了大家议论的话题。据此，我也编了几句顺口溜：

口福
淮河岸侧有麦田，
栖雁成群颈向天。
狂奔黄狗追飞雁，
瞬息砂枪逼黄泉。
战士一餐"天鹅肉"，

便知鱼蟹是小鲜。

市中猪少肉难买，

走兽飞禽略解馋。

5.吃狗肉要带皮

由于猪肉难买，集市上的鱼又大小不一，就是全买了也不够一顿，因为是大锅饭，就是军宣队也一样。为了买肉，要么搭车到信阳，要么起早赶集排第一，要么到农家买活猪，自己不会杀，单找屠户，就增加了成本。不管怎样我们千方百计让大家每天都得多少见点肉。

有一天起早到张集（马集东南约20里），结果没买上猪肉。由于附近集市肉铺卖肉的我都认识，老板就对我说："要狗肉不？集西头有个收卖活狗的。"我马不停蹄地赶到村西，老远就看到几个装着活狗的铁笼子，问老板："卖不？"老板："要肉，还是要狗。""啥意思？""要肉，每斤2毛6分，杀好。要狗，每斤6毛。""要肉，杀5条。""自己挑。"我挑了5条健壮的大狗说："杀吧。"老板："先称，按毛重，心肝肺留下。"结果5条大狗的肉不足120斤。边往回走边想："按毛重量重，不给内脏，商人本性。"

回到马集，大家兴奋不已，领导多派了几个帮厨的，晚饭每人狗肉一碗，辣椒自选，吃得正欢之时，李权实老师端着碗略显不快，小声对我说："能吃上狗肉，不容易啊，在我家乡，非贵宾不动狗哇！不过，咱的吃法欠妥。"我疑曰："有何不妥？"李曰："没皮。"

因干校院内也养了几条狗，大家都想尝尝带皮的狗肉，约李权实指点。只见他像杀猪一样，把狗毛刮掉，然后开膛，剁成小块，不一会儿香喷喷一大锅肉就做好了。大家异口同声地说："带皮的狗肉真筋道。"

四、复校

1.简陋而永放光芒的开学典礼

中央财经大学目前已是举世闻名的"211"工程的重点建设高校，是国家"优势学科创新平台"高校，是首批"国家建设高水平大学公派研究生项目"高校。学校形成了以经济学科、管理学科和法学学科为主体，文学、哲学、理学、工学、教育学等多学科协调发展的学科体系。学校将成为有特色、多学科、国际化的高水平研究型大学。从1978年复校至今，30多年来，为国家培养出数以万计、德才兼备的高才生。多么高尚的事业，多么辉煌的业绩！殊不知，高尚的事业，辉煌的业绩，巨大的成就，却起步于"三个一"（即

1978年复校大会会场外景

一间房子，一块牌子、一部电话），以及简陋而辉煌的开学典礼。

1978年北京的10月，阳光明媚，秋高气爽，中央财政金融学院（中央财经大学前身）在党中央的关怀下复校了，招生了，10月12日开学典礼举行了！10月12日，是个永远值得怀恋、纪念的日子！

1978年复校后，学校招收129名本科生（不含第二批招生），其中财政专业44名，金融专业43名，会计专业42名。就是这129名学生参加了简陋而辉煌的开学典礼，正是这个典礼放射出伟大的光芒。说简陋，简直是空前绝后；说伟大，可以说蓬荜生辉，光芒万丈。

先说简陋。典礼在本部（学院南路39号）第一大教室（友谊楼，现在的校医院东侧）举行。第一大教室是当时唯一的教室，（其他教室是在原四合院的空地上盖的木板房），如果安上桌椅，可坐200余人。可惜的是，当时连桌椅都没有。为了让首长有个座位，在教室的西头放了3张两屉桌和十多把硬木椅子。与会的教职员工和学生，统统坐马扎（八根木棍做成、用麻绳串起、大约30公分高、可以折叠的坐物）。请问，你见过这样开学典礼的大学吗？坐

1978年复校后的开学典礼

马扎参加开学典礼还不叫简陋吗?

再说伟大的蓬荜生辉。别看坐马扎,但与会的师生们个个精神抖擞,生气勃勃,谈笑风生,一派希望的讲堂、飞龙在天、天马行空的气氛充溢整个教室。红标上醒目地写着"中央财政金融学院1978~1979学年开学典礼",高高地挂在教室的西墙上。参加典礼的首长在红火的气氛和万分热烈的掌声中入场了。他们是:财政部部长张劲夫、副部长姚进;中国人民银行总行行长李葆华、副行长陈希愈,以及北京市委教育工作部、中国财政经济出版社、财政科学研究所、金融研究所、总行科教局的负责同志。张劲夫部长、李葆华行长、戎子和院长、教师代表、学生代表分别讲了话。上下团结一致,决心要"把'文革'失去的时间夺回来",条件再差,困难再大,也要把学校办好,最后大家合影留念。

简陋的教室、简陋的设施与到会的首长形成鲜明的对比;简陋的教室、简陋的设施与希望向上的氛围形成鲜明的反差。这种对比,这种反差,不正说明"天翻地覆慨而慷"的伟大光芒将永照神州大地,永远指引教育事业沿着康庄大道阔步前进吗!这种对比,这种反差,将重新书写中财大沧桑而辉煌的历史篇章。因为本人亲临现场,有幸参与了这次盛会,感触颇深,如梦初醒,故填词一首:

如梦令

部长师生马扎,

复校红标高挂。

"老九"回来啦,

讲台真理属马(注:马,指马列主义)。

一霎、一霎

愁云永逝天涯。

2.六支考察团，奔赴四方考察学习

据我所记1978年11月上旬，为了把学校办好，明确办学方向、招生专业和培养目标，领导决定派六支考察团，奔赴全国各地进行考察学习。仿佛是东北、华北、华东、中南、西南、西北，我被分配到中南地区，即广东、广西和湖南三省。团长是王庚舜同志，团员有李玉书、肖彦梅、杜平、沈漱华和我，共计6人。我们到了广州、湛江、南宁、桂林、长沙5个城市的财政局、税务局以及财经院校进行考察学习。学校不多，只有湛江财校，广西财专，桂林财校，湖南财专。1个月的时间（1979年1月上旬回到北京），收获极大。归纳起来大致如下：

第一，财、税、银行政体制正在恢复。文化大革命搅乱了财、税、银的正常组织机构，从上到下，从北京到各省、市、自治区，统统把财政局、税务局、银行合并为"财金局"。由于业务混杂，不知经纬，扰乱了经济秩序，毁掉了经济血脉。"粉碎"之后得以恢复，但不完善。不少省市虽然将财政、税务与银行分开，但仍设财税局。外企老总说："我们上税只对税务局，你们是财税合署，我们如何缴税？"到了20世纪80年代初财税才分家。

行政体制的设置，直接关系到财院专业的设置，教材的编写，以及课程的安排，所以我们十分关心这一问题。

第二，财经战线急需专业人才。由于10年动乱，财经类大、中、专院校大都撤销、停办，一个年代的学生断档，对国家经济的发展是难以弥补的损失。凡我们去过的财、税、银部门的领导，都异口同声地说："你们中财多招些生吧，你们一恢复，一招生，各省都会效仿，财政、税务、银行等都需要人才。"由于我本人的

专业所需，每到一个地方，都要问同一个问题："需要文秘人员吗？"他们都给以同样的回答："需要，需要，太需要了，特别是笔杆子。"这对后来中财设立财经文秘专业以有力的支撑。

3.设立财经文秘专业之路

20世纪80年代末90年代初，党的十一届三中全会制定出改革开放的路线方针，并且将"以阶级斗争为纲"转变为经济建设。这一转变给科学带来了春天，给教育指出了方向，财经院校的培养目标更加明确，专业设置更加科学、实用。

当时中财的基础部设有4个教研室，即外语、汉语、体育、逻辑。基础部主任是闵庚尧教授，我任汉语教研室主任。考虑到社会的需求，在闵主任的倡议和领导下，积极准备在汉语教研室设立文秘专业。这种思路向院领导汇报以后，常务副院长钱忠涛指示说："你们要做广泛、认真、细致的调查研究，然后写出报告后再定。"为了调查研究，我们三管齐下，即问卷调查；实地考察；上下请教。

问卷调查。我们制定出调查提纲，包括目的、需求、人数、文秘类型、意见或建议等非常细致的项目，以表格形式打印成文件，向全国各省市自治区财经部门的国家机关、企事业单位，发放信函300多封。陆续返回70~80封，意见差不多，大多是"需要"或"特别需要"；有的写得具体一些"需要具有一定财经知识的笔杆子"。看来培养财经文秘专业人才社会是需要的。

实地考察。发动汉语教研室的全体教职员，或利用休息日，或在寒暑假，亲自到财经部门或单位实地询问、调查。比如北京市财政局、税务局、银行、统计局、经济日报社、中国财政经济出版社等。结论是大同小异："需要，最好是有一定财经方面的知识。"

看来培养出财经文秘专业人才就业没有问题。

上下请教。为设立财经文秘专业，闵庚尧先生和我不仅参与调查研究，还多次到财政部教育司向司长张玉太同志汇报，向苏小明处长汇报。他们的态度十分明确："这是好事，我们支持你们。你们还可以到部办公厅了解情况，听听他们的意见。"我们两个又到办公厅分别向两位副厅长进行汇报，他们的态度也十分明确，积极支持，并说："你们如果搞问卷调查，可以以部办公厅的名义，有什么困难，可及时和我们联系。"

鉴于社会需要，财政部的支持，我们下定决心上财经文秘专业。报告写好以后由闵庚尧主任向院领导汇报，院里决定向教育部、财政部申报"财经文秘专业大专班。"1994年10月，下发文件同意学校1995年招生。要招生，汉语教研室就不能在基础部了，需要独立，要独立，就得是系的建制，叫什么名字呢？为此，王广谦副院长亲自到汉语教研室与大家研究名字的问题。由于当时中财设立财经文秘专业是全国财经院校之首举，没有经验可借鉴，再加上我们的思路不像现在年轻人那样宽广，那样活跃，那样丰富，那样多彩，什么文化呀，产业呀，传媒呀，全然不知，只知道文秘应属于文科，只能是中文。因此，当大家都不发言的时候，我依照平时和几位青年教师形成的共识说了一句："叫中文系怎么样？"当时没有反对的，广谦校长说："既然大家没有异议，那就先叫中文系吧"！当时中文系可算是全校规模最小、学制最短的系，没想到经过17年努力，在校领导的关怀和支持下，现在却成了能培养博士、有硕士一级学科点的"文化与传媒学院"了。可敬啊，中财大！可喜阿，传媒学院！可爱啊，传媒学院的各级领导以及年轻有为的教职员！在感慨之余填词一首：

满江红——抒怀

喜笑颜开，观龙马仰天飞奔。想当年，汉语教学，有谁当真。

改革开放乌云散，财经文秘根基深。为社会输送大手笔，写乾坤。

重发展，无须问。新专业，如春笋。硕博点铸造文传灵魂。

中财前程披锦绣，文传绿叶助真金。学科研究向国际，最出群。

朝花夕拾——昔年旧事

中央财政金融学院历史回忆录

黄龄松（撰稿）
杨　博（整理）

一、中央财政金融学院的前身和创办的基础

　　中央财政金融学院的前身和创办的基础是财政部和中国人民银行总行在新中国成立后所办的一系列院校的最后定名。财政部办的院校有：1949年成立的中央税务学校，1951年成立的中央财政学院，1952年全国高等院校调整，北京大学、清华大学、燕京大学和辅仁大学的经济系等，与中央财政学院合并成立的中央财经学院；1953年成立的中央财政干部学校。中国人民银行总行办的学校有：1954年成立的总行干部政治训练班，1950年成立的总行老干部业务训练班，1951年成立的总行干部文化补习班，1952年成立的高级干部（即公私合营银行的经理、襄理）训练委员会，1953年成立的分行长研究班、信贷科长班和会计科长班，1954年成立的总行干部学校。至1958年中央财政干部学校与总行干部学校合并成立了中央财政金融干部学校。上述院校为全国财政和银行系统培训干部约有11000多人。

　　另外，总行干部学校在1956年办了一个越南留学生班，培训越南民主共和国国家银行实习生37人，学习时间两年半。两校合并后，该班转入中央财政金融干部学校，1959年毕业回国。

　　1960年1月经国务院批准，直接在中央财政金融干部学校的基础

上，创办了中央财政金融学院。

二、中央财政金融干部学校

1958年秋，总行干校领导派我与财干校联系议定搬家合并的日程。搬家合并就绪后，于1958年12月1日举行了中央财政金融干部学校成立大会。当时两校合并的原因，据我所知，一方面是为了壮大干校的办学力量，另一方面是为将来合办中央财政金融学院打好基础。

中央财政金融干部学校（简称财金干校）的性质，是一所直属财政部和中国人民银行总行共同领导的财政部主管的学校，基本任务是培训全国财政和银行系统在职的省、地、县级领导干部，具有业务部门党校性质的一年制干部学校。教育方针是贯彻"教育为无产阶级政治服务，教育与生产劳动相结合"，"理论与实际相联系，政治与业务相结合，提高思想水平，增强工作能力"。教育内容是政治理论与业务理论、方针、政策。政治理论课学马克思主义毛泽东思想，以学习毛泽东同志的著作与中央有关文件为主。业务课由部、行长及业务部门司、局长授课或作报告。由各教研室教员负责个别辅导或集体辅导。每周固定两小时为时事学习时间。因为干训班学员一般有一定的政治理论水平、革命锻炼和实际工作经验的领导干部，应该需要什么学什么，缺什么补什么，同时学习时间以一年为限；所以，采取单元教学和专题教学的教学形式进行。

财金干校领导体制是党委领导下的校长负责制。党政结合的机构有：党委书记兼校长由部长助理贝仲选同志兼任，党委副书记兼副校长由秦穆伯同志担任，党委副书记兼教务长由武冠英担任。下设党委办公室（兼管校长办公室工作）、教务处（负责教务、学员管理和学员党总支办公室工作，兼管打字室和图书馆）、人事处、校务处（后来改名总务处）、政治理论教研室、财政教研室、金融教研室、会统教研室。

开学前，为了加强理论联系实际的教学内容，了解当时农村"大跃进"、人民公社的实际情况，曾组织三个调查队，先后深入到农村调查研究。一个队由党委副书记兼副校长秦穆伯同志带领教员、干部共十五人，到河南省偃师县公社调查。一个队由党委副书记兼教务长武冠英同志带领教员、干部共八人，到湖北省鄂城县和襄阳县的公社调查。一个队由党委委员、财政教研室主任沈云同志带领教员、干部共十七人，到江苏省江宁县和扬州市的公社调查。

1958年冬，沈云队到达江苏省财政厅后分为两个组，一组到江宁县的公社，一组到扬州市的邗江公社。第二组在到达邗江公社后，开始听到扬州市农村为了贯彻鼓足干劲，力争上游，多快好省地建设社会主义总路线，"大跃进"搞得热火朝天，在"一大二公"的号召下，当年办起了高级社，不久就成立了人民公社，还普遍办起了公共食堂，吃饭不要钱 。可是，当他们到公社、生产大队、生产队的公共食堂吃饭时，却发现普遍吃一两大米、一大海碗的稀粥，只有公社公共食堂一个月才能吃上六顿大米干饭。粮食短缺，农民群众普遍吃不饱。据农民群众反映：（1）浮夸虚报粮食产量。因为在上面的压力下，社、队想得红旗，怕插白旗。所以浮夸虚报，造成上交公粮过多，留下自用粮过少。（2）丰产不丰收。秋收时，由于大炼钢铁，上面把男劳动力都调走了，造成缺少劳动力，秋收粗糙，地里的粮食没完全收上来。他们蹲点的生产队，曾将稻草重打两次，每次都打出好几十斤稻谷，还在稻草堆里发现埋有几袋稻谷。（3）上面领导没有建设社会主义经验，却急于求成，急于向共产主义过渡，向全民所有制过渡，瞎指挥。听说扬州市委农工部长下来检查公共食堂，食堂同志反映粮食短缺，群众吃不饱。他竟然说："公共食堂一定要保证大家吃饱"。食堂同志问他："如何保证？"他居然说："粥里多掺水就能饱"。后来，我们听到毛主席在郑州会议上，为了纠正平均主义和"共产"风，提出整顿和建设人民公社十四句话的方针："统一领导，队为基础；分级管理，权力下放；三级核算，各计盈亏；分配计划，由社决定；适当积累，合理调剂；物资劳动，等价交换；按劳分配，承认差别"。明确"生产队为基本核算单位"。我们才清醒多了。

他们在邗江公社重点是调查研究公社的财务管理。为了帮助公社健全财务管理制度，后来他们根据毛主席提出的十四句话方针的精神，草拟了公社财务管理制度、会计制度、农民口粮按年龄合理分等定量和公共食堂管理规定。他们将这些制度、规定草案送给了公社领导参考。最后，全队集中南京总结调查工作。春节后，三个队陆续回校。

1959年8月，在党内采取大鸣大放、大字报、大辩论的"四大"办法开展反右倾整风运动。向党员教员、干部动员时，说是"不抓辫子、不扣帽子、不打棍子"。结果对"大跃进"的"左"倾错误敢于讲实话、发表过尖锐意见的一些同志，受到了批评、批判，甚至给个别同志扣上了右倾机会主义的帽子。1962年才平反，彻底平反还是在党的十一届三中全会之后。

1959年9月中旬，从各省、自治区、市厅、局和分行选调来的处长、专区局长、中心支行行长、县局长和支行长等领导干部605人，科员和各省、市、自治区财政和银行学校教员103人，共708人。按学员所来的大区，分为华北、东北、西北、华东、中南、西南的6个财政班，共303人，金融6个班，共405人。按学员来自的省、市划分小组。各班都成立了党支部。学员党员572人，占学员总数的

1960年中央财政金融干校西南金融支部全体同志合影

80.79%。1959年9月21日，财金干校第一期干训班开学。学员入学前，曾组织到人民公社和企业中调查了解了一段基层工作的实际情况。开学后，结合反右倾整风运动进行学习。分五个阶段进行。第一阶段学文件，听报告，片段反省。首先学习党的八届八中全会文件，听金副部长、黄副行长反右倾整风运动的动员报告，听吴副部长关于八届八中全会决议精神的报告，根据文件和报告的精神联系自己的思想进行片段反省。第二阶段，普遍交心，重点批判。第三阶段，系统批判，普遍提高。第四阶段，专题学习，系统提高。在这个阶段中，根据学习中认识不深和未解决的问题，拟定十一个专题由学员自学、讨论、辩论和政治理论教研室教员辅导解决。第五阶段，总结。个人总结、支部和学校的工作总结，已在1960年5月2日前完成。反右倾整风运动到此结束。

财政六个班业务教学从1960年5月6日开始。教学内容是：第一单元财政预算问题，分八个专题。第二单元城市财政问题，分七个专题。第三单元农村财政问题，分五个专题。由副部长、司、局长讲授，财政教研室、会统教研室辅导。8月6日结束。

金融六个班业务教学从1960年5月6日开始。教学内容是：第一单元银行的任务，分五个专题。第二单元农村金融，分四个专题。第三单元工商信贷，分三个专题。第四单元储蓄、外汇、银行会计、货币流通等，分七个专题。由副行长、行长助理、局长讲授，金融教研室、会统教研室辅导。8月初结束。财政、金融十二个干训班在学习中，都到公社参加生产劳动一个月。

第一期干训的教学方法。强调学员自学为主、教员辅导为辅的教学方法。在学习中，表扬先进促后进，以先进带后进，充分发挥了学员学习的主动性和积极性，在提高思想政治水平和业务理论、政策水平方面，都收到良好的效果。在学习成绩考核上，还做过成功的、考场内开卷考试的试验。

在第一期干训中，党内用"四大"方法，开展了反右倾整风运动，认真贯彻了"教育为无产阶级的政治服务，教育与生产劳动相结合"，"政治与实际相联系，政治与业务相结合"的教育方针。这一期学员到1960年8月8日结业后，回原工作单位。

第二期干训，财政六个班四百余人，金融六个班六百余人，共1060人，于1960年10月10日开学。第二期干训，除没有在党内开展反右倾整风运动外，其教学计划安排、教学内容、形式和方法与第一期干训基本相同。当时，由于国家处在严重困难时期，各地基层工作相当繁忙，领导干部较少；故第二期财政和金融的干训班提前于1961年1月底，学习中途结束，回原工作单位。

1960年10月10日和第二期干训班一起学习的财政和金融的师资班共39人，坚持到1961年7月结业后，回原单位。

另外，还在1960年4月至1961年1月开设了广西政治理论师资班为广西财政、银行部门培训65名政治理论教员。1961年中央财政金融学院还为北京军区代培两年制中专性质的国防财务班130人，于1962年毕业。当时全校教职工有两百余人。

此后，教务处不再接管干训工作了。

三、关于中央财金学院的"三上两下"

第一次上马

1960年1月23日经国务院批准，在中央财政金融干部学校的基础上，创办了中央财政金融学院。干校和学院地址在北京西直门外学院南路。此后，学校大门旁挂上了两个牌子，一边挂的是中央财政金融干部学校，一边挂的是中央财政金融学院。

中央财政金融学院（简称财金学院）是财政部和中国人民银行总行共同领导、财政部主管的财经类全日制高等学校。基本任务是贯彻执行"教育为无产阶级的政治服务，教育与生产劳动相结合"、"应该使受教育者在德育、智育、体育几个方面都得到发展，成为有社会主义觉悟的有文化的劳动者"的教育方针。培养为社会主义建设所需要的财政、金融、会计、保险、经济管理专门人才。本科的培养目标是具有爱国主义和国际主义精神，具有共产主义道德品质，拥护共产党的领导，拥护社会主义，愿为社会主义事业服务，逐步树立无产阶级的阶级观点、劳动观点、群众观点、辩证唯物主义观点；掌握所学专业所需要的基础理论、专业知识和实际技能，尽可能了解所学专业范围内科学的新发展，培养分析问题、解决问题的能力，比较熟练地运用一种外国语阅读专业书刊；具有健全的体魄。当时主要是培养四年制的本科生，待条件具备时，再培养研究生。财金学院的领导体制是党委领导下的院长负责制。

当时的组织机构是两个学校、一套机构、一套教职工队伍。院、校党委书记和院长、校长由部长助理贝仲选同志兼任，院、校党委副书记和副院长、副校长由秦穆伯、姜明远同志担任，党委委员和教务长有武冠英同志担任。下设处、室机构与原财经干校相同，所不同之处，是后者负有院、校的双重任务。

自财金学院上马后，领导狠抓，教职工全力以赴，正迎接开学时，财金学院却没有排上教育部1960年统一高考招生录取分配名额的计划。遇到了招不来学生，无法开学的第一个大难题。但我们没有灰心，知难而进，运用了战争年代"东方不亮，西方亮，丢了南方，有北方"的灵活方法，向上申请内招。经财政部和中国人民银行总行决定，于1960年3月向全国各省、自治区、直辖市财政厅、局、中国人民银行分行发出联合通知。根据分配名额，选调具有高中毕业文化程度，30岁以下，有身体健康的体检证，品德好，有培养前途的在职干部，或经厅、局、分行考核、审查，挑选德、智、体全面合格的优秀高中毕业生。这样，在1960年9月开学时，有四年制的财政六零班39人和金融六零班21人，三年制的外汇六零班（因中国银行急需外汇干部，故暂设三年制）68人。财政、金融、外汇三个专业的学生总共达到128人。

财金学院第一次上马后遇到的第二个大困难，也是最主要的困难，就是编写本科生教材和讲授新课的问题。财金学院教师过去担任短期干训教学，有些老师是部、行业务干部中选调来的，虽然与业务部门联系密切，如经常参加部、行的业务会议，看部、行的业务文件、资料，有时还参加部、行的调查研究工作，重视理论联系实际，对专业有关的方针政策、规章制度有系统深入的研究，对专业有关实际工作的情况和经验比较了解，重视学以致用，注意提高学生的思想政治水平、政策水平和工作能力等，有继续发扬的许多长处；但是，转到长期的本科教育，在编写和讲授有完整科学体系、系统全面的科学理论的本科教材时，仍有不少的困难。特别是公共基础课如经济学说史、中国近代经济史、国民经济计划、汉语、英语、体育等新课，教师缺少，困难更大。我还记得，当时正苦于经济学说史课、汉语课和体育课找不到教师担任，党史课的教师就勇敢地挑起了经济学说史这副重任。汉语课也是由勇挑重担的教师兼任的。体育课是在1962年开课的。这种为克服困难挺身而出的精神，我们应好好学习。

当时，教务处也有大的困难。处内同志有干校工作经验，缺乏高等院校工作经验，对高等院校的教学计划、规章制度不熟悉。我们曾提出："不要闭门造车了，到院外学习去！"我们带领处里同志到业务领导部门和兄弟院校访问学习，曾到过教育部高教司、人大、北大、师大、铁道学院（现名北方交大）、北京经济学院等；学习了好多天，还要回来了不少教学计划、规章制度等文件和资料，对教务处工作帮助不少。当时，使我感到虚心向兄弟院校学习是战胜困难的捷径。

财政六零班、金融六零班和外汇六零班的课程设置：政治理论课有哲学、政治经济学、中共党史，每学期每周还固定安排两个小时的形势政治学习或思想政治教育。各专业的共同基础课有中国近代经济史、经济学说史、国民经济计划、汉语、英语（财政六零班和金融六零班学习太困难的个别调干学生可以免学英语，外汇六零班必修英语）、体育。专业课：财政六零班有财政学、国家预算与预算会计、国家税收、企业财务、基建财务、中国财政史、资本主义国家财政、会计原理、统计学财政专题讲座（主要由财政部部长、司局长作专题报告）等。金融六零班有货币信用学、工商信贷与结算、农村金融、银行计划管理、银行会计、经济活动分析、中国金融史、统计学、金融专题讲座（主要由总行行长、司局长作专题报告）等。外汇六零班有货币信用学、专业英语、国际金融、国际信贷、国际结算、世界经济、国际贸易与海上运输、国际司法基础知识等。

第一次下马

由于三年"大跃进"（1958~1960年）的失误，发生严重经济困难；在国际上遭到战争威胁和巨大压力（资本主义国家对我国长期封锁禁运，苏联赫鲁晓夫的背信弃义）。1960年7月苏联召回在华工作的全部苏联专家，废除中苏两国经济技术合作的各项决议。1961年1月中共八届九中全会决定：对国民经济实行"调整、巩固、充实、提高"的八字方针。在这样的情况下，根据国务院1961年8月11日决定财金学院停办。这是财金学院第一次下马。当时，财金学院为了将来东山再起，对停办提出了三点要求：（一）学院不再招生，但现有三个班继续办到毕业为止。（二）保留干校，待将来条件允许时，再调干开学；干校牌子不摘。（三）现有教职工人员320人压缩为134人。部、行领导同意财金学院要求并于1961年8月将财金学院停办及其要求函告了教育部。这就为财金学院后来第二次上马创造了条件。

第二次上马

1962年上半年，国务院批准恢复中央财政金融学院（以下简称财院），这是财院的第二次上马。当时的财院和财金干校由财政部和中国人民银行总行共同领导，财政部主管。学院和干校仍是同一党委，同一组织机构。学院党委原是财政部党委领导，1961年5月转为北京市委大学工作部领导。领导体制仍是党委领导下的院长、校长负责制。秦穆伯同志任党委书记（自1962年到1964年10月）和副院长、校长。陈如龙同志任党委书记和院长（均在1964年10月后）。姜明远同志任党委副书记和副院长、副校长。武冠英同志任党委副书记和教务长。张焕彩同志任副院长（在1964年10月后）。张建皓同志任党委副书记和政治部主任（均在1965年1月后）。由于充实了领导班子，加强了领导力量，在党委的集体领导下分工负责，发挥了党组织的核心作用。院长加强行政工作的全面领导，副院长除分工领导各行政处、室、系外，重点是分工抓政治理论教育、专业教育的教材建设和教学质量的提高，以及思想政治工作的深入落实。调动了群众的积极性和创造性；所以，财院出现了欣欣向荣、蒸蒸日上的局面。

加强了组织建设，健全了组织机构，加强和充实了教职工队伍。

自第二次上马后，就将过去单一的院级组织机构改为院系两级组织机构，院系两级均直属院长、副院长领导。院级机构有：党委办公室，下设秘书科、宣传科、组织科。人事处，下设人事科、保卫科。教务处，下设教务科、学生科、教材印刷科（包括打字室、铅印室）和图书馆。总务处，下设财务科、总务科、膳食科、医务室。政治理论教研室，内设哲学教研组、政治经济学教研组、党史教研组、国民经济教研室普通课（即文化基础课）教研室，内设汉语教研组、外语教研组、逻辑学教研组（后并入哲学教研组）、体育教研组。系级机构有：财政系，下设系办公室、财政教研室。金融系，下设系办公室、金融教研室。会计系，下设系办公室、会计教研室。团委、工会、学生会也随之建立。

1964年院级机构中，增设院长办公室和学生处，1965年10月又撤销了学生处。1965年院级技工中增设政治部，下设党委办公室、宣传部、组织部。1966年设越南留学生办公室。

1962年到1966年，加强和充实了教职工队伍，教职工人数由134人增至409人，其中教师由85人增至201人。教学计划设置的各门课都有教师担任。1963年财院第一次评定教师职称，评定出新副教授4人，新讲师23人。所以，财院教职工队伍的加强和充实已达到可观的规模，组织建设取得了可观的成就。

为了加强学生管理的思想政治工作，从1962年起，调来军队退伍转业干部担任学生管理和思想政治工作。各系设级主任（亦称政治辅导员），加强了学生班级管理和思想政治工作，并调动了学生班长和班委的积极性和主动性，增强了学生的集体观念和自治能力。这是财院与别的高等院校在学生管理上的不同的特色。

保证了招生质量，开设了基本专业，每个专业的四个班级基本齐全。

财院自1962年起，每年都参加教育部组织的全国高等学校统一招生。财院是面向全国的高等学校，所以，在直辖市和全国的六大区的一些省（自治区）市都有录取名额。为了保证招生质量，财院招生工作的基本做法是：招生人员出发前都举行一周的半日会议。首先统一认识保证和提高招生质量的重要性，深入认识招生质量是实现专业培养目标的起步基础。随后，学习讨论有关招生的文件，交流招生工作经验；研讨严格掌握录取学生的原则，除要求德智体全面合格、择优录取外，还要求根据财院专业的特点，如避免录取犯过贪污、偷盗错误的学生，国际金融、国际保险要录取英语考分最高的。严禁"走后门"的不正之风，除违者必究外，不得安排招生人员到本人的家乡和工作过的地区招生。招生人员返院后，要汇报录取工作情况。最后，审查录取结果和总结招生工作经验。由于我们采取了认真的做法和严格的措施，所以，保证和提高了财院招生的质量，没有出过问题。

1962年暑假中有四年制本科财政、金融、会计三个专业和会计专业的银行会计专门化招生，共录取学生282人。当时，为什么银行会计不单独设专业？因为教育部为防止专业分得过细，设置新专业必须先报教育部批准。银行会计专门化的含义是在会计专业内，除学会计基础知识外，重点是专门学银行会计。所以，财政系有财政六零班、财政六二一班、财政六二二班。金融系有金融六零班、外汇六零班、金融六二一班、金融六二二班。会计系有会计六二班、银行会计六二班。

1963年暑假前外汇六零班毕业，暑假中仍有四年制本科财政、金融、会计三个专业和会计专业的银行会计专门化招生，共录取学生315人。故财政系增加了财政六三一班、财政六三二班。金融系增加了金融六三一班、金融六三二班，会计系增加了会计六三班、银行会计六三班。

1964年暑假前财政六零班和金融六零班毕业。暑假中有四年制本科财政、金融、国际金融（原外汇专业含义过窄，故改名国际金融专业）、会计四个专业和国际金融专业的国际保险、会计专业的银行会计两个专门化招生，共录取学生419人。故财政系增加了财政六四一班、财政六四二班、财政六四三班。金融系增加了金融六四一班、金融六四二班、国际金融六四班（班内有国际保险组）。会计系增加了会计六四班、银行会计六四班。

1965年暑假中仍有财政、金融、国际金融、会计四个专业和国际金融专业的国际保险、会计专业的银行会计专门化招生，共录取学生501人。随后，教育部从几所示范学院刚上二年级的俄语专业学生中，挑选了59人和中国银行调干生3人共62人，转入财院学习，组成了国际金融专业的法语班；入学后成为二年级的学生。此后，财院国际金融专业中就有学英语和学法语两种班了。故财政系增加了财政六五一班、财政六五二班、财政六五三班、财政六五四班。金融系增加了金融六五一班、金融六五二班、金融六五三班、国际金融六五班（班内有国际保险组）、国际金融法语班。会计系增加了会计六五班、银行会计六五班。

1966年因为发生文化大革命没有招生。自三个六零班学生共128人毕业后，到1965年下半年，财院基本专业已开设齐全。财政、金融、会计三个专业和银行会计一个专门化都有四个年级的班，只有国际金融一个专业和国际保险一个专门化有两个年级的班、组。到1965年下半年，尚在财院学习的本科学生总数已有1579人。

此外，1961年下半年到1963年7月，财院为外交部代培会计干部，办过一个23人的会计训练班。1966年上半年，还办了一个有38人的越南留学生班。后因发生"文化大革命"，越南留学生才中断学习回国了。

第二次上马期间，财院的主要工作如下：

把思想政治教育放在首位，切实加强了政治理论教育形势政策教育和思想品德教育

财院始终把思想政治教育放在首位来抓。认真贯彻执行党的"教育为无产阶级政治服务，教育与生产劳动相结合"、"使受教育者在德育、智育、体育几个方面都得到发展，成为有社会主义觉悟的有文化的劳动者"和社会主义建设的接班人的教育方针。德育是以学生为对象的思想政治教育。德育是智育、体育的动力和方向，智育、体育是德育的基础和主要途径。财院的思想政治教育是通过马列主义、毛泽东思想的政治理论教育、形势政策教育和思想品德教育来进行的。培养学生树立共产主义的世界观、人生观和道德观。具有爱国主义和国际主义精神，具有共产主义的道德品质，拥护共产党的领导，拥护社会主义，愿为社会主义事业服务，为人民服务为目标。

当时，财院的政治理论课设有哲学、政治经济学（不只是政治理论课，也是财院专业的基础理论课）、中共党史，还在各学期设有每周两学时的思想政治教育（包括形势政策教育和思想品德教育），再加上入学教育和毕业教育各一周；各班的思想政治教育、政治理论课的教育时数占教学时数的30%。这表明财院是很重视思想政治教育的。同时，财院政治理论课的教学中是很注意理论联系实际的。不只是联系国内外政治经济形势的实际，贯彻执行党的路线、方针、政策的实际和我国历史上革命和建设经验教训的实际，还注意联系学生所学专业的工作实际，贯彻执行财经工作方针、政策的实际，特别是学生的思想实际，教书育人、理论育人。所以，财院政治理论课的教材都是自己编写的，具有本院的特色。

财院也很重视对学生的思想品德教育。除经常进行形势政策教育，根据形势变化，学生的思想情况的需要，曾请外交部等部门的专家来学校作报告外，还采取阶段教育与主要环节相结合的方法进行思想品德教育。学生入学到毕业可分为三个阶段。第一阶段抓住入学的主要环节，集中进行一周的入学教育。主要是端正学生的学习态度、明确学习目的，热爱所学的专业和文明礼貌、遵纪守法为内容的思想品德教育。第二阶段是对二、三年级的学生进行经常深入的思想品德教育。如开展学雷锋创三好的活动，随时表扬学生中的好人好事，每学年评选一次三好学生，优秀学生干部和先进集体。还针对随时出现的不良倾向进行批评教育。第三阶段抓住毕业主要环节，集中进行一周的毕业教育，以树立共产主义的远大理想，坚定社会主义信念，个人利益无条件服从国家利益，服从毕业分配，全心全意为人民服务，愿为社会主义献身为内容的思想品德教育。此外，1964年财院党委办的《中央财政金融学院简报》创刊，1966年发生文化大革命时停刊，曾起过党政喉舌，反映群情信息和政治思想教育的作用。

参加生产劳动和社会实践，在实际锻炼中进行思想政治教育

学生的思想品德和共产主义世界观、人生观的形成，离不开实践；学生参加生产劳动和社会实践进行实际锻炼是政治理论教育的继续和运用，是对学生思想品德的检验。但是，参加实践锻炼不会自然产生思想政治教育效果但能够针对学生在实践锻炼中可能出现和反映出来的问题进行切实的思想政治教育，只靠课堂教学是难于暴露和解决的。在财院的教学计划中，学生除参加学院内一定的课余公益劳动外，每学年有五周的时间参加生产劳动和社会实践。到工厂、农村基层参加生产劳动，进行调查访问，向工农学习，使学生树立无产阶级的阶级观点、劳动观点、群众观点、辩证唯物主义与历史唯物主义的观点，养成劳动习惯，建立与劳动人民群众结合的思想感情。1963年各六二班均到顺义县农村社会主义教育运动一个多月。1962年我们曾带领金融六二级的同学们，到北京市中古人民公社参加了一个多月的生产劳动。1964年我又带领他们到北京市顺义县农村参加了一个多月的农村社会主义教育运动。1964年我们又带领他们到河南省许昌市陕县参加了一年的农村"四清"运动。同学们参加生产劳动和社会实践后收获很大。我还记得在农村参加生产劳动后的晚上，举行过由各小组推选出的同学在全班会上畅谈参加劳动后的心得体会，大家讲内心话，生动感人。有的同学谈，听了老农民的新旧社会对比，忆苦思甜后，深受感动，如何提高了

财院参加农村金融现场教学课的同学在大寨合影

自己的阶级觉悟，坚定了社会主义信念。有的同学谈，劳动人民如何热爱党，热爱社会主义，热爱集体，热爱劳动，勤劳朴实，团结互助，但痛恨旧社会的剥削压迫和腐败堕落现象，深受感动，决心向劳动人民学习和服务，为社会主义事业献身。有的同学谈，对自己不了解社会、民情、脱离实际、脱离群众和自己的错误思想行为进行深入地剖析等。在会场上，同学们有时鸦雀无声洗耳静听，有时阵阵笑声，有时催人泪下，最后是以热烈掌声表示赞赏。

大力加强专业教育，提高了专业教育的质量

高等教育是专业教育。财院培养学生的目标是培养为社会主义建设所需要的德才兼备的专门人才。所以，思想政治教育和专业教育是财院教育的"基本建设"。在教学计划中，专业课的教学时数（不包括工作实习九周和科学研究五周）占教学总时数的56%。专业教育的课程设置。财政、金融、外汇（从1964年起，改名为国际

金融）三个专业的课程设置前面已写过了，后来又增设一些新课，如计算技术、逻辑学等。至于会计专业的主要专业课程有财政基础知识、金融基础知识、会计原理、工业会计、银行会计、会计检查、基建会计、工业企业财务、工业企业经济活动分析、工业企业管理、计算技术、统计学原理、会计专题讲座等。会计专业内的银行会计专门化的主要专业课程有：金融基础知识、财政基础知识、工商信贷与结算、银行计划管理、工业企业财务、工业会计、农村金融、银行会计、会计检查、工业企业管理、计算技术、统计学原理、银行会计专题讲座等。国际保险专门化的专业课程除与国际金融专业部分课程相同外，还有海上保险概论、财产保险、人身保险、国际再保险、国际私法基础知识、国际保险专题讲座等。1961年后，成立了国民经济教研室，各专业和专门化都开设了国民经济计划、中国近代经济史、经济学说史、经济地理。为了在保证学生学好主要专业课的前提下，适应学生不同程度的需要，1964年起开设了选修课，以便扩大学生的知识面。学生根据自己的需要和兴趣选修一门或两门三门。财院当时很重视打好学生的专业基础，学好专业理论、基础知识和技能；也注重拓宽学生的知识面。

专业课的教材建设困难大。1956年党的"八大"时，我国的社会主义制度才基本确立，党的工作重点才转移到社会主义建设上来。虽然我国的社会主义建设取得巨大成就，由于缺乏社会主义建设经验，经济工作是在曲折中前进的。所以，财院在编写专业课教材时，既要避免生搬硬套苏联的教材，也要避免现行规章制度加实例的简单化写法，将我国社会主义建设工作中的经验教训提高到理论高度，给各专业课建立完整的科学理论体系实非易事。财院编写专业教材的教师们和院、系、室的领导同志们费尽心血。

财院还充分发挥了直属财政部和中国人民银行总行领导的优

势。如理解业务方针政策、参加部、行业务会议、提供文件、资料，下基层调查研究，了解业务工作的经验教训，邀请财政部和总行的领导同志参加讲课、作报告等都给予支持、帮助和指导。特别是充实和建立专业课教师队伍更是尽力支持和帮助。

特别是政治理论课和专业课，财院坚持新老师上新课必须试讲合格后，才能正式上课。院、系、室领导同志都很注意倾听学生对教学的反映，检查和帮助教师提高教学质量，并有计划地抽空听课，及时指导。提倡学生以自学为主，教师采取启发式的重点教学法，重视提高学生的智能和教书育人。

财政和金融六零班进行了毕业实习、写毕业论文，外汇六零班没有进行毕业实习，只进行了毕业考试，各六二班毕业实习（后被文化大革命中断），使我们这方面的工作取得了初步经验。

文化基础课的一些改革

财院根据学生毕业后从事实际工作的需要，对文化基础课也进行了一些改革。如中国语文（汉语）课不再重复高中内容，改为财经应用文写作课，重点是讲实际工作所需要的公文写作方法和科学研究所需要的科学论文写作方法。这一改革曾受到兄弟院校中国语文老师的好评，毕业后从事实际工作的同学们也感到这一改革增强了自己对实际工作的适应性。同时，学校还增设了财经古文课，对学生学习财政史和金融史都有帮助。

外语课一般专业的学生多数学俄语，少数学英语，我们也强调为将来从事实际工作和科学研究的需要服务，主张多学专业词汇，增加专业外语的分量，使学生易于增长阅读外文专业书刊的能力。国际金融专业和国际保险专门化的外语，除要求能阅读专业外文书刊外，还进一步强调发音准确，增强会话和写作业务工作所需的外语应用文（包括外语公文）的能力。

体育方面，我们强调体育教研组除教好体育课外，还要指导和组织各班学生坚持每日早操制度和课外体育活动以及一年一次的体育比赛运动大会。体育教师曾动员师生共用课余时间进行义务劳动，在北操场的北墙内挖了一个大游泳池。由于发生"文化大革命"没有进行加工装修而废弃。

这些都是财院有求实和自力更生精神的教学特色。

健全了教学管理制度，使教学管理规范化和管理育人

1964年财院教务处将有关教学管理和学生管理方面的党中央的指示、国务院的指示、教育部的规章制度和财院制定的规章制度共二十九件编印成册，发给各系、教研室和级主任贯彻执行。使财院教学管理和学生管理规范化和管理育人。促使各教学单位和学生管理部门按章办事。加强了财院严格教学管理、学生管理、管理育人的工作。

图书馆的贡献

图书馆是知识宝库，"读书第一、服务育人"是为教学、科学研究和管理工作服务的。图书资料工作是办好学院的基本条件之一。财院图书馆继承了财政部和中国人民银行总行自新中国成立以来，办学十年来宝贵的图书资料遗产。财院成立后，又增加了大量的图书资料，藏书共有四十八万册。其中财经类特别是财院专业所需的图书资料相当丰富齐全。还有古典名著、历史珍本和绝版书刊，如刻有乾隆皇帝玉玺，证明乾隆曾看过的历史珍本、王云伍编的万有文库、财政部和中国人民银行总行编辑的从创刊起的全部报刊等；资料也很丰富。对教学、科学研究、管理工作，特别是对编

写财政史和金融史帮助尤大。为服务育人做出了不少贡献。

教学设备、基本建设有了大的扩充和改善

财院占地面积有228亩。1960年财院成立时，房屋总建筑面积约28000平方米，到1966年房屋总建筑面积扩大到44000平方米。增建了四层的办公大楼、一座学生大食堂、三座五层的教职工家属宿舍大楼、院内的砂石路全都改修为柏油路、修缮了大礼堂等。财院基本建设大的扩充，使教学设备、教职工和学生的教学和生活物质条件有大的改善。

财院第二次上马期间培养出来的学生质量到底怎么样？后来，我们听到各地的反映，财院毕业生"对实际工作的适应性强，考上研究生的较多"。

第二次下马

1966年5月党和中央政治局扩大会议、8月党的八届十一中全会《中共中央的通知》（简称五一六通知）和《中共中央关于文化大革命的决定》（简称十六条）号召全面发动文化大革命。规定运动的目的"是斗垮走资本主义道路的当权派，批判资产阶级的反动学术'权威'、批判资产阶级和一切剥削阶级的意识形态、改革教育、改革文艺，改革一切不适应社会主义经济基础的上层建筑，以利于巩固和发展社会主义制度"。林彪和江青及其反革命集团凭借他们取得党中央的一部分权力，打着"革命"的旗号，煽动对毛泽东的个人崇拜的狂热，把"左"倾错误推到极端。他们指使和放纵一批投机分子、冒险分子、蜕化变质分子，煽动群众实行"踢开党委闹革命"。掀开一股"怀疑一切"、"打到一切"的无政府主义狂潮。形成全国范围的大内乱，造成了新中国成立以来最严重的十年

浩劫。

1966年5月文化大革命发生后，6月中旬全院被迫停课。我们在毛巾厂和染厂半工半读的财政六五年级四个班，参加农村"四清"的六三级六个班，进行毕业实习后的六二级六个班，都陆续返院。

1969年9月国务院决定中央财政金融学院停办撤销。1969年12月17日，财院才公布国务院停办撤销我院的决定。这就是财院的第二次下马。第二次下马后，财院的不动产（土地、房屋等）除友谊楼（现在医务室住的楼）外，全部移交北京市一轻局办烟厂了。其中的宿舍也大部分移交烟厂了。动产除财政部要了一点，北京市财贸学校要了一些外，也全部交给烟厂了。图书馆共有图书48万册，财院第三次上马时，只剩下18万册。报刊、资料全部送造纸厂销毁了。各处、室、系、教研室的资料、图书也全部毁于一旦。真是人财两空。在财院停办撤销心酸的日子里，全院教职工无能为力，只能暗自叹息而已。

第三次上马后

1974年财院基本只剩下十三级以上的干部十余人，留在财政部一部分人学习和一部分人做学院的扫尾工作。当时，财政部和中国人民银行总行已合并，两个牌子，一个组织机构。1975年10月我被分配到财政部政治部基层处任处长。1977年安排我到河北省固安县农村财政部农场劳动一年。开始他们同意我的要求担任领导工作，最后到生产队插队三个月时，又任我为党支部书记。在生产劳动中，我主动担起我所在班的生产技术指导。在各班种稻比赛中，我班夺得了种稻高产班的称号。1977年年底，我才返京回基层处工作。

1978年春，姜明远同志来对我说：他们已组成了恢复学院的筹备组，问我是否参加？我说："当然参加"。他给我看恢复学院的方案，并征求我的意见。我看后说："我只有一点意见，不能将过去办的四年制本科，改为办三年制专科，这会把我恢复后的学院办成专科学校"。姜明远同志同意我的意见，并向部党组反映后，1978年8月4日部党组才将学习年限三年改回四年制。

（一）在原地恢复财院的决定是正确的

我的"回忆录"第一章在院报登出后，有一位新同学问我："恢复财院为什么不在钓鱼台重建？"使我很惊讶！当时，在何处恢复财院的问题上，财政部领导同志们众说纷纭：怕困难的同志不赞成恢复。不考虑交通问题的同志主张在河北省固安县的财政部农场或北京市通县重建。把向北京市要建筑基地看得太容易的同志主张在钓鱼台重建。后来，北京市经委的干部还强词夺理地说：别处重建比原地修复省钱。财政部与中国人民银行总行合并后的党组书记和财政部长张劲夫同志主持下，党组权衡利弊后决定："在原地恢复中央财政金融学院"。1978年3月16日财政部和教育部下达了国务院同意恢复财院的批示（即国务院166号文件）。同年4月，北京市委决定："另建烟厂，将地址退还中央财政金融学院"。直到现在，我才知道，在财院群众中，有一些同志还存在这个疑问。

我举点事实来证明部党组的决定是正确的。一是当时，财政部科研所曾要求北京市将钓鱼台的二十亩地给他们建所，北京市开始同意，后来又不给了。二是1979年上半年，化工学院派人来我院交流复院的经验。他对我说：在"文革"中，他们的院址被工厂占了。开始他们轻信北京市领导同志说的：在和平里划给一百多亩地重建学院，后来又不给了。1978年他们曾向师大借了点儿房子，招了一个班，随后师大催他们搬走，"1979年招来的学生到哪里去住呀"？并称赞财院原地恢复的决策是正确的。三是后来新办的中国金融学院是挤在北京市银行学校内办起来的，北京市领导同志开始说：在北京市丰台的新建区划给他们一百多亩地，后来又不给了。现在中国金融学院只有八十二亩地，财院有二百多亩地，他们只有财院土地面积的36%。四是在烟厂未搬走前，财院曾向北京市领导同志提出将财院北面的四十亩地给我们建校舍办干校。他们曾同意划给，但是等到烟厂搬走后，四十亩地给财院了吗？所以，只靠主观愿望是不成的。

（二）全院师生员工在院党委的领导下，为恢复财院而艰苦奋斗

1978年4月财金学院筹备组正式成立。我们向烟厂要回友谊楼大部分房间后，1978年6月5日恢复财院的筹备组才从财政部搬到友谊楼办公。当时一无所有，我的办公桌、椅，都是从财政部基层处搬来的。打字员没有打字机，向总行要来两台；又没有放打字机的桌子。幸好，占财院原学生宿舍北楼的一轻局党校，其党委书记是我抗日时期的下级，我向他借来两张桌子，打字员才开始工作了。当时，先是"几个没有"：没有教室（后来烟厂才退还原第一大教室），没有学生用的桌、椅，没有学生宿舍，没有食堂（原来的学生食堂被烟厂占用。后来烟厂退还大礼堂东的原兼职工食堂。我们加以扩建后学生才有了食堂），没有体育场地，没有图书馆。后是"几个一"：一个办公楼（后来烟厂把楼全给我们了）、一部电话、一个教室、一个食堂。没有学生宿舍，1978年只好招走读生。只有一个教室，只好搭简易木板房做教室。木板房夏天太热，师生汗流满面；冬天太冷，师生都吃了不少苦。没有桌椅，学生只要坐马扎上课和开会。没有体育场地，体育课只好在马路上进行。没有图书馆，只有在遥远的总行幼儿园设图书馆。像这样物质条件异常艰苦的高等学校，财院算是全北京市或全国第一了。全院的师生员

工在院党委领导下，充分发挥了迎难而进的艰苦奋斗的精神，才逐渐克服了不少困难。

1978年6月中旬，教育部在湖北武汉市召开全国高等学校会议，主要研讨"文革"后高校的恢复问题。我曾代表财政部和财院去参加会议。会上任我为财经类院校组组长。我们组研讨的主要内容是：如何解决复校中，特别是物质条件上的大困难。一致要求教育部向国务院反映我们复校的大困难，并希望大力支持及早解决。还草拟和研讨了财经院校主要专业的教学计划（草案）等；交教育部批准后，供全国财经院校试行和参考。

1978年年底，经交涉，占财院原学生宿舍北楼的一轻局党校才搬走。七八级学生到第二学期才住上宿舍，基本不再走读了。大礼堂两家合用，由财院主管，当时，烟厂用铁丝网和砖墙把我们围起来，打算拖着不搬走。我对要房工作，提了些意见。姜明远同志要我也来干。为了财院的恢复和发展，我硬着头皮干了一小段。我和张学同志找过北京市经委，等到一位副主任开完会后，才接见我们，他身旁一位科长抢先辩白，滔滔不绝。我打断他的话问他："你代表经委，还是副主任代表经委？"他才哑口无言。副主任讲了不少困难，就是不肯定烟厂搬走的日期。我还找过北京市一轻局局长，他总是推说：由市经委解决。我们也找过张百发副市长，他叫来工程师拿出烟厂在通县三间房村重建的建筑设计蓝图给我们看，并说烟厂一定搬走，目前尚有些困难，搬走日期一时难以确定。在艰苦的日子里，七八级和七九级的同学们也很关心财院的恢复。除向中央领导同志写信外，1979年10月12日三百多名同学到市委情愿，要求市领导同志接见，要求烟厂很快搬走。市领导同志不接见，他们就在市委大门前静坐，还要绝食。我们知道后，派系主任把他们劝了回来。为了不中断1980年的招生，抓紧催促烟厂退还部分原学生宿舍楼，但无效果。因此，造成八零级学生入学推后两个多月，到11月20日才入学。新生入学后，在简易的木板房内上课一学期，在很冷的大礼堂住宿过冬。当时，木板房不够用，还实行过每个木板房教室一下午两班轮流上课的"二部制"。

自1978年6月10日戎子和副部长兼任财院院长、党委书记后，从1979年起，他曾向中央领导同志邓小平、李先念、赵紫阳、万里写信要求叫烟厂迅速搬走，解决财院恢复问题。戎老是全国政协常委，在出席1980年全国五届政协第三次会议时，他还专就财院要房问题作了书面发言。财院还为八零级新生因无宿舍，不能按时入学问题，于1980年7月11日和9月10日两次向北京市政府写了紧急报告；8月20日还给党中央书记处写了报告。戎子和同志还找过北京市委贾庭三、白介夫两位同志面谈过。促成了1980年10月28日国务院郑思远、毛联珏、袁晋修三位副秘书长召集财政部、北京市政府、北京卷烟厂和财院的负责人赵秀山同志共17人，在中南海假山会议室开会，研究解决财院的新生入学的住宿和退还财院全部房舍的问题。1980年11月7日财院和烟厂才在北京市经委处，签订了《关于北京卷烟厂退还中央财政金融学院校舍的协议书》（以下简称《协议书》），《协议书》中在具体退房上，只提到一个半月后退还教学楼二、三层，1981年2月20日前退还原学生宿舍东楼一层南头20间和大礼堂西的南平房东头6间。这个协议只解决了当年财院的大困难，遗憾的是没有解决1981年招新生的住宿问题和烟厂何时全部搬走的日期问题。

1980年年底，烟厂退还教学楼的二、三层。我们发现"文革"前财院学生用的课桌椅还堆在教学楼里。此后，我们才完全不为缺少课桌椅发愁了。1981年春，各班学生陆续从木板房搬到教学楼上课。1981年2月底，烟厂退还了财院原学生宿舍东楼一层南头20间

（其中一间住着的工人硬不搬走）和南平房6间。这时，八零级的学生才从大礼堂搬到东楼住宿，图书馆在学院内才有了书库。

财院和烟厂在校舍问题上虽然有矛盾，但两家还是和平相处的，不过也发生过两件事：一件是财院的一位学生不遵守澡堂洗澡时间，过时仍强行入内洗澡。与烟厂管澡堂的老女工发生争吵（曾经过交涉，财院师生员工可以在烟厂澡堂洗澡），引起群众围观。财院认为应对这位同学进行批评教育，并向烟厂道歉，我和系主任到烟厂去道了歉。另一件是那位住在东楼不搬走的工人，在厕所里与同学发生争吵，第二天，他甚至蛮横地用大铁锤把厕所全砸坏了。八零级同学为此罢课两周，并到市委请愿。后来烟厂向财院道歉，修好厕所，叫这位工人搬走了，双方各自做群众思想工作，此事才结束。

因宿舍问题得不到解决。1981年财院被迫停止招生。1984年，烟厂退还教学楼一层，除增设教室外，1984年夏天，康乐里的图书馆及其图书全部搬回财院的教学楼。由此可见，财院的恢复实在来之不易！我们取得了上述成果，都是在财院党委领导下，大家艰苦奋斗的结果。

（三）逐渐加强了领导力量、组织机构和教职工队伍

财院第三次上马后的性质，仍是财政部和中国人民银行总行共同领导的，由财政部主管的，面向全国的财经类四年全日制的高等学校，财政部领导的有辽财、湖财、江财、沪财和财院五所。此后，财院的简称改为"中财院"。院党委仍由北京市委大学工作部领导。当时，学院和干校仍是两个牌子、一个组织机构、一个党委领导。后来，由于总行不再领导财院和干校了，故在1984年1月16日"财金干校"改名为"中央财政管理干部学院"。

财院第三次上马，恢复和充实组织机构、教职工队伍都是相当快的。这是由于教职工对财院有深厚的感情，听到恢复财院的消息后，绝大多数同志纷纷调回来了。1978年10月12日复院后的首届七八级新生开学典礼时，教职工已有138人。1981年上半年增至436人，超过了"文革"前的教职工人数。这表明1980年年底，财院教职工队伍建设已结束恢复阶段，进入发展阶段了。

恢复和扩展本科专业的设置和招生的数质量。

财院是"文革"内乱的重灾区，1969年9月被停办撤销，到1979年3月才批准原地恢复，财院停办了9年。如从1966年6月"文革"中全院停课算起，到1978年10月复院开学，实际停办12年余，由于房舍太少，困难太大，严重地限制了专业的设置和招生的数质量，甚至被迫停止招生。

1978年暑假，财院参加了北京市的高校统一招生，由于当时财院没有学生宿舍，故只招四年制本科走读生128人（其中财政专业44人，编为财政781班；金融专业43人，编为金融781班；会计专业（内有银行会计专门化）41人，编为会计78班）。1979年1月18日为北京市代培，又扩招四年制本科走读生55人（其中财政专业28人，编为财政782班；金融专业27人，编为金融782班）。扩大招生主要利用寒假进行有重点地补第一学期的课。从第二学期起，才同先招的学生一起上课。故此，七八级走读生共183人。1979年春，七八级走读生才有了宿舍，基本不走读了。开始坐马扎在木板房上课，后来学生才有了桌椅，1981年春，才从木板房搬到教学楼上课。当时，他们学习的物质条件十分艰苦，但师生的工作和学习的热情都很高。

1979年暑期在7个省市招本科生200人，其中财政专业70人，编为财政七九班；金融专业71人，编为金融七九班；会计专业（内有

中央财政金融学院1979届开学典礼

银行会计专门化）59人，编为会计七九班。七九级学生入学后，在木板房上课，1981年春，才搬到教学楼上课。

1980年暑期在10个省市招本科生201人，其中财政专业40人，编为财政八零班；金融专业40人，编为金融八零班；会计专业（内有银行会计专门化）41人，编为会计八零班；基建财务信用专业40人，编为基建财务八零班；国际保险专业40人，编为国际保险八零班。由于烟厂拖延退房，新生从9月延迟到11月20日才入学。入学后在木板房上课，在木板房教室中，还实行过"二部制"上课；到1981年春，才从木板房搬到教学楼上课。并在大礼堂住宿过冬。直到1981年2月底八零级学生才住上宿舍。

1981年招新生的宿舍问题未解决，故此，被迫停止招生一年。

1982年7月七八级178名（原有183名）学生毕业。这时才空出些学生宿舍。1982年暑期在11个省市招本科生200人，财政专业（内有财政专业的税收专门化）40人，基建财务信用专业40人、金融专业40人、国际保险专业40人、会计专业（内有银行会计专门化）40人。后为北京市代培，又扩招本科生53人（财政27人、金融26人）。故此，两次共招八二级学生253人。编为财政八二班67人、金融八二班66人、国际保险八二班40人、会计八二班40人。

1982年2月23日教育部批准财院为授予学士学位的高等学校。财院随之成立了学士学位评定委员会，评委会评定出七八级毕业生175名，经院领导批准后，授予学士学位。

1983年7月，七九级毕业生有202名（原是200名）即财政专业72名、金融专业69名、会计专业31名、会计专业的银行会计专门化31名。其中有199名，授予学士学位。1983年暑期招本科生240人。此时，在学院的本科学生共有694人，与"文革"前，1966年在学院的本科生1579人相比，差得太远。专业设置，除恢复了"文革"前的专业外，还新增了一个基建财务信用专业和一个税收专门化。1983年暑期，还第一次招财政学和货币银行学两个专业的三年制硕士研究生6名（国家分配任务招的5名、委托代培招的1名）。研究生入学后由系领导，并指定教授或副教授作导师。

由此可见，当时，财院在教学上已解说了恢复阶段，并进入了新的发展阶段，要求面向现代化、面向世界、面向未来，教学与科研两个中心相结合，为社会主义现代化经济建设服务，办出自己的特色。当时，最大的困难是财院只蹐于原院地的两隅，烟厂退房、退地、搬走是财院恢复、发展不可缺少的物质基础。

（四）财金干校在艰苦奋斗中取得的成就

财金干校是和财金学院一起恢复起来的。由于没有校舍，只好在校外租房办学。从1980年年初到1983年春，曾办了各种类型的干训班31个。主要办了全国地市级财政局长班五期，税务局长班一期，中心支行行长班三期，财政中专校长班和财政干训处长班各一期，总共培训干部3000多人。1982年还在四个省市招财政和会计两个专业的专科函授生1200人。1983年1月24日教育部正式批准财院举办函授部。1983年9月招专科函授生413人。我们这些成就都是在院党委领导下大家艰苦奋斗中取得的。

（五）认真进行了拨乱反正、坚持四项基本原则的政治理论教育和思想政治教育

财院第三次上马后，处在1978年12月召开党的十一届三中全会，新中国成立以来党的历史上具有深远意义的伟大转折时期。冲破了长期"左"倾错误对党的严重束缚，端正了党的指导思想，重新在全党确立了正确的马克思主义的思想路线、政治路线和组织路线。把全党工作着重点转移到社会主义现代化建设上来。我们在院党委的领导下，适时认真进行了思想政治教育。

首先在教职工和学生中，开展了关于实践是检验真理的唯一标准问题的讨论，对"两个凡是"错误方针的批判，解放思想，端正思想路线，纠正"文革"的错误，拨乱反正。并为教职工和学生中的一些冤假错案平反。

随后，院党委领导组织教职工和学生学习了党的十一届三中全会的文件，特别是着重学习邓小平同志的《解放思想，实事求是，团结一致向前看》重要讲话；把全党工作的着重点和全国人民的注意力转移到社会主义现代化建设上来的重要决定和改革开放的起步、发展。并认真学习了三中全会着重指出的，对毛泽东和毛泽东思想要有正确的认识和态度。毛泽东在长期革命斗争中立下的伟大功勋是不可磨灭的。他是伟大的马克思主义者。同时对他也要坚持一分为二的科学态度，要教育全党和全国人民历史地、科学地认识

毛泽东的伟大功绩，完整准确地掌握毛泽东思想的科学体系，把马克思主义、毛泽东思想的普遍真理同社会主义现代化建设的具体实践结合起来；并在新的历史条件下加以发展。组织大家学习了邓小平同志代表党中央在北京召开的理论务虚会上作的《坚持四项基本原则》的重要讲话。财院党委及时组织教职工和学生学习邓小平同志的讲话，并开展了反对"左"和"右"的错误思想倾向的批判，坚持四项基本原则的思想政治教育。把大家的思想统一到三中全会的路线上来。

后来，还组织教职工和学生学习了1981年6月党的十一届六中全会通过的《关于建国以来党的若干历史问题的决议》。在学习中使大家正确认识了新中国成立三十年来历史上的大事，包括一些中央负责同志的功过是非，实事求是的分析和公正的评价。三十多年来，我们取得的成就是主要的。毛泽东思想是马克思主义在中国的运用和发展，是中国共产党集体智慧的结晶，是党的宝贵精神财富；为社会主义建设事业的健康发展，提供了根本保证。

教师们特别是政治理论课的教师们在认真深入学习党的十一届三中全会以来的中央文件中，提高了马克思主义毛泽东思想的思想政治水平。正确理解和掌握党的十一届三中全会制定的马克思主义的路线、方针、政策。修改、充实和提高了政治理论课的教学内容和教材，对学生进行了正确的理论联系实际的马克思主义毛泽东思想的政治理论教育和党的十一届三中全会的路线教育。特别是在拨乱反正、坚持思想基本原则和改革开放问题上的教育都取得了良好效果。提高了财院政治理论教育的水平。为了加强和完整系统地进行共产主义的人生观和道德观、遵纪守法等的德育，1983年上半年起各专业都增设了思想品德课。提高了财院学生的思想政治教育水平。

1981年6月12日院党委宣传部恢复出版了《中央财政金融学院简报》，改名为《中央财政金融学院》。到1992年5月23日已出版95期，连试刊共100期。当时也充分发挥了宣传教育作用。

（六）坚持教育与生产劳动相结合的方针，在实际锻炼中提高学生的思想政治水平

财院第三次上马后，仍坚持传统的教育与生产劳动相结合的方针。在生产实践和社会实践中进行思想政治教育。组织学生到市郊区农村参加学生劳动，和农民同住、同劳动，向劳动人民学习，养成劳动习惯。培养学生与劳动人民的深厚感情，全心全意为人民服务的思想。并提倡学生在寒暑假中进行社会调查了解国情、民情。1980年后，农村实行包产到户。财院学生参加生产劳动，除参加院内的义务劳动外，主要参加荒山植树造林活动。学生工厂的学年实习和毕业实习中也参加生产劳动，向工人学习。复院后，坚持以课堂教学为主，每个学生参加生产劳动的时间，已减到四年中只有六周。

为了加强爱国主义教育和纪律教育，七八级的第三学期学生还参加过两周的军事训练，对克服七八级学生中的自由散漫倾向大有好处。

（七）加强和改进了专业教育，专业教育质量有显著提高

财院一贯重视政治教育和专业教育，培养又红又专的人才；复院后，努力建立教学与科研两个中心。贯彻党的"经济建设，要依靠教育与科技，教育与科技要为经济建设服务"的方针。1979年6月11日至1980年10月李光耀副院长兼任财政系主任，1979年6月11日至1983年12月张焕彩副院长兼任金融系主任。加强了系、专业教研室和专业教育的教导。首先切实抓紧专业教育的教材建设。根据十一

届三中全会以来的路线、方针、政策，邓小平同志倡导的建设有中国特色的社会主义的基础理论、专业知识和技能的教材和教学大纲。与"文革"前相比，不仅质量有显著提高，而且，知识面也扩大了。加上新设的基建财务信用专业和税收专门化的必修课，增加有十多门新课，选修课也增加了。专业课教材基本是自编的。有一些新课暂用以前的统编教材。财院自编教材和教学的特色是：打好基础，重视应用，注重实效，着重智能的培养。学生毕业分配到工作岗位，一般是工作上手快，适应性强，为接收单位所欢迎。

1978年的教学，为了开好头和缓解教师的困难，院长戎子和、副院长姜明远、张焕彩和部、行业务部门的领导同志都亲临第一线讲课，讲些专业课教学内容的重点部分，提高了教学质量。

在课程设置上，"文革"前，财政专业设有中国财政史，金融专业设有中国金融史，而会计专业却没有设中国会计史。复院后，调回孙邦治副教授，他于1982年2月编写出中国会计史教材。从1982年下半年起，会计专业才设置了中国会计史课程。复院后，还为了面向现代化，从七八级起，各专业都增设了电子计算机应用课。随后，在会计系增加了现代化教学设备，建立了电子计算机实验室。

至于教学效果，根据听课了解和学生的反映，老教师教学效果好，有一些新教师教学效果差些。我们都采取了相应的解决措施，如指定老教师帮助，领导同志听课及时指点不足之处等。

毕业实习前，进行专业的专题讲座。财院充分发挥直属财政部和中国人民银行总行和为他们培养人才的优势，邀请部、行领导同志和专家作专业的专题报告。讲解专业有关的业务方针、政策、工作情况、经验教训和当前工作中的问题和工作任务等。给毕业实习和撰写毕业论文指明了方向。

实习是教学过程中的一个有机组成部分，是使学生接触所学专业的实际工作，获得实践知识，巩固和加深所学理论知识，培养从事实际工作能力和进行科学研究能力的重要环节。财院很重视学生的工作实习。规定四年中实习两次，即一次是学年实习，在北京市进行。一次是毕业实习在外地先进省市进行。选择所学专业对口的实习地点、单位，部或行，与省市的财政厅、局或银行省市分行研究确定。实习前有计划，实习后有总结。并要求各系按教务处印发的《教学工作重要文件和制度汇编》中的教育部对学生实习的规定和我院制定的《学生实习暂行办法》认真贯彻执行。各系都指定得力的同志任实习领队和有经验的教师作实习指导教师。实习在单位都热情积极地支持、帮助，如介绍工作情况和经验，做专题报告，提供资料，指导和帮助学生从事实际工作等。加强了理论与实际的联系，增加了实际知识，培养了实际工作能力和进行科研的能力，为写科学论文和毕业论文搜集了实际资料。七八级和七九级毕业生都在实习中取得不少的收获。实习后，学生写出的学年论文和经过论文答辩后的毕业论文均由指导教师评分，写出评语。

（八）文化基础课的改革和艰苦奋斗

汉语课坚持完善"文革"前的改革。改革、完善的重点是提高学生公文和科学论文的写作能力。

外语课，复院后招来的学生学英语逐渐增多，学俄语的越来越少。除国际金融和国际保险两个专业必修基础英语、专业英语外，其他专业必修英语和俄语，选修第二外国语俄语或英语。教材都是根据我院专业的需要自编的。由于"文革"的影响，特别是七八级和七九级学生外语水平高低悬殊大。我们曾采取根据外语水平的高低将每个班划为若干小班进行教学，使不同水平的学生互不影响，各自较快发展，高低差距也逐渐缩小。我们仍坚持外语为专业的需要服务，除打好外语基础外，多学些专业词汇，易于达到阅读外文专业书刊的目的。为了外语教学的现代化，曾建立了现代化的语音实验室。给发音准确、口语训练，提供了现代化的教学设备，收益不少。

高等数学课，是在"文革"后，复院才设置的，它是使财经专业现代化，不可缺少的文化基础课，自七八级起，各专业都设置了高等数学课。自八二级起，各专业还设置了"线性代数、线性规划、概率论"一门选修课。

体育课，复院后，原来的体育场和空地都堆满了烟厂的烟叶垛和其他的东西，并用铁丝网和砖墙围起来。现实我们只得在马路上或院外的游泳池上课。1981年春，学生都搬到教学楼上课后，我们采取见缝插针的办法，才在原来四个学生宿舍楼围成的花园内，把木板房撤去，开辟为小体育场。南平房还建了一个篮球场。体育老师在十分困难的条件下，仍坚持上好体育课，并积极指导组织学生开展课外体育活动。如坚持早操和课间操，班级体育比赛。这种不向困难低头的精神，实在可贵！故此，1979年学生在高校男子100米仰泳比赛中取得第七名和第八名。在高校女子蛙泳比赛中取得第十五名。1982年8月财院女子桥牌队员参加了北京市第六届运动会，荣获市桥牌亚军。1982年还获得北京市高校丙级体育先进单位，并授予奖旗。

（九）切实加强了教学管理和学生管理，发扬了良好的学风和院风

为了贯彻党的教育方针，完成教学计划，提高教学质量，实现培养目标：德智体全面发展，为社会主义现代化经济建设的需要服务，培养有理想、有道德、有文化、有纪律的，成为财政、银

行、保险、企业财务、会计等部门的实际工作、教学和科研的专门人才。必须切实加强教学管理和学生管理，并发扬良好的学风和院风，这是办好财院的基本任务。

（1）首先必须健全和贯彻教学管理和学生管理的规章制度才能保证完成教学计划、提高教学质量，实现培养目标。自复院后，我们将教育部和财院制定的教学管理和学生管理的规章制度编印成册，发到各系、研究室、级主任贯彻执行。并将学生必须遵守的规章制度也编印成册发到各系级主任和学生的班组，既起到有章可循、按章办事、违章必究的作用，也起到管教结合、以预防为主的作用。收到明显的成效。

（2）及时解决教学管理中的主要问题。

第一是教学计划的修改、调整问题。1981年院领导召集各系、教研室负责人多次讨论研究，修改、调整各年级的教学计划。如会计专业和它的银行会计专门化同订一个教学计划，银行业务课设得太少，必须分开订教学计划，才便于增加银行业务课。选修课集中在后面几个学期的问题，作了适当调整。还有因教材未编出，任课教师未调回，或备课来不及等原因，造成教学计划中课程顺序安排不合理等，都作了修改、调整。并重申今后为使教学计划更符合教学规律，不得轻易改动。

第二是安排教师上课问题。财院刚恢复时，七八级的第一学年教师不足。我们曾采取暂时合班上大课的办法加以解决。后又发生新教师和上新课的教师讲课效果不好的现象。我们坚持贯彻新教师，或上新课的教师必须试讲合格才能上课的规定；同时安排老教师传帮带。1979年开始评职称后，新教师纷纷要求安排上课任务，曾发生一门课由三个以上的教师分段讲课的现象，效果不好。故此我们规定"每门课至多两位教师担任"。1981年前，发生过个别老教师在学院内任课少、学院外任课不少的现象。1981年财院试行教育部《高等学校教师工作量试行办法》和《高等学校教师教学工作量超额酬金暂行规定》；同时也规定："未完成规定的工作量的教师，一般不得在院外任课。教师院外任课必须事前征得系、教研室和教务处的同意"。试行教师工作量制度后，调动了教师工作的积极性，解决了教师工作忙闲不均的问题，并贯彻了按劳分配的原则。教授、副教授和老教师由于编写、修改材料和负担科学研究任务是很辛苦的，但是，他们任课太少或不任课，教学质量难以提高。我们鼓励和适当给他们安排上课任务，加强了教学第一线，保证了财院教学质量的不断提高。

第三是教师的进修问题。为了培养、提高教师的教学水平和开放课，必须重视解决教师的进修问题。财院在1980年10月制定了《关于培养、提高师资的十年规划》。曾有计划地安排教师到科研部门和有名的大学去进修或听课，以及给个别教师出国访问学习的机会。这对财院提高教学水平和培养开新课的教师帮助不小。

第四是教师评定、提升职称的问题。几位老教师的职称，都是新中国成立前评定的。所以，好多教师没有职称。1960年2月16日国务院才下达《关于高等学校教师职务名称及其确定与提升办法的暂行规定》。1963年财院才开始评教师职称。曾评出副教授4名、讲师23名。复院后，1979年5月22日重新建立了教师职称评议委员会，由戎子和同志任主任。1979年评出五名副教授。1980年评出讲师13名。1981年评出副教授13名、讲师32名。自1963~1981年，共评出副教授22名、讲师68名。这大大地鼓励了教师努力进取的精神。

（3）切实解决学生管理中的主要问题。

第一是遵守财院规章制度，克服自由散漫的问题。"文革"后，还有无政府主义的影响，财院的物质条件很差，开始招的是走读生，容易发生学生的自由散漫现象。所以，我们首先强调加强纪律教育，严格管理和思想政治工作。七八级走读生一入学，就强调认真贯彻执行学生守则、教室规则、请假和考勤制度等，还采取每日上下午第一节课前点名的措施。结果教学秩序还好。后来，有些放松，就出现迟到、早退增多，甚至旷课的现象，还出现过有一名学生请病假半年多，系还不报批休学。我们始终不懈地实行严格管理、管教结合，严格贯彻奖惩制度，才逐渐纠正了学生的自由散漫和违纪现象。

第二是考试作弊、评分过宽的问题。我们认真贯彻考试规则，做好监考工作。要求每个考场，除主考教师外，系和教务处都要派人监考，结果考场秩序井然。我们认真贯彻了《学生成绩考核暂行规定》，各教研室加强了对学生成绩考核工作的领导，强调严师出高徒。实体要集体讨论修改，试行各班同时上同一课程，统一出试题。教师评分各教研室事前要研究掌握统一评分标准，事后教研室要检查。使学生的考试成绩都能反映学生智能的实况。

第三是发扬学生的良好学风和院风。在校党委领导下，党、政、团和学生会齐心协力共同奋斗。开展学雷锋创三好的活动。鼓励同学们争当三好学生，争做先进班、组合文明宿舍，蔚然成风。

我们曾有计划地组织学生在学院内义务劳动，改善了学习环境，节省了行政费用开支；还开展了创文明宿舍的活动，对清洁卫生、节约水电等问题，都起到了争做好事，热爱集体和维护学院荣誉的作用，形成了良好的风气，发扬了良好的学风和院风。

（十）建立了科学研究中心，与教学中心结合，提高了财院教学与科学研究的水平

教育部要求重点高等学校建立教学和科学研究两个中心，在

1978年10月通知试行《全国重点高等学校暂行工作条例（草案）》中提到"高等学校开展科学研究的目的是：提高教学质量学术水平，完成一定的科学研究任务，促进学科的发展，为赶超世界先进科学水平，实现四化作出积极贡献"。财院恢复后，就成立了科学研究所和科研处。副院长姜明远兼任科员所所长（1979~1982年）。1981年9月经财政部批准财院创办《中央财政金融学院学报》。1981年11月试刊一期，1982年3月正式出版一期，并定为季刊，1983年9月起改为双月刊，向全国公开发行。1980年1月5日成立了中央财政金融学院学术委员会，主任姜明远同志、副主任张焕彩、李光耀同志，委员7名。李光耀同志病故后，委员增至10名。1982年10月因姜明远同志调财政部工作，该会主任改为赵秀山同志担任。1982年2月财院成立学位评定委员会，姜明远同志任主任、陈菊铨同志任副主任，委员17人。1982年8月14日国务院批准财院为国务院经济研究中心的一个参加单位。当时，财院的科学研究任务是围绕编写教材，以提高教学质量为主要目标的。全院教师和科研人员共编写出教材、专著、论文、译文和通俗读物等二百多项，大多数在国际性刊物、全国性会议或刊物上和地方性会议或刊物上发表了。还编译有内部刊物《财政、金融参考资料》共24期。教师和科研人员参加全国各地科研活动也不少。

1981年4月，北京市高等教育研究会批准财院为团体会员。1982年3月北京市高教研究会举行第一次年会，会议内容是座谈借鉴国外高教经验，建设具有中国特色的社会主义大学问题。我曾在大会上即席发言，以及我访美后的探讨，就专业宽窄、学制、师资队伍、教学与科研、成人教育、美国高校管理制度的灵活多样六个问题简单扼要介绍了美国财经类高教的情况、经验。既讲了美国高教值得我们借鉴的长处，也讲了不应借鉴的美国高教的短处。会后，研究会将我发言的记录交我查阅修改后，刊登在市研究会编辑的《北京高教研究》杂志1982年第2期上。财院教务处为这次年会送去《中央财政金融学院1979~1980年培养提高师资工作总结》、《中央财政金融学院三个系七八级学生实习简介》、《中央财政金融学院教学工作情况汇报》三份材料，与兄弟院校交流经验。北京市高教研究会第二次年会（1983年1月）前，财院教务处为这次年会送去《贯彻理论联系实际的原则，抓好学生实习的初步体会》、《理论与实际相联系，教学与科研相结合，努力提高教学质量》、《加强教学管理，严格考核制度》、《中央财政金融学院七八级四年教学质量的初步分析》四篇论文，还有我写的《关于高等财经院校教学计划中的几个问题》论文和教师吴春澧同志写的《高等学校的财务工作管理》论文，共六篇论文。北京市高教研究会第三次年会（1984年1月）前，我写的《废止注入式，实行启发式教学方法》论文，曾送交北京市高教研究会。第三次年会是我和邱光信同志一起参加的，当时我已离休，此后，我不再参加研究会了。

财院的领导同志也进行了一些出国访问活动。副院长中国珠算协会会长姜明远同志于1982年4月3日出席日本珠算协会研讨会，并讲学。财政系主任赵春新同志代表财院于1981年5月22日参加上海财经学院主办的访日财经教育考察团，访问了日本大阪的市立大学和东京的早稻田大学等十所大学，共考察22天。姜维壮同志于1982年10月13日参加财政部组织的教授考察团，赴法考察22天。我代表财院于1981年10月13日参加湖北财经学院主办的访美财经教育考察团，赴美考察了23天。访问了安卡雷奇、芝加哥、俄亥俄州、新泽西州、华盛顿、罗得艾兰岛、波士顿、纽约等九个地区和城市，访问了哈佛大学、芝加哥大学、伊利诺大学、俄亥俄州立大学、俄亥俄大学、纽约大学、西东大学、美利坚大学、罗得艾兰岛州立大学的工商管理学院及其研究生院、伯布森商学院、太平洋大学共11所大学，还参观访问了纽约联邦储备银行、大通银行、罗得艾兰信托银行、阿拉斯加国民银行、国际商业机器公司、纽约证券交易所、卫星站和一个机床厂。所到之处，都受到友好热情的接待。与华侨、华裔详见，同根之情更深。为了便于大学简易了解我访美情况，现将当时写的一首诗抄在后面：题目是"访美之行"：

> "访美之行过八州，
>
> 历经九市未长留。
>
> 参观院校十多一，
>
> 二十三天归满船。
>
> 若问最深何感受，
>
> 向来务实竞争优。
>
> 吸收有益多研究，
>
> 教育革新需远游。"

由于财院领导同志带头积极从事科研活动，调动了全院教师、干部参与科研的积极性和主动性，提高了财院的教学水平和科研水平，取得不少的成果。财院当时出现了科研工作蓬勃开展的局面，是"文革"前所不及的。

（十一）图书馆的恢复

图书馆是发展教育与科研的重要条件，是教学与科研的重要组成部分。财院图书馆在"文革"前的地址，是在大礼堂西的南北两座平房。两座平房是按教室设计的，不适合图书馆的需要和发展，干校扩展，教室也不足。因此，1965年财政部批准财院新建图书馆。我曾吩咐图书馆的高应节同志到兄弟院校图书馆参观访问，以便新建一个最适用的图书馆。我也同他一起参观访问过外交学院等几个学院的图书馆，我还同他找过北京市建筑设计院，提出我们的具体建筑要求，请他们设计出财院新图书馆的建筑蓝图。1966年已在公楼北面的操场上破土动工。"文革"前已挖好了又大又深的图书馆地基大坑。在其北面还挖了一个留学生楼的地基大坑。不幸，由于发生"文革"被迫停工。"文革"中，宣布财院停办后，财院将图书馆全部图书搬到宣武区康乐里人民银行总行幼儿园（当时部行合并，幼儿园也合并，总行幼儿园搬到财政部幼儿园去了）。复院后，图书馆房舍被烟厂占去，当时只好将图书馆暂设在遥远的康乐里总行幼儿园。1980年9月财政部直属学院图书馆长会议上，确定财院图书馆为"财经文献中心"。1980年年底，退还教学楼二、三层。修缮后，我们将康乐里图书馆常用图书搬回教学楼。当时教学楼三层西边的图书馆只有两个书库（原是一个大教室和一个小教室）、一个办公室、一个报刊阅览室（原教员休息室）。1981年2月烟厂退还南平房6间作了书库。1984年烟厂退还教学楼一层后，康乐里图书馆才撤销；全部图书搬回教学楼一层东边的大教室，这时才解决了师生借书的困难。

　　"文革"中图书损失严重，图书馆"文革"前藏书48万册，"文革"后损失30万册。复院时仅存18万册。到1981年年底才恢复到27万册。为了尽量满足教学与科研的需要，图书馆及时征求和统计师生、教研室、资料室与科研所需要图书的名称和数量及其意见。并对馆内外人员加强"读者第一，服务育人"和严格遵守图书馆制度的宣传教育。我们还争取买一些珍贵书刊，如"四库全书"影印本和外国著名书刊等。图书供应基本满足了当时的需求。

（十二）抓紧了基本建设，逐渐解决师生员工的房舍困难

复院后，财院一方面抓紧向烟厂催要，退还房舍；另一方面抓紧基本建设，逐渐解决师生员工的房舍困难问题。因为基本建设是为师生员工提供教学、科研、工作和生活场所。直接关系到学院的教学和科研任务能否顺利完成，关系到师生员工的物质、文化生活条件能否得到不断的改善和提高。向烟厂催要退房，前面已经讲了，现在来谈些财院的基本建设。

从1978年起到1983年，从外地和本市调回或调来的教师和干部，因为没有宿舍，大家都体谅学院的困难，挤住在简易平房和澡堂里。有的同志甚至在办公室住宿，有些同志租住农民的小土房，生活条件很艰苦。

财院在艰苦的年代，新建的房舍有：家属院新建五层楼的宿舍两座和六层楼的宿舍一座。还新建有财院南临大街的六层楼宿舍一座。这时教职工才从澡堂、小土屋搬到新楼房住宿了。我们才修复了澡堂。在教学楼背后，新建一座印刷厂的厂房，原学生食堂被烟厂占用，大礼堂东面职工食堂加以扩建，学生才有了食堂。此时，教职工的物质生活条件才有了改善。

新中国成立初期的学校生活

杨 博（整理）

新中国成立初期，共产党自己办的大学里，物质生活是朴素而清苦的；政治生活却是丰富而多彩的。

以1952年10月为界，中央税务学校学生的生活待遇，前期实行供给制，后期实行人民助学金制。

资料显示，1950年的时候，税校第二期的学院统一享有"供给制"待遇。比如服装方面：在校期间免费发有棉服一套（蓝色中山装衣、裤、帽）、单服一套（灰色中山装衣、裤、帽），此外还发过单鞋。在伙食方面：免费享有相当于"大灶"标准的伙食。1950年这个标准的伙食结构，比起北京普通老百姓来说，已经算是较高档的了。每日青菜中都含有荤肉食，而北京百姓只有过年过节才能买得起一点儿肉馅包顿饺子。当时的粮食、副食尚未实行计划供应制。最初，尚未建食堂，就在南大四合院内的方砖地上自带碗筷用餐。大食堂用木桶盛饭、搪瓷大盆盛菜（当时市场上没有铝、不锈钢、塑料等容器）。四个班各用一套饭菜容器分食。在日用品方面：发过肥皂、牙粉，等等。每月还发过零用现金。

1960年，记忆中的中财院

蔡钟荣（撰稿）
杨　博（整理）

一、校园

　　1960年，"五一"节刚过几天，我和另三位战友一起调到中央财政金融学院学习。给我的第一印象，这所大学很不起眼，面积不大，校舍也不多。大门朝南，位置相当于今天的中财大厦的门前，大门外有一条不太宽的石子马路，16路公共汽车从西直门到北太平庄经过这里，门前车站叫大钟寺站。校园就坐落在路北，东到四道

1964年财政系青年教师在校门前合影

口"财金商店"，西至北京牛奶厂（学校与牛奶厂之间有一条水沟），南北宽约三米。路南是一块宽约百米的菜地，连着菜地是铁道科学研究院。校园四周除了北京西郊冷冻厂外没有什么建筑物，非常安静。

学校大门是由两根方型大柱组成，东面方柱挂着"中央财政金融学院"的牌子，听说这是1959年中央财政干校与人民银行总行干校合并后挂上的。从大门往里看，有一条大路向北延伸，路两侧种的是洋槐树，给人一种庭院深深的感觉，其实路只有一百多米长。尽头处是一个圆形的花坛，坛中间立有一根旗杆，往北都是荒地。

校门内大路把校园分成东西两部分：

西部，建筑物很少。校门内两旁是门房，西面门房住了一些工人，西门房西边是花房，花房北面是学院的文具库，大家都叫它西大库，每月各单位都到西大库领取办公用品。从大库往北，相当于今天的运动场中间，有一处小四合院，这是当年的幼儿园（1961年精简机构时停办了，1966年"文革"时，变成造反派关押"牛鬼蛇神"的"牛棚"号称109）。再往北，是学院的教学楼（相当于今天的专家楼宾馆的位置），楼高三层，每层约四米高，质量非常好，很坚固。

东部，是学院生活的主体。东门房是收发室，往东是铅印室，再往东就是五号院。五号院其实就是当年建设校舍时的工棚，现在成了教职工的宿舍区。1960年，像王赓舜夫妇、李皓、王立志夫妇、陈菊铨夫妇等都曾经在这里。五号院正北面是一个大四合院，这是学院建筑的主体，分为东、西、南、北四座二层楼，每层约有40多间房子，每层楼中间都有大厅、盥洗室、男女厕所，非常宽敞。每座楼中间还有一个三楼，主要作为会议室用。东、西、北楼是学生宿舍楼，南楼是办公楼。南楼第一层的东边是金融教研室，主任是张玉文教授（当时未设系），西边是财政教研室，主任是沈云，南二楼东边是政治理论教研室，主任是高文明，西边是学院党政机关。四座楼矗立在四方，中间是一个大花园，花园的中心是一个喷水池，喷水池周边是花坛，从四座楼伸向喷水池有许多小路，小路又把花园分割成很规则的花圃，春夏之季，百花盛开，很是幽静舒适。

高干楼，在南楼正东边不远处。楼高三层，当时除了人事处长康民，政教副主任张光三住在这里外，似乎不全是高干，不过，后来当上财政部部长的迟海滨，当时也住在这里，他爱人李薇是政教的老师。高干楼正北面是南、北平房，位置在东楼大门通向大礼堂大门之间路的内侧。南平房西头住了一些职工，东头的房间有的做了教室，大部分空着，北平房现在还在，那是当年财院的图书馆。

大礼堂，位置没变，外形也未大的变化，当年可是多功能、利用率极高的场所。它首先是学院每天用餐的地方，里面摆满了能折叠的大圆桌和长条板凳。第二是全院开大会、听专题报告的地方。第三是娱乐场所，放电影、文艺演出、周六、周日跳舞的场所。

大礼堂的东南角外是食堂，与礼堂连着，南部是教职工用餐区。食堂的东边是澡堂。

六号院，在食堂南面，也是一处宿舍区。六号院有两排平房，靠马路的一排，东头连着财院商店（四道口商店），大都住的食堂工人等，北面的一排平房住的是秦穆伯、姜明远副院长、武冠英教务长、崔敬伯等高层人士。

单干楼，全称单身干部宿舍楼，即现在的友谊楼。位置、楼形、构造始终未变，只是1966年，学院招一期30多人的越南留学生，从那时起把单干楼改为友谊楼。1960年时，一楼也是医务室，二楼住的是单身教工，三楼是会计教研室，教研室主任是张伟弢教授。单干楼东头连第一教室，是个能坐一两百多人的大教室。西头连着锅炉房，北面是荒地。锅炉房南面、北平房西北角处，是学院的开水房，它的东面，北平房的北面，单干楼的南面一块空地是煤场。

以上情况就是1960年校园的简要状况。

二、中财的初始发展，好景不长

学院挂牌后，的确有大发展的样子。1960年上半年，我的印象学校很热闹，各个教研室都很忙，各种培训班、师资班同时举办，在校培训生达千人以上。同时，学校为了进一步发展，从财政部、人民银行总行和外地调入不少教师和职工，又从大连财政学院、人民大学等高校调入十多名毕业生，在苏联留学的姜维壮、曲兴业老师也是上半年归来的，还有从部队转业、复员来的八名同志。总之，教职工人数从三百多增加到四百多人。同时，学院的基建规划也开始在做，听做规划的同志说，1950年建校舍时，已将马路北面从四道口到农科院东围墙外的土地，都划入学校用地。当时这一大片土地都是菜地，的确有发展的空间。但是，到了下半年，规划不了了之，人员也不进了。

三、财政、金融六零班的记忆

1959年，国家经济困难已渐渐明显。1960年上半年正准备发

1960年中央财政金融干部学校广西政治理论师资班毕业合影

展，到了下半年就已停顿下来，学院已开始考虑如何不使学院下马、减少教职工流失的问题。

首先，经财政部、人民银行总行批准招了一个四年制财政、金融本科班，一个三年制的外汇专修班，接着又招了一个两年制的国防财务班和一个外交部使馆财会人员培训班。这些班对稳住学院阵地、保留住一批干部，起了重要作用。经济困难，机构精简，人员调出在所难免。我记得当时政治理论教研室的教职工约30多人，1961年调出的能叫出名字的有十二三人之多，占1/3还多点，其他单位也同样有调出的，比例多大说不清。

财政金融六零班是一个特殊的班，是经财政部、总行批准，学院第一次自主招生的本科班。两个班一共不到70人，是从全国各地财政、银行部门、各部委选送来的青年干部，最低工龄必须3年以上，其中工龄在10年以上的也不少。当时学院也选送了7人，其中政教2人，党办2人，会计教研室2人，金融教研室1人。

　　财政金融六零班多数同志来自财政、银行第一线，有较丰富的实践经验，不少同志还是单位的业务尖子，这对他们学习经济理论和专业知识是很有利的。同时他们多数同志是共产党员和共青团员，政治素质也较高，这就成为他们能够克服困难，艰苦奋斗，完成学业的保证。经过四年的努力，他们终于克服了年龄大，记忆力差，约有2/3已婚者克服家庭经济负担重等困难，没有辜负单位和家人的期望，完成了学业，毕业了。

　　财政金融六零班几件值得记忆的事

　　1.财政金融六零班两个班共毕业了67人，留学生共23人，留校比例达1/3，这是一般学校所没有的。

　　2.毕业时，除了陈如龙副部长兼学院院长与毕业班合影留念外，财政部李先念部长也来到学院与毕业班全院师生员工合影留念。这是从来没有过的。

　　3.1964年8月，首都高校数万名毕业生齐聚北京工人体育场，听取周恩来总理和北京市市长彭真作报告。他们要求我们毕业生放下知识分子的架子，立志四方，与工农群众相结合，将所学的知识与革命实践相结合，做又红又专的新人才。回来后，我们60多人，又分组学习了3天，清理了头脑中的非无产阶级思想，人人都写了思想小结，这样，才真正结束了四年的学习。这些事，虽然过了近50年，但仍记忆犹新。

回忆两次"四清"

李同良*

　　我是1962年9月考入中央财政金融学院（即今中央财经大学）的，这是我人生的一件大事。上大学，我原来总以为，抓紧时间利用四年光阴，要多读点书，多学些本领，将来好好为人民服务。但在20世纪60年代这个时期，我的这个想法只是一相情愿，形势让你安不下心来，运动不会叫你只捧书本。

　　1964年九十月间，我们金融六二级同学被派到北京郊区顺义县搞"四清"，为期两个月。我所在的村叫平各庄，住在贫农苏春化家里，苏家让出一个大炕，我和班里另外两个同学，还有北京市的三位干部共六个人睡一个大炕。

　　什么是"四清"？"四清"搞什么？按照1963年5月20日《中共中央关于目前农村工作中若干问题的决定（草案）》（即"前十条"）所言，"四清"是指"清理账目，清理仓库、清理财物、清理工分"。这是通俗的提法，正式提法是"农村社会主义教育运动"，简称"社教运动"。当时，从中央到地方基层，阶级斗争的弦绷得很紧很紧，"左"的政治理论把农村形势估计得一团漆黑，好像农村一片糟糕，所有农村干部都是"懒"、"馋"、"占"、"贪"、"变"的蜕化变质分子，甚至有些社、队、企业、单位的领导权被篡夺。"四清"就是要整顿农村干部队伍，清理阶级队

* 作者为金融六二（2）班校友，退休前在中国五矿集团工作。

伍，进行全民社会主义教育，以巩固农村社会主义阵地，强化无产阶级专政，把农村已丢失的政权再夺回来，把锐化变质分子打下去，这就是农村搞"四清"的最终目的。于是全国各地浩浩荡荡的、规模巨大的"四清"运动开始了，大批城市党、政、机关、团体、学校的干部、学生奔赴农村，投身到开展社会主义教育运动中去。在这场运动中，也发动我们这些在校学生到农村搞"四清"，这一做法有两个目的：整顿农村阶级队伍、干部队伍；在改造客观世界中也改造我们自己的主观世界，即所谓经风雨，见世面，可谓一举两得好事，何乐而不为呢？1964年9月，中央发出通知说，"我国高等学校文科脱离实际的倾向十分严重，资产阶级和修正主义的思想影响相当普遍，有些单位的领导权不是掌握无产阶级的手里，不少资产阶级正在向我们争夺青年学生……"既然问题那么严重，我们这批"盛逢其时"的学生便响应号召下农村进行思想改造也就理所当然的了。

在顺义两个月的"四清"中，我们学生主要工作是"访贫问苦"，把农村贫下中农组织起来，天天开会，夜夜开会，进行"忆苦思甜"教育。老乡们提着小马灯，盘腿坐在炕头上，男的吱吧吱吧抽着土烟斗，女的衲着鞋底子，满屋子烟气缭绕。主持会议的一再启发大家发言，倒"苦水"，但老乡们文化水平实在有限，唠叨不出多少东西，那也得积极发言，哪怕东拉西扯也行，关键不能冷场，于是你一言我一语，扯过去的事，聊家长里短。晚间两个小时会议，都是老乡们说，我们记，有闻必录，到第二天一整理记录，满篇都是东一句西一句，不知所云。

为什么要进行"忆苦思甜"呢？用理论来说，就是要激发"阶级仇恨"和"阶级感情"，增强贫下中农对旧社会，对地主、富农的仇恨，只有这样做才能提高阶级觉悟，才能使精神变物质，才能更好地搞好生产，多打粮，当时，我们对此种理论是深信不疑的，并且绝对服从。

那时，我们搞"四清"遵照执行的文件很多，如，"人民公社二十条"，还有一些领导讲话，指示，后来又发来"桃园经验"，都是以文件名义下发的，扎根串连、访贫问苦、忆苦思甜、背靠背揭发、面对面斗争，等等。

在顺义县两个月"四清"中，我奉命写出了一份家史：《苏春化家史》，是记述房东苏春化一家几代的家庭变化历史，这是我在访问房东苏春化、苏春光兄弟俩和他们的母亲之后，经过加工、整理，又稍作文学处理之后写出的作品，大约有七八千字。后来，我们"四清"结束回校，学校还专门举办了一次"四清"收获展览，我的《苏春化家史》作为学生参加"四清"成果之一被征集去展览了。在我们第一次参加搞"四清"时期，写家史、村史、社史，以及个人成长史（简称"四史"）是一时风气，也是考察学生参加"四清"后收获大小的重要的衡量标准，这可是关系到今后的政治前途和毕业、分配的大事，不可马虎处之，我们参加"四清"的许多同学都写了"四史"。"忆苦思甜"、写贫下中农的历史当然是提高阶级觉悟的最好教材。

顺义"四清"两个月结束后，我们又回到学校再读书。心想这回可得要好好读一读书了，把落下的功课补回来。可谁知，回校不久，奉上级指示，学校又通知我们将要参加第二次"四清"运动，地点在河南省许昌地区。我们那时都特别听话，党的号召，到农村去，到阶级斗争第一线去，经风雨见世面，改造世界观，在思想上筑起反"和平演变"的大堤，这样的大事，怎不应该争先恐后地去做？学习、功课都是第二、第三位的，都必须从属于政治，从属于阶级斗争的需要。为了响应号召，把这次"四清"搞好，学校、系里都召开了动员大会，然后是讨论、表决心，这些都是必须走的程序。

1964年10月，我们金融六二级同学在系秘书黄键和班主任刘春阳等老师的带领下，又愉快地背起行李出发了。我们先是坐火车到了河南许昌站，然后坐汽车到郏县集训。我们那时也不知道这次"四清"要搞多久，在哪儿搞。到了郏县后，我们被安排在城关外的一所中学校里，学校没有学生，我们满腹狐疑地在那所学校安置了下来。没想到，就在郏县中学的第三天，我们就从广播里听到我国第一颗原子弹在西部地区爆炸成功的消息，那天是1964年10月16日，当时大家高兴得跳了起来，欢呼原子弹爆炸成功。过了两天，又传来苏联共产党总书记赫鲁晓夫下台的消息，我国的第一颗原子弹爆炸好像有意为赫鲁晓夫下台事先庆功似的，真是一种天大的巧合。我们特别振奋，奔走相告这个好消息。

我们在郏县中学没住几天，又被通知移到许昌市里去。到了许昌市，我们被安排住在大概是市区边上的一个铁路大仓库里，大家都睡地铺。到这时，我们才知道，这个"四清"工作队是由人民银行总行领导的，总负责人是陈希愈副行长和党组成员高志坚等。

许昌地处中原，河南省中部，京广铁路贯穿该市，经济地位十分重要，其烤烟尤其闻名全国。许昌也是一座历史文化名城，三国时曾是东汉末年的都城，是兵家必争之地。但当时由于"四清"工作队纪律严明，不许走出大仓库一步，因此，我们人虽在许昌，但许昌市是什么样子，有什么文物古迹，大家都没有去过，此种做法，足见当时"四清"的神秘。

据我知道，当时我们各路"豪杰"聚集在大仓库的人相当多，不下千人。除我们金融六二级两个班的同学外，还有人民银行总行一批人马，但更多的是从许昌地区从地委、行署、市、县到区、公社来的地方干部相当多。许昌是个大专区，所属有十几个县。一千多人的"四清"集训队把偌大一个大仓库挤得满满的，我们住的地铺是铺挨着铺，开饭时是人头攒动，人声鼎沸。

现在我该说说我们在大仓库里干些什么了。说得好听点儿是集训，说白了是整地方干部，美其名曰："四清"工作队成员下乡搞"四清"，首先必须自己轻装上阵，"下楼洗澡"。这时候的许昌地委似乎已被"夺权"了，名义上这次"四清"工作队仍由许昌地委领导，实际上是人民银行总行说了算，地委书记、行署专员以下都"下楼洗澡"去了，忙着检查自己的"四不清"问题，人人过关，哪有精力领导这么大规模的"四清"工作队？这时我们这些学生倒是最清闲的了，成了人家"下楼洗澡"者的旁观者、局外人了。开会时，我们不过听听发言，作作记录而已。而那些干部则在大会小会自我检查、批判，互相揭发、检举，搞得不亦乐乎，什么"阶级立场不稳"、"阶级观念不清"、"多吃多占"，等等，总之，要把自己狠狠批判一通才能过关。我记得，当时许昌地委书记姓齐，在全体集训大会上，曾痛哭流涕地检查自己的"四不清"问题，好像第一次检查没有获得通过，说是检查得不深刻，可怜一个堂堂地委一把手，威名扫地，斯文扫地。不过，这比起以后的"文化大革命"挨批挨斗来，那是好得多了，温和得多了。

我所在的那个组，组长姓孙，是郏县商业局长，是个新中国成立前就参加革命工作的老同志，那时还不到四十岁，人很朴实，我们学生有两人，一个是我，另一个是已去世的俞友仁同学。在小组会里，这些地方干部，一会儿背靠背揭发，一会儿面对面批判，就这样反反复复，那些地方干部人人都被搞得灰头土脸，怎么检查都过不了关，最难的是挖思想根源，而那些地方干部原多是农民出身，文化水平不高，让这样的人写出高水平的检查，挖出深刻的阶级根源、政治根源、思想根源，别说有多难了。最后，由于下乡时间不能再拖了，只好草草收场，没检查深刻的人也就算了。

不过话也得说回来，那些地方干部在过去几年十几年工作里确也发生了一些变化，有的人懒了，有的人贪了，也有的人敌我不分、好坏不分了，他们多多少少丢掉了一些为人民服务的思想，丢掉了过去战争年代的那种艰苦奋斗的作风，因此，对他们进行一些整顿、教育，甚至批评都是必要的，但不能把地方干部队伍说成漆黑一团，都烂掉了，那样就不对了，过份了，就是以偏概全，就是"左"了。但当时，从上到下，都没有对我们的干部队伍作出一个实事求是的分析，这就给后来进行"文化大革命"，开展了比"四清"运动更残酷的斗争埋下了祸根。在许昌大仓库的日子里，许多地方干部被整得灰溜溜的，但嘴上还得说好，不能有半点怨气，消极对抗。

大仓库集训之后，于1965年1月初，我们这批"四清"工作队便开始下乡了，奔赴农村公社、大队、生产队。我被分配到许昌县河间区庞庄公社庞庄大队第九生产队。我们这个组一共有六个组员：组长就是上文提到的郏县商业局长老孙，还有老王、老刘，这三人都是地方干部；我们学生有两人：一个是我，另一人是小林，还有一位是我们金融系的助教老师。

庞庄村是一个有二三百户人家、一千多人口的中型村子，有十二个生产队，主要农作物是粮食和烟叶，农民成分以贫农为主，社员生活十分贫困，整个村况是脏、乱、差，大部分住房是土坯茅草房，街上脏水乱流，一派破败景象。

下到生产队，这是最基层了，首先要过"三同"关，即同吃、同住、同劳动，住哪家，吃哪家。我被安排到一家"五保户"，老两口都已七十多岁了，无儿无女，见我去他家"三同"，老两口十分欢迎。周大爷话不多，人很和善，老太太十分热情好客。我基本上一天三顿饭都在房东家吃，他们常变着法儿做些好吃的，那里的农村，家家都十分贫困落后，可老太太总炒个新鲜蔬菜，或是烙张红薯面饼之类。每当我从外面回家，老太太就在门口迎上来，眼睛眯成一条缝，"老李呀，回来啦，瞧你忙的，快来吃饭吧！"，这是大娘对我常说的一句话。每当我在油灯下写东西时，她也走过来跟你聊上两句："老李呀，早些儿睡觉吧！别把眼睛弄坏了。"老两口对我真不错，至今仍很怀念他们。

庞庄大队十分贫穷，我所在的这个生产队（即庞庄九队）除一户是富农外，其余都是贫下中农（其实这家富农也富不到那儿去，只因他会木匠手艺，故生活比别家略好一些），住的大多是泥巴房，睡的是高粱秆、麦草土坯搭的"床"，吃的大多是红薯面。有个小伙子叫周怀昌的，三十好几了，因为穷，找不到媳妇，他六十多岁的母亲，和我们一聊起儿子的婚事，急得直掉眼泪；小队会计周保江，四十多岁了，也讨不起老婆。贫农周发江的妻子生癌症，疼得哇哇大叫，吃不起药，只好抓兽药吃。我们在这个队一共住了八个多月，发现家家户户都穷得丁当响，给我触动很大。新中国成立已经十几年了，为什么还那么穷？如何才能变富？我们是"四清"工作队，是按上级指示去整人家农村干部的，虽然文件上说要精神变物质，"四清"成功与否，还要看生产上去了没有，但怎么帮、促，别说组长不知道，就是整个公社"四清"工作队领导们也没有认真提出过，我们只是白天跟社员一样下地劳动，每天拉架子车送肥、翻地、锄草、间苗，晚上开会，揭批小队干部"四不清"问题，我们还能干什么呢？

"三同"之外，就是所谓"扎根串连"、"访贫问苦"，提高阶级觉悟，与地主、富农划清界限。但颇有讽刺意味的是，由于生产队实在太穷，连一对公用水桶都没有，我们就只好到那户富农家去借，用完了，还客气地说声谢谢。有什么办法呢？且说一套做一套吧，能解决问题就行，借个水桶也犯不到阶级立场不稳吧？我们的孙组长也是睁一只眼闭一只眼。

在发动群众，提高阶级觉悟的基础上，我们就开始转入正题，搞"四清"了，主要查小队干部的"四不清"问题，特别是查小队的工分账、收支账，看是否有问题。查来查去，把小队干部外出到公社、大队开会、参观的补贴工分都说成是"四不清"问题，一律拿下，要这些干部退赔，不这样，"四清"成绩哪里来？现在想来，这真是一桩冤案，差不多要夺人家饭碗了。你想，那时名堂多，会也多，公社、大队、小队这些干部几乎天天开会、参观，谁敢不去？把这些误工补贴都说成是"四不清"问题，统统扣除，可怜这些农村干部一年干到头剩不下几个工分，真的要让他们喝西北风了。不过我们队那时还算是好的，还是比较讲政策讲实事求是的，有的队的干部被搞得倾家荡产。但事情还在发展，我们这些师生走后，庞庄大队"四清"继续进行，而且搞得更厉害了，据说将一个小队的会计逼得上吊自杀了，这真是一出人间大悲剧。

"四清"期间，学校姜明远副院长专程到许昌看望了我们这些搞"四清"的师生，我当时很是激动，写了一首感谢院领导关怀的小诗：

满头华发老院长，不辞千里路途长。
身在北京心在豫，百多师生总思量。
无微不至来关怀，领导同学一心肠。
牵肠挂肚记心里，不知长成啥模样。
树大应赖勤培育，不走歪道走向阳。

"文革"以后，拨乱反正，对"四清"运动有了新的结论。但我作为过来人，却是认识农业、农村、农民、农村干部的一个好机会，收获还是有的，也算是人生的一种社会阅历吧。

1965年5月底，"四清"工作队中的学生结束了"四清"工作，将要返回北京，老孙等地方干部仍留在庞庄九队继续"四清"。但是，在我们结束工作之前，工作组对进村以来的"四清"工作也进行了总结。我记得，这个总结会开了好几天，最后决定由我和王助教负责起草总结，由我执笔，草稿写好后由王老师修改，再交孙组长过目，最后由全组讨论定稿。

这个总结，洋洋洒洒写了近一万字，可谓周到全面，重点放在我们工作组进村后做了哪些工作，分六点总结：（一）发动群众，组织了阶级队伍；（二）解决了干部四不清问题；（三）进行了阶级登记和清政治工作；（四）整顿了各种组织，建立了坚强的领导核心，成立了贫下中农协会，建立健全了各项制度；（五）抓运动促生产；（六）体会。

以今天的观点来审视这个总结，当然是一个形"左"实右的东西，"阶级斗争"的观点布满在总结的字里行间，但这是完全符当时合中央要求的精神的，不这样写总结是通不过的，我们不过是照章办事而已。

这份"四清"总结的复写留底几十年来我居然一直保存着，那是一份那个时代的一场错误运动的历史见证，我将把它当作历史文物继续保存下去。

前后两期"四清"，虚掷了近一年时光，至今回想起来仍觉得十分可惜。

现场教学在昔阳

李同良

1966年2月，我们进行过一次为期两个月的《农村金融》课实习，地点在山西昔阳县，当时实习的名称叫"农村金融现场教学"。

我们从武汉工商信贷实习回京之后，业务课转入学习《农村金融》，主课老师是李锡梁先生，助教有刘邦本、杨家林等老师。

为什么要到山西昔阳县去搞现场教学呢？在当时，昔阳有个大寨大队和劳动模范陈永贵，学大寨宣传已经在全国搞开了，大寨和陈永贵的名字在全国有相当的知名度。但我们到昔阳去实习因为当地农金战线另一名叫宋旺的劳模，他是昔阳刀把口公社人，40来岁，身体很壮实，我见过两次，给我印象很不错的。他在全国农金系统很有些名气，金融杂志上，报纸上也多次介绍过他的事迹。为了学习宋旺这种苦战在农金战线的模范事迹，学习他如何与农民打成一片，运用农业信贷资金扶贫解困的精神，学校决定到山西昔阳开展一次现场教学活动，既可在实践中学习农金专业，又可锻炼改造思想。

我们金融六二级两个班由李锡梁老师带队，于1966年2月中旬坐火车向山西昔阳出发时，正赶上华北地区下大雪，纷纷扬扬的大雪也飘进了车厢里了。我们到阳泉时，雪停了，放眼望去，太行山区山水一色，一片银装素裹，分外妖娆。当时我就作了小诗一首：

山山岭岭岭绵绵，岭岭山山山蜿蜒。

太行山里驱车行，左昔路上盘山巅。

银装素裹山妖娆，绢飘绸舞路蹁跹。

风物最是此处好，谁言江南独占先？

从阳泉到昔阳，道路曲折盘旋，大部分是又险又陡的山路，汽车走了三四个小时才到昔阳县城。

昔阳县在太行山区腹地，四面崇山峻岭，尤其是东部刀把口，几乎出门就爬山，生活十分艰苦。县城在昔阳中部，地势相对平缓些，但也是抬头就见山。县城很破旧，几乎没有什么像样的楼房，大多是陈旧的砖瓦房。

我们到昔阳的第二天，就安排听取陈永贵的报告。陈永贵，五十岁左右年纪，身体健壮，穿白土布对襟上衣，黑裤子，头裹白毛巾，是一位典型的山西庄稼汉，他这一身打扮，在他后来当上了国务院副总理时也没有大的改变。

陈永贵的报告，一共讲了约两个小时。他真有口才，讲话不用稿子，随意讲，讲大寨如何组织起来战天斗地战胜自然灾害，如何活学活用毛主席著作，发展集体经济等。他的讲话很生动，给了我很深刻的印象。陈永贵作报告有一个特点，就是边讲边喝水，不停地喝水，不到两个小时的报告，他竟喝了十五杯水！这是我亲自数的。

没过两天，我们就去大寨大队参观，去了狼窝掌，上了虎头山，参观了新建的窑洞，给我的感觉是大寨真是了不起，把一个贫穷落后的小山村搞成全国学习的榜样，心里很受感动，也特别佩服大寨精神，有了这种精神，才可以战天斗地，改天换地。不论从当时看，还是现在看，当时的报道没有夸大、吹捧，都是实事求是的，说大寨是全国的榜样，一点也不过分。

参观回来后，心里一直很激动，就写成了一首诗：

久慕欲观大寨地，昔阳实习有良机。

飞空穿岭走钢索，踏步登山架天梯。

虎头山上种庄稼，狼窝掌里垒石壁。

风光独在此处好，标榜全国一杆旗。

听陈永贵的报告，参观大寨战天斗地的事迹，是我们到了昔阳后接受的第一场教育，感受深刻，对我来说是受益匪浅，激励后生。

在昔阳县城里参观、学习几天后，即进行实习地点的分配，我们两个班同学分别被分配到遍布昔阳全县的各个公社，什么刀把口、东冶头、皋落、巴洲、杜庄等。我却与另外两个同学被留在县人民银行支行里编写《现场教学简报》。工作是把各点实习的同学写的稿子进行编辑，刻钢板、油印，然后邮寄分发。吃在支行的食堂，住在支行后院的小阁楼上。这一段生活，与下到山沟里的同学相比，条件好多了，至少不必天天跋山涉水。在我记忆里，两个月的现场教学，我们共编了四五期简报。

后来我觉得老待在县城里不下到基层，将来回到学校，其他同学能津津乐道山区生活的所见所闻、发放农金信贷的体会，而我却"高高在上"，住在县城，看不到、听不到、体会不到最基层的情况，经受不到实际的艰苦锻炼，会自觉有愧于这次现场教学的经历，更何况将来写实习报告，连一点农村基层素材都没有，拿什么去写呢？难道写如何编简报？因此，我主动要求到基层点去体验生活，于是我获准到巴洲公社寺家庄大队和界都公社西固壁大队"蹲点"。两地一共住了一个月，与社员一起生活、下地干活。

去寺家庄大队是与昔阳县支行王行长一起去的，是去了解该大队生产和贷款使用情况，我在寺家庄时间不长，只一个星期。寺家庄在昔阳县城西，虽没有高峻的山岭，但农田尽是七高八低的黄土高坡，由于长年雨水的冲刷，形成一条条巨大的沟壑，村前是一条小河，终年流淌着清亮的河水，有山有水，风景不错，至今，我仍十分留恋那个地方的山光水景。但寺家庄的经济十分落后，这种落后的面貌与我们在后来看到的电影如《黄土地》、《乡音》等差不多，农民的粮食主要是棒子面，间以高粱、小米等杂粮。但尽管这么贫穷，村里的姑娘小伙却长得十分出落，可称俊男靓女，群众的文艺生活也十分活跃。村里有一个老舞台，不知是哪个朝代的建筑物，彩绘已经剥落，相信是有相当年头的文物古迹了。农民自编自演山西梆子，一群青年男女成了文艺积极分子，一到演出，远近村民，男女老幼争先恐后前来看梆子戏，这是非常有地方特色的文化生活。

从寺家庄回城不久，我即去界都公社西固壁大队。这个村在昔阳县城东，是一个典型的穷山恶土之地，条件比寺家庄更差，只见村前村后一片黄土高坡，沟壑纵横，几乎见不到一条有水的小河小溪，村子散落在一个山沟里，破烂的窑洞敞着大门，像一只只张着大嘴的怪兽，社员们个个都是灰头土脸，我想不到这个村子竟凋敝到如此程度！我打听到，原来这个村子之所以这么穷困落后，主要原因还是在"水"字上。村子无水源，莫说庄稼浇地，就是人畜饮水都非常困难，我见到老乡们吃水要从老远的山下去挑，没有水，粮食怎么生长？社员生活如何改变？社员们见我去了，要求我给他们贷点款，把水利搞起来，将村外的水源引进村里。其实我去西固壁村就是为这个村的水利项目而去的。我根据支行领导的指示，对西固壁大队的水利情况进行了调查研究，以备下一步审批水利项目贷款作准备。我在西固壁工作的20多天里，进行了详细的实地考察，与社员、村干部进行了多次座谈、研究，在此基础上写出了一篇《西固壁大队水利情况调查报告》（这篇报告后来也是我的现场教学报告）。报告着重写西固壁大队的水利情况及要求贷款理由和金额。报告详细列出了这项水利工程所需设备的名称、数量、金额等，大至发电机、电动机，小至胶管、螺丝、钢钎等都一一列明。报告写得很具体，有数据、有分析、有看法，对社员要求改变生产、生活面貌的迫切心情表露在字里行间。报告写好后，交给了支行王行长，我们的实习也就结束回京了。

昔阳现场教学实践告诉我，农村金融与城市工商信贷做法完全不同，农金就是要与农民打成一片，用金融手段为老百姓排忧解难，用现在的话来说，就是如何做好扶贫工作。

事有凑巧，在粉碎"四人帮"后的1977年7月，当时我所在单位的主管部门外贸部召开了学大寨会议，会议组织了代表和部分职工赴山西参观大寨等地，我有幸忝列其中。期间，我又重返西固壁，对西固壁村的巨大变化发出由衷的感叹，并曾赋诗一首：

西固曾住一月长，昔日山水了指掌。

旱天稼禾一片焦，洪水卷地苗不长。

土窑泥房且栖身，贷款救济度春荒。

今日重返西固壁，旧貌已变换新装。

峰回路转不识旧，本是西固疑他庄。

垒堰改土人心齐，引水搬山斗旱王。

新楼新窑新农村，旧迹一去泛春光。

我行执固寻旧道，头白昏花亦自妄。

这首诗所反映的西固壁村的变化是实描，与1966年3月间我去的时候确实大不一样，破窑烂房没有了，已盖起了一溜儿的新窑新房，村周围的沟沟梁梁也变成了一块块平整的梯田或人造小平原，西固壁的巨变使我感到非常惊讶，十年一别，真是沧海桑田！要是我自己去，肯定既不认道，也不认村了，"头白昏花亦自妄"不是虚言。

知行结合话实习

李同良

1965年10月，我们在中央财政金融学院学习了三年（实际只学了两年多，其中有一年时间是在农村搞"四清"），这时，主课《工商信贷》学习已结束，按教学计划，应有一次实习。我们那时都很兴奋，可以在银行进行实际学习，学以致用，增长知识。不久，系里宣布决定到人民银行武汉分行实习。听到这个消息，大家十分高兴，因为我们中绝大部分都没有去过武汉，只知道武汉是华中一个大都市。

"文革"以前中国的银行系统，基本上只有一家银行，即中国人民银行，它既是中央银行，也是办理具体业务的职能银行。那时是绝对的计划经济，对银行的职能发挥，并没有像今天市场经济情况下那么重要，更没有资本主义国家中的银行在市场经济中的那种举足轻重的作用。虽然，当时我们在课堂上也学过银行在国民经济中有杠杆作用、调节作用等的职能，好像银行的本事大得很，但实际上在计划经济下，银行的独立性很差，政府怎么说，银行就怎么办，银行常常处于十分被动的地位。当然，那时国家经济水平比较低，老百姓生活比较贫困，这就决定着银行的经营活动也不很活跃。因此，只有一家中国人民银行，别无分店，业务居然也能应付得过来。

武汉地处长江中游，是湖北省省会所在地，古称"九省通衢"，是华中重要的工商业重镇，学校选择武汉作实习点是十分恰当的。

金秋十月，我们金融六二级一百多名同学由《工商信贷》主课老师俞天一先生带队到武汉后，先听取了武汉分行营业部唐主任的业务情况介绍，随即进行实习点分配。我和我们班的另外三个同学被分配到汉口航空路的友好办事处信贷股实习。我的实习老师姓邹，是一个不到四十岁的中年人，平时话语不多，但业务娴熟，也有一定的工商信贷理论。他对我们的到来十分欢迎。后来了解到，早在我们到友好办事处前，邹老师就对我们的实习做了充分的准备，还为我拟好了实习报告题目——《用钱人自己管好钱》。他对我们实习真是倾心相授，手把手地教，教我们如何到工厂了解情况，如何看账，如何查实工厂对信贷资金的使用情况……他说，要做好信贷工作，必须与工厂的财务科长打好交道，因为工厂的资金都在财务科长的手上，与财务科长搞熟了，他就会介绍工厂资金使用的真实情况。因此，我从一开始就觉得在邹老师手下工作是很愉快的。他分配我管一个工厂，这个厂叫"武汉石油化学厂"，生产工业用油脂一类的石化产品，地点在汉口唐家墩，离办事处较远。为了方便我去工厂，办事处还给我配备了一辆自行车，我一周有四天泡在工厂里。清晨，我先到办事处报到，向邹老师汇报工作，听取他的指导后，就骑上自行车，去唐家墩的武汉石油化学厂。唐家墩在新中国成立前是一个跑马场，新中国成立后跑马停止了，该场成了废场，但仍有跑马场的废弃建筑。从1965年到现在，三十多年了我没有再去过，那一带面貌现在恐怕已全变了，那家武汉石油化学厂也不知道还有没有。

从办事处到唐家墩骑车约三十多分钟。一到厂，我就去财务科，先跟科长打招呼。科长姓王，是一个五十多岁的老头，谢顶、高度近视，湖北黄陂人，把"中山公园"的"园"字念成"栾"音。他是个好好先生，平易近人，整个实习期间，我们关系融洽。我们一起讨论了有关资金使用的许多问题，诸如：如何用好钱管好钱、向银行借了钱要及时归还、还了再借、专款专用、提高资金使用效率、加快资金周转等问题。我还向他要了财务报表看，其实我那时对工厂的财务报表还不大会看，我们虽在学校里学过门志老师主讲的《企业财务》课，但真正能看懂财务表报，还须经过实践。我之所要看，主要是为了增长知识。有时，我也到车间去参观生产流程，与车间有关人员聊聊油脂生产问题，产品质量问题，增产节约问题等，不过我们那时年轻，很多事情都不懂，特别对工厂的生产、管理一套非常外行，不懂就问，不耻下问，这是孔老夫子的教导。

在友好办事处实习了近两个月后，我就按邹老师的指导，写出了《帮助企业促进用钱人管好资金的一些体会》的实习报告，草稿先交邹老师阅过，他感到很满意，同时也提了一些修改意见。两个月的实习，我没有虚度，我向学校交了第一份学习心得体会报告，在实际工作中，我学到了课本外的不少专业知识，弥补了课本知识的不足。

我的实习报告共分四个部分：（1）产品产量、产值及销售、利润计划的完成情况；（2）财务管理情况；（3）在促进企业做好用钱人管好资金方面作了那些工作；（4）体会。我的体会有五点：一是要做好这项工作，必须要有立足企业、立足于生产的观点；二是信贷员必须配合企业解决当前信贷结算中的主要矛盾；三是企业财务计划编制必须准确、及时、符合实际，在执行中要经常检查落实，并进行必要的调整，切实做到企业用好钱、管好钱；四是企业财政资金和信贷资金不能混淆，必须严格分口管理，生产资金绝不能流用到财政性开支上，财政资金也不能流用到生产上；五是帮助企业挖掘潜力，处理呆滞不用的物资，盘活资金，加速资金周转。

实习结束回到学校后，我将实习报告又作了认真、细致的补充、修改，然后交给任课老师俞天一先生。

1965年12月底实习结束，那时学校已放寒假。我便坐轮船从武汉到上海过寒假，一路顺水东下，江面空阔，风帆正满，那大江雄伟的气势，使我兴奋异常。在轮船上，我回顾了两个月的实习过程，我对我的实习指导老师邹先生怀有依依惜别的心情，遂口占两首，算是我答谢邹老师的指导之恩：

高秋初冬赴楚汉，两月实习成回思。

柳依迎情我来日，雪飞送意我返时。

知行结合你指导，师生亲密情真挚。

临别难舍友谊深，留赠学生一小诗。

传知授识是师生，互相帮助为同志。

朔风凛冽非为难，冷雪冰霜不避辞。

善诱循循堪赞扬，诲教谆谆能忘逝？

友情长城万里程，两月岂只两月时？

武汉是一个工商业十分发达的现代都市，也是文物古迹十分丰富的古城。实习期间，我曾领略过龟山、蛇山的雄姿；凭吊过于伯牙和钟子期弹琴击节的遗址古琴台；参观过汉阳归元寺和寺里那塑造得栩栩如生的五百罗汉……但最使我流连忘返的当属东湖和珞珈山。那儿真是山清水秀，风光旖旎，虽是初冬时节，仍有无比的吸引力，周末，我曾一个人爬上珞珈山，坐在山上林子里听那林间的涛声，看那东湖湛蓝的涟漪，欣赏着武汉大学绿色的琉璃瓦建筑，呼吸着大自然沁香的空气……我被这些美丽的景色陶醉了。当然那雄伟的长江大桥，那奔腾不息、一泻千里的大江波涛也曾使我发出千种遐想，万般情思。

武汉实习虽只有短短的两个月，但这是一次知行结合、认识社会的好机会，对我以后参加工作、融入社会具有重要作用。

难忘的开学之旅

黄 松

　　《中财校友》2013年春季刊，刊登了"中央财经大学六三级校友相识五十周年聚会倡议书，倡议书称拟定于10月举办联谊会，相约六三级校友一起参加。啊，整整半个世纪！许多往事已模糊不清。但作为中央财政金融学院的新生，开学之际遭遇特大水灾，被困上海一周，无奈改乘海轮航行三天三夜来到天津新港，最后乘火车到达北京的曲折旅程，令人终身不忘……

　　1963年7月15～17日是高考的日子，考试一结束，我便卷起铺盖回了家。这是我人生的第一次重大转折，要么考取大学，将来成为国家工作人员，要么高考落榜，回家务农。等待发榜的日子很难熬，虽然自觉考得还可以，但是能否录取，心中没有把握。8月20日同学们相约回母校，我在学校的总榜上看到了自己的名字，录取学校是中央财政金融学院，激动的心情难以言表。回家的路上，我像是喝了兴奋剂，竟将自行车蹬得飞快，原来两个多小时的车程，只用了一个半小时就到了家。又过了4天，即8月24日，邮递员才送来了中央财政金融学院的录取通知书。一收到录取通知书，心中不免紧张起来，因为离9月1日开学已经没几天了。最紧张的要数我的母亲，因为儿子要去北方上大学，她要赶制厚实的棉被，还有棉衣棉裤等，母亲连续忙碌了一个星期，在姐姐的帮助下，终于如期完成任务，将一只大箱子和一个旅行包塞得满满当当。

50年前，从我的家乡——江苏启东上北京并不容易。当时苏北没有铁路，要想上北京，必须先乘轮船到上海。我与同班同学高进修取得了联系，他考取的是北京机械学院。我们打算8月28日到上海，29日晚乘火车，30日晚到达北京。这样赶上9月1日开学是不成问题的。

哪知，天有不测风云，我们第一次出远门就碰到了意外。8月28日晚9点左右，我们乘班船顺利抵达上海。晚上住在高进修的亲戚家。第二天赴北京的火车票已由亲戚提前买好了。29日上午，我们将行李办理了托运手续，在候车室静候上车。哪知广播里突然传来紧急通知："因北方发大水，德州以北的铁路被冲毁，短期不能通车，向北方的旅客可以退票"。我们顿时慌了神儿，怎么办？我与高进修商量，上北京只有乘火车或飞机，而我们又无钱买飞机票，看来只有在火车站等待恢复通车了。我便在一个离火车站很近的旅馆住了下来，记得房钱不算贵，每天只要八角钱。高进修仍住在亲戚家，不过白天要来火车站候车。我们想，铁路被大水冲坏了，国家一定会调兵遣将，突击抢修，因此铁路会很快修复通车的。哪知我们的想法错了，我在小旅馆住了整整六天，天天在火车站转悠，却不见恢复通车的消息，心里那个焦急啊，真没法说。到了第七天，我们在火车站广场见到一个大学生模样的人站在高凳上大声讲话，我们仔细听了一会，知道他是清华大学的高年级学生，大意是说，由于铁路被冲毁，短期不能修复，因此决定退火车票，改乘海轮北上，凡愿意坐海轮的旅客可以跟我们一起行动。我与高进修两人十分高兴，就像遇到了救星一样。

我们立即退了火车票，买了船票，于9月4日下午跟随清华大学的队伍浩浩荡荡（大约有二百人）由火车站向轮船码头徒步进发，当时大家穿着衬衣，背着挎包。经过一个小时的行军，已是汗流浃背。上船之后才知道这艘海轮不是客轮，原是装煤的货轮，是临时调来应急的，条件十分简陋，我们每人领到一条小草席，一条毛毯，将草席往船舱里一铺，便是一个硬席卧铺了，可惜的是舱板上的煤屑子并未打扫干净，弄得大家身上脏今今的。傍晚时分，轮船向长江口驶去，我的家乡就在长江口北岸，我透过夜幕，努力搜寻家乡的轮廓，但天渐渐暗下来，什么也看不见，只得深情地望着北岸，向家乡告别。轮船乘风破浪，加速前进，直插东海与黄海的交汇处，然后转向北上。海轮的时速虽说也有几十海里，但比起火车来那的确太慢了。从上海到天津新港需要三天三夜，好在轮船上有扑克卖，乘客们就用打扑克来消磨时光。船内灯火通明，船外一片漆黑，只听到轮船撞击海浪的哗哗声以及汽笛的嘟嘟声。气温在逐渐下降，上船时热得满头大汗，而到晚上九十点以后竟是寒气逼人，我将挎包里的备用单衣单裤全部穿在身上。再盖上那条毛毯，度过了难熬的寒夜。到了白天太阳出来以后，天气就暖和了。我们乘坐的虽然是货轮，但有开水供应，伙食也得到基本的保证。

　　我从小在海边长大，大海对我来讲并不陌生。小时候常去赶海，每次拾泥螺、扒纹蛤，收获颇丰。但乘大海轮，在深海里航行三天三夜却是大姑娘上轿第一回。在海上无风三尺浪，轮船颠簸得厉害，许多旅客晕船了，肚子里翻江倒海，呕吐不止，十分难受。而我却经得住风浪的折磨，没有呕吐。在海上三天三夜最大的收获是饱览了祖国的海疆，观看了壮丽的海上日出和奇异的海上风光。轮船刚出长江口时，海水一片混浊，可是到了深海，海水却变得十分清澈。特别让人叫绝的是：天大亮之后，我们看到不远的海水一边为深蓝色，一边为浅紫色，两种颜色界线分明，令旅客们十分诧异。此后的几十年，我再也没有机会乘坐海轮，但对此种奇特现象记忆犹新。我也没有查过相关资料，故对如何形成此种现象始终没有释疑。

9月6日下午海轮到达青岛港，停靠三个小时，大家纷纷上岸观光、购物，这是我唯一一次访问青岛，记得买了几个苹果。因为时间短，青岛只给我留下了模糊的印象。船继续向北航行了三十多个小时，于7日晚9点终于到达目的港——天津港，我们随着人流上了岸，坐上了开往天津火车站的大巴，在天津火车站候车室只等了半个小时左右就乘上了开往北京的火车，两个小时后，火车稳稳当当地停靠在北京站的站台上。至此，清华大学临时编队完成了它的历史使命。人们拿着行李向出站口走去，在车站广场，所有高等院校都竖起了"××学院（或大学）接待站"的横幅。一出站，我和同学高进修就分别了，各自去寻找自己学院的接待站。当我一眼望见"中央财政金融学院接待站"的横幅时，感到十分的亲切，心情是多么激动！

负责接待的老生把我带进了停在广场角落的一辆大轿车内，里面温度较高，我们几个新生在里面享受了几分钟的温暖。随即，那位同学将我们带到一辆卡车面前说："请同学们坐这辆卡车上学校。"大家知道，9月的北京深夜气温很低，而我身上只穿了两件单衣，加上坐的是敞篷卡车，毫无遮拦，车子越开越快，街道两边的建筑物迅速向后退去，耳边响起呼呼的风声，我的全身冻得发抖，牙齿不停地"打架"，我在心里默默念叨：快到了、快到了……我当时的感觉好像中央财政金融学院离北京站很远，汽车行驶了足有两个小时，我在第一封家信中就是这样写的。其实路并不那么远，卡车只开了半个小时左右，但身处寒冷中的我发生了错觉。好不容易到了学校，那时我已被冻僵，身体动弹不得，后来是在两位老生的搀扶下下车的，几位老生护送我到宿舍，因为我的行李在上海火车站托运，床上没有被褥，他们就帮我借来被褥，还加了一条毯子。接着带我去食堂用餐，到学校的第一天，我就感到兄弟般的温暖，冻僵的身体也很快焐热了。从此，我骄傲地成为中财的一员，在"四合院"度过了一生中最美好的时光。我在上海托运的行李，过了整整一个月才收到，可见水灾持续时间之长。

五十年过去了，我已进入古稀之年。每当我想起那段不寻常的开学之旅，就像发生在昨天一样，历历在目。2012年，我在《老年文摘》上看到一篇资料，说1963年的暴雨是20世纪中国最大的暴雨，河北省任丘县8月2～7日，五天内降雨2050毫米，就是说四年的降雨量集中在五天之内一下子倒下来，使海河水系不堪重负。为了保卫天津，河北省政府下令，子牙河炸堤分洪，结果是被困两个月的天津安然无恙，而河北人民作出了巨大牺牲。54%耕地被淹，56%的人口受灾，死亡5000多人，直接损失59亿元，间接损失13亿元，总计72亿元，是当时全省工、农业总产值的1.2倍。我想，我们开学时遇到的困难与河北人民相比实在是微不足道的。

社教琐忆

佚 名

1965年暑期，我们63级学生就要升大三了，根据《中共中央、国务院关于组织高等院校文科师生参加社会主义教育运动的通知》精神，学校决定让63级跟随中央财贸社教工作团赴湖南武岗县参加社教。我们满怀激情，在副院长姜明远的带领下，于8月底来到了这个位于湘西地区的贫困县，决心在阶级斗争的风浪中经受考验和锻炼。我们在武岗待了一年，参加了两期社教，于1966年8月回校参加文化大革命。现在看来，社教是极"左"路线的产物，没有什么可取之处，但对我个人来讲，阅历的丰富和工作能力的提高，确是无疑的。本文就亲身经历的一些往事作些追忆。

一、中央财贸社教工作团领导班子级别高、力量强

当时，中央财贸社教工作团由中国人民银行、粮食部、全国供销总社等部门组成。赴湖南武岗县社教工作总团的领导为部级干部，武岗社教总团团长由中国人民银行代行长胡立教担任，副总团长由粮食部副部长赵发生、全国供销总社副主任王卓如担任。各区设社教分团，分团长由司、局长担任，如山岚区分团团长为粮食部齐平司长。分团下设工作队，队长由处级干部担任。各个人民公社设一个工作队，区所在地设一个企事业工作队；农村每个大队设一个工作组，每个企事业单位设一个工作组。我和滕国荣同学被分配

到山岚区企事业工作队供销社工作组。我们按照"清政治、清经济、清组织、清思想"的四清要求,发动群众、检举揭发、内查外调、整理材料。搞了大约5个月,第一期运动快要结束时,上面来了通知,把我们几个学生和老同志调出来,一起赴邓家铺区开展武冈县第二期社教运动,我仍被分在区企事业工作队。第二期社教在干部配备上比第一期有所降低,邓家铺区企事业工作队队长是粮食部处长蒋来军,副队长是中财院的龙志美老师,指导员为中国人民银行总行申仪科长。各企事业单位的工作组长由上期社教工作队的骨干担任,如佘国兴同学担任区卫生院工作组长,王以震同学担任文教工作组长,我在工作队队部当文书。我们在经验丰富的老干部的带领下勤奋工作了一年,得益匪浅,许多社会工作经验在学校里是不容易学到的。

二、总团团长在我的铺上过了一宿

有一次,武冈县社教工作总团团长胡立教同志来邓家铺区检查工作,在听取工作队领导汇报情况后,天色已晚,在供销社食堂简单用餐后,决定在队部过宿,胡团长的随行人员有两位,一位是秘书,另一位是司机兼警卫。当时我们队部设在区供销社,这是一座砖木结构的二层小楼,我们的办公室、宿舍都在二楼,蒋队长要我们把宿舍让出来,因为我盖的被子相对干净、暖和一些,所以胡团长就睡在我的铺上。首长在我的铺上睡了一夜,我感到很荣幸,心里十分高兴。胡团长走后不几天,总团发了一份简报,其中有邓家铺区企事业工作队的汇报摘要以及胡团长的重要指示,我们受到很大鼓舞,工作起来干劲更足了。

三、在邵阳市委招待所过春节

转眼间，1966年的春节就要到了。上级决定，中央各部委下来搞社教的干部可以回北京过春节，大学生们全部集中到邵阳市委招待所过年。邵阳市委知道工作队员在一线工作辛苦，生活艰苦，故对接待工作作了精心安排，伙食特别好，文化生活也十分丰富，几乎天天有戏看。记得比较清楚的是我第一次观看了湖南地方戏"湖南渔鼓"，节目有对唱"浏阳河"、"刘海砍樵"等。只七八天的时间，有许多同学养胖了。大家过了一个非常愉快、难忘的春节。

四、与贫下中农"三同"

中央文件规定，社教工作队员必须与贫下中农打成一片，与他们同吃、同住、同劳动，建立无产阶级感情。

同吃。当时的武冈农村，农民生活十分贫困，一天只吃两餐，而且缺少油水，很多同学饿瘦了。后来，上级同意农村工作队员可以买些黄豆面做成的饼子，不过只能在晚上熬夜时享用，以免让群众看见，产生不良影响。我们企事业工作队要比农村工作队好一些，虽说供销社食堂也只供应两顿饭，但中午可以加餐，供应两个红薯或二两面条。即使如此，长时间难见荤腥，真受不了。我在山岚区供销社时，有一天晚上，工作组开会到十二点，组长（全国供销总社副处长，姓曹，名字已忘记）拿出一瓶酒，还有一纸包猪头肉，说让大家解馋，我估计曹组长在家时常喝酒，来工作组几个月喝不上酒有些难耐，于是悄悄买了酒肉，在晚上享用。

同住。在农村工作的队员，一律住在贫下中农家里，有的单独一个房间，有的和户主的小孩同睡一铺。20世纪90年代，我在报纸上看过一篇报道，讲的是会计系六三（1）班的戴相龙同学，社教时就住在贫下中农家里，三十多年后，他已经是中国人民银行的行长了，当年与他同睡一铺的小男孩专程从武岗到北京看望他，受到戴相龙行长的热情接待。我本人先后二期社教都在企事业工作队，几个队员同住一个宿舍，条件相对较好，但我几次下基层工作，有与供销社职工同睡一铺的经历。山岚区供销社有一个食盐加工场，离区社有十多里山路，工场只有两个工人，负责加工精制盐。原料是粗盐，加水溶解、过滤后再熬制成精盐。我与制盐工人同睡了三夜，第一夜怎么也睡不着，可能是心理作用吧，总觉得盖的被子有点潮，且有霉味，只得将被子拉到胸部，避免异味。就这样坚持到工作结束，回到队部。

同劳动。农村工作队员天天与农民在一起，劳动的机会多，而我们企事业工作队员劳动较少一些。在农忙季节，我们放下手头的工作，帮生产队"三抢"，我曾栽过秧、收过稻。因自己也是农村出身，过去参加过农业劳动，所以参加农业劳动是难不倒我的。

五、自投罗网的野猪

在第一期社教进行了二三个月时，总团决定让全体队员到武岗县委党校集训，为的是交流经验、总结提高、以利再战。

县委党校坐落在山脚下。一天下午，山上几个打猎的人在追赶一头野猪，那野猪无处可逃，一下冲进了党校男厕所。正巧县公安局一位负责集训期间安保工作的民警正上厕所，手上被野猪咬了一口，鲜血直流，幸亏他带了手枪，他拔出手枪，只听"叭叭"两声，野猪倒下了。这是一头二百多斤的野猪，送到厨房后，大师傅们十分高兴。第二天中午，我们吃到了野猪肉炖粉条，味道非常鲜美。我相信，我与大多数同学都是第一次品尝到野猪肉的味道。

六、邓家铺中学（武岗五中）礼堂隔墙倒塌伤人事件

邓家铺区社教进行到第二阶段时，队部决定在邓家铺中学礼堂召开各企事业单位全体职工大会，由蒋来军队长作报告，我坐在下面的第一排作记录。当时，天下着雨，不时还有几声响雷。突然，只听"轰"的一声巨响，土坯墙倒塌，满屋子烟尘呛得人喘不过气来，坐在后面几排的人遭了殃。寂静几秒钟后，只听哭喊声响不绝于耳。这是怎么了？原来，这所中学的礼堂后1/5处有一垛用土坯砌成的隔墙，被隔出来的一间屋里堆放着体育器材等物品。按惯例隔墙上面应该有一根横梁，砖撑住横梁，墙才牢固，不会倒塌。可是，偏偏这垛墙上面没有横梁，墙砌到半空中就算完工了，成了危墙，造成了不该发生的事故。

事故来得太突然，以致几秒钟内大家都发了呆，等大家清醒过来，拼命在黄土堆里刨伤员，我的手指甲不知道碰了什么东西，鲜血直流，也不知道疼。我背起一个伤员，就往卫生所送，背到离卫生所还有一半的路程，实在背不动了，幸好还有同志跟上来，将我替下。

事后清点，此次事故伤三十二人。县里接报后，派了一辆救护车（当时全县大概就只有这一辆救护车）、两辆卡车，将十多位重伤员转往武岗县人民医院，其中，一个头颅骨折的教师被转送邵阳市人民医院。这次事故虽然没有人死亡，但造成了很不好的影响。事后，队领导作了自我批评。曾有人提出是否有人搞破坏，在墙的那边用力将墙推倒。后来，公安部门也介入调查，但最终没有结果。

"文革" 把财院 "革" 掉了

杨　博（整理）

　　"文化大革命"的十年，中央财政金融学院停课了。1969年，根据林彪的一号令，进行战备疏散。学校全部将职工加上当时的65级学生被迫转移到河南的淮滨县，人走了，校舍也空了。于是，北京市一轻局向国务院报告，想收掉校舍，李先念同志就批准把这个校舍给了烟厂。在1970年开的一次全国教育工作会议上决定撤销中央财政金融学院，这时的学校才是真的不复存在了。

　　办学的忌讳之一就是不稳定，而"文革"恰恰就是不稳当的

20世纪60年代同学毕业在北京火车站送别时的合影

根源。在"文革"之前，我们学校有的年份招生，有的年份则不招生。虽然财政部里领导的关心很及时，拨的经费也很充裕，但它毕竟是属于财政部而不是教育部。学校撤销以后，校址没有了，老师没有了，牌子也没有了，学生们被扫地出门。在北京，真正撤销的学校就我们这一所特殊的学校。而全国没有撤销的财经类院校也只剩下大连的辽宁财经学院和湖北财经学院。

那这期间老师和学生都是怎样生活的呢？来到淮滨县的五七干校之后，大家就劳动、种地、养猪、干农活，老师和学生一起劳动。姜明远副院长曾去养猪，俞天一教授也当了当司务长，管伙食。大家白天劳动，晚上老师则带着学生们学习，虽然离开了学校，但大家对学习的热情丝毫不减。这就是我们老师和同学自强不息的精神！

中财停办逸闻

黄青山（口述）

　　"文革"的时候毛主席曾说，文科不办了*，陈伯达（原中央军委主席办公室副秘书长）说中国人还学中文啊？受此话影响，所以学校就撤销了。要从我个人看呢，一个是毛主席的话；还有当时学校炮轰、打倒李先念，李先念是当时的副总理，管财政部的，学校就这样解散了。而且那时候赶上林彪的一号通令，军宣队就跟我们说，赶紧撤离北京，不撤的话，再过一些日子，真的是原子弹或者是紧张情况下，你走都走不了。就这样，一号通令来了，我们就被扫地出门了。

---

　*　1968年7月22日，《人民日报》刊载《从上海机床厂看培养工程技术人员的道路》的调查报告，并加编者按。编者按中有毛泽东亲笔加的一段说："大学还是要办的，我这里主要说的是理工科大学还要办，但学制要缩短，教育要革命，要无产阶级政治挂帅，走上海机床厂从工人中培养技术人员的道路。要从有实践经验的工人农民中间选拔学生，到学校学几年以后，又回到生产实践中去。"（这段话被称为"七二一指示"）

财院八年图恢复

杨　韵（整理）

1976年打倒"四人帮"之后，1978年财政部部长张劲夫决定在原址恢复中央财政金融学院。俞天一教授曾风趣地说过："我一辈子为国家高兴的两件大事，一是日本人投降，二是打倒'四人帮'。"因为打倒了"四人帮"学校才得以恢复。但是校舍在"文革"期间已经被烟厂占领，而房子的问题不解决，学校就不可能有发展。几经周折之后，邓小平同志批了文件，要求烟厂搬出学校，但烟厂并没有立刻这样做，而且一拖再拖，这一拖就是十年。

在应对房子问题的同时，学校的各级领导们也在抓紧复校的问题。老师回到学校的时候，住在澡堂里面，墙全是湿的。没有教室就搭建临时的工棚给学生上课，当时只有一间房，在友谊楼（现校医院）二层。面对困难，学校采取了一个灵活而又高明的措施：不管怎样都要招生！没有宿舍，就招北京本地的学生。然而这不是长久之计。没想到学生来到学校之后，对解决房子的工作起了积极的促进作用。由于学生的住宿得不到保障，很多学生自发地到市委去找领导解决。最后，市委出面帮我们解决校舍问题。

但那个时候仍然非常困难，财政部报请中央批了二百人的进京名额，这样就把老师调了回来。从辽宁财经学院调回来的老师没有地方住，就到附近农民那里租房子。这样持续了八年，后来，学校建了4、5号楼，再后来又建了6号楼。困难慢慢克服了，学校才得以生存下来。

当时学校最大的问题还是烟厂搬家的问题，有一部分老师认为再建一个校舍可能会更好一些，但多数人认为新建校区就等于没有了根据地。那个时候新建校舍和现在新建沙河校区可不一样，当时新建就等于放弃了原来的校区，烟厂也不用搬了。但是新校区建在哪里，建设中又会遇到哪些问题都是很难预料的。最后，《光明日报》、《人民日报》发表了很多长篇文章指出烟厂应该搬家，教育应该发展，中央财政金融学院应该在原地恢复。新华社写了一个内参报给中央，中央看了这个报告后就批了，从这时起烟厂才正式同意搬走。1981年的文件，到1986年才搬，1988年才搬干净。这样，1978年复校，1988年烟厂全部搬出，共10年。抗战8年，我们要校舍要了10年。八年时间严重影响了学校的发展。不过现在看来坚持在原址恢复校舍还是上策，这里面当然有很多说法，但如今都已经成为历史。原国务委员兼财政部部长王丙乾对财金学院的校舍问题也非常重视，当时他亲自批了一笔钱，改善学校的校舍。这样，我们学校才开始迈入了发展阶段，并且一直蓬勃发展至今。

复校后的艰辛

魏振雄（口述）

杨　韵（整理）

　　1978年复校后，无论是教学条件、居住条件、办公条件都特别差。学校里的烟厂没有撤掉，所谓的教学楼其实就是一个北楼（就是现在的教学楼的位置）。那里有四栋二层楼，东西南北围一圈。此外还有一个礼堂，一个医务室和一个食堂。因为没有教室，只能在四合院里头建了大概四五个活动房作为教室。师生们就这样坚持着上了两年的课。冬天生一个大火炉，夏天却没什么可以消暑的设备，总体条件特别差。学生当时挤在北楼，那个地方有几间学生宿舍。那个时候每个系办公的地方大概就一两间房子，跟会计学院现在的办公楼是没有办法相比的。每个系就一两间办公室，因此就没办法开会。学生们上外语课只能蹲在外面地上，就是现在的食堂旁边，有个活动房当作阅览室，整个图书馆就在那个银行宿舍。开始的时候，只有一个小食堂，就是现在的东塔楼前面。到了1981年，烟厂退了一个教学楼，那个教学楼就是现在的研究生宿舍，我们这才有了一个三层的教学楼。从那以后，学生才有教室上课。那个时候的居住条件依然特别差。因为当时财政部走的时候，房子都上交了，老师们回来也都没地方住。现在的东塔楼就是过去学生的澡堂。较为幸运的老师被分到澡堂住，有的老师则是租农民的房子住。大概从1981年开始，盖了4号、5号、6号三栋楼。盖好之后，老师们就搬到单元楼里。从此以后，学校就慢慢不断扩大。从复校几十年来看，从开始在活动房里上课，到现在在有空调的教室里学习，整个条件是变化巨大的。那个时候叫中央财政金融学院，就三个系：财政、金融、会计，三个系所有的师生加起来也没有多少人。现在，中央财经大学总共发展到了二十几个学院，可谓是"天翻地覆"的巨变啊。

中央财经大学研究生教育的艰难历程

马　计*（撰稿）

杨　博　（整理）

中央财经大学（以下简称中财）的研究生教育是从1983年开始的，当年只招收六名学生，由教务处主管。1983年3月移交给科研处主管。我是1983年3月由党委宣传部调到科研处任副处长，因为处长张鸿初同志身体欠佳，无法正常主持工作。直到1986年1月学校决定成立研究生处，我先后担任研究生处副处长、处长、研究生部主任，前后共16个年头，见证了中财研究生教育的全过程。

中财的研究生教育走过了一条从无到有，从小到大，从管理、规章制度不完善，到一切规范化、标准化的发展道路。

初期的研究生教育是非常困难，非常艰辛的，没有经验，不知道怎样工作，如何工作，一切都必须从头开始，从兄弟院校索取实践经验，经自身学习消化后，来指导中财的研究生教育工作。

那么，当初的困难和艰辛是怎样的情况呢？请看下面几点：

第一，1983年接收研究生工作的时候，只有一名工作人员，一张办公桌，一把椅子，三份申报财政学、金融学、会计学的资料，几份文件，除此之外，一无所有。

第二，研究生上课没有固定地点，专业课由老师在家中面对面授课，公共课只能在旧教学楼一个容纳七人的教室上课，学生还要穿过一条在学校北墙根与北京卷烟厂烟垛之间的大约1.2~1.5米宽的

---

* 本文作者原为中央财经大学研究生部主任。

羊肠小道，人称"胡志明"小道。

第三，研究生没有宿舍，只能暂时住在六号家属楼的一个房间内，等待以后改善居住环境。

第四，1986年上半年，第一届研究生该毕业了，怎样组织研究生答辩是当时面临的一个大难题，我不曾做过，没有经验。怎么办？我们派人去人民大学、财政部科研所、中国人民银行金融研究所，把他们的经验及有关表格借来，经过研究，形成我们自己的方案，共产生13种表格和一份答辩程序，用来指导我们自己的答辩全过程。

第五，答辩地点是一个重大难题。1986年的条件，不像现在的工作环境，有小会议室、中会议室、大会议室，冬有暖气，夏有空调，一切现代化办公条件齐全。27年前没有这样的条件，连一个能容纳20~30人的地点都找不出来。最后，第一届答辩我们选择在现在礼堂后面的化妆间举行，其条件可谓十分简陋。当时我们打扫场地的工作就花费了两天的时间，最后总算布置出一个小有模样的答辩场地。中财现任校长王广谦教授，是我校首届毕业生，他是最好的见证人。

第六，答辩圆满完成以后，我们还要把各位答辩委员一一送走。因为当时没有像样的小汽车，只有很旧的小汽车和吉普车，在送人的时候，我们还要赔个笑脸，对不起某某老师，我们条件有限，请您多多谅解。在上述十分困难的条件下，我们走过了十几年这样的路，我们做了十几年这样重复的工作，而且做得很好，圆满地完成工作任务，为中财研究生教育事业做出了自己应有的贡献。

回忆过去豪情满怀，展望未来前程似锦。回忆过去是为了总结经验，积累经验，使人们感到我们曾经付出过，就一定有收获，把美好的青春年华贡献给党的教育事业，就会实现我们的人生价值，这是值得的后来人应该吸取前人的经验，少走弯路、努力工作，珍惜当今的大好时光，全身心地投入到党的教育事业中去，为党和国家的教育事业贡献一生。

留学生教育往事

杨 博（整理）

遵照中共中央和周恩来总理的批示，1965年5月23日高等教育部副部长刘子载正式答复越南民主共和国政府，同意越南民主共和国政府提出的于当年8月间派2000名高中毕业生到中国学习的要求。越南派来的这批留学生来华后，先在9个城市23所高校学习一年汉语，然后分别入有关高等学校学习专业。

中央财政金融学院（以下简称中财院）极为重视对留学生的培养教育工作。1966年年初，中财院设立了越南留学生办公室。同年5月13日，学院给上级有关部门的一份报告说："今年下学期（指1966年上半年），我院接受越南留学生38名，还有3名研究生，按照国家有关外国留学生与教师比例的规定，35名留学生应该编制教职工28名；3名外国研究生应该编制教职工3名，合计应该增加教职工编制31名（31名教职工分配到不同的校内单位）。"为了便于对留学生进行管理，学院成立专门办公室，由院长直接领导，设主任1人，秘书2人。

1966年5月文化大革命就开始了，7月30日，学院还制定了《越南留学生外汇专业（1966~1970年）教学计划（征求意见稿）》。文件明确提出了培养目标，外汇专业的基本任务是培养社会主义国家银行外汇业务工作者，要求达到：通过对毛主席思想的活学活用，逐步树立无产阶级的世界观，时时、事事、处处突出政治，具有共产主义道德品质和无产阶级国际主义精神；能够领会毛泽东思想的政治经济学和社会主义国家银行国外业务的基本理论，掌握外汇业务知识和基本技能；能够阅读国家银行外汇业务方面一般英语书刊和往来英语函电及简单英语会话，草拟一般的英语业务往来函电。文件还对课程设置和工作实习作了规定：政治理论课程开设毛泽东著作、政治经济学，教学时数394课时，占总课时22.3%；文化基础课开设汉语、体育和英语，教学时数590课时，占总课时33.4%；专业课开设计算技术、对外贸易基础知识、国际结算、外汇会计、专业英语、国际金融、专题讲座，教学时数784课时，占总课时44.3%。

到了该年9月27日，中财院还为35名留学生建立了详细的情况登记表，每人一表，当时是内部资料，绝对保密，目的在于密切关注留学生的动向。该表分为基本情况、思想情况、健康情况三个主要部分。基本情况一栏中记录内容为：什么时候学的汉语，家庭成员，特别强调是越南北方人还是南方人，因为当时北越是越南共产党统治区，南越是美国支持的所谓"伪政权"统治区。档案显示：许多学生父辈为军人，多名学生父亲在抗法斗争中牺牲，有的学生本人就参加过抗法斗争。"思想情况"一栏记录内容极为详尽，这里仅举若干例，可概其详：

"平日，对政治不关心，很少读报和收听广播。"

"对人友好，不关心政治，爱面子，生活上好修饰；思想较好，经常背主席语录。"

"生活要求不够严格，好吃零食，伙食不太随心时，即到小卖部买着吃。"

"我对'文化大革命'关心，对革命师生的大字报，认为不可以理解，认为会伤了同志的团结。"

"政治态度明朗，反帝坚决，曾经说，不学主席语录，即不了解中国国情。"

"来我国后，患肺结核，经过治疗痊愈，非常感动地说'这是毛主席救了我，越南人民感谢毛主席'。"

"在政治上，很少发表意见，或避而不谈，有时说要有组织性，不能随便讲。"

据一些给这一批留学生上过课的老师回忆，他们学习很认真，与老师关系很融洽。

"文化大革命"进行到1966年9月的时候，高等教育部给各驻华使馆的《备忘录》中指出："从现在起，在华外国留学生（包括大学生、研究生、进修生）回国休学一年。回国的往返旅费由我国负担。这些留学生的返华学习的具体时间，届时将另行通知。"此后，中财院这批留学生就中断学习回国了。自这一年起，中国停止接收外国留学生达7年之久；而中财再接受外国留学生则已经是20世纪90年代的事了，中间隔断近30年。

校舍！校舍！

王瑞一（整理）

中央财政金融学院（以下简称中财院）是"文革"重灾区，1969年9月被停办撤销，到1978年3月才批准原地恢复，学校停办了9年，如从1966年6月"文革"中全校停课算起，到1978年10月复校开学，实际停办了12年多，由于房舍太少，困难太大，严重限制了专业的设置和招生的数量、质量、甚至还曾一度被迫停止招生。

1978年暑假，中财院参加了北京市的高校统一招生，由于当时学校没有学生宿舍，故只招了四年制的本科走读生128人（其中财政专业44人，编为财政78班；金融专业43人，编为金融78班；会计专业（内有银行会计专业化）41人，编为会计78班）。1979年1月18日中财院为北京市代培，又扩大招收四年制本科走读生55人（其中财政专业28人，编为财政782班：金融专业27人。编为金融782班）。扩大招生主要利用寒假进行重点地补第一学期的课。从第二学期起，才同先招的学生一起上课。故此，七八级走读生共有183人。1979年春，七八级走读生才有了宿舍，基本不走读了。最开始的时候学生们是坐马扎在木板房上课，后来学生才有了桌椅，直到1981年春，才从木板房搬到教学楼上课。虽然他们学习的物质条件和环境都十分艰苦，但师生的工作和学习的热情都很高。

1979年暑假，中财院在七省市招本科生200人（其中财政专业70人，编成财政79班：金融专业71人，编成金融79班；会计专业（内有银行会计专门化）59人，编成会计79班），七九级学生入学后，在木板房上课，1981年春，才搬到了教学楼上课。

1980年暑假，中财院在十个省市招本科生201人（其中财政专业40人，编成财政八零班；金融专业40人，编成金融八零班；会计专业（内有银行会计专门化）41人，编成会计八零班；基建财务信用专业40人，编成基建财务八零班；国际保险专业40人，编成国际保险八零班）。由于烟厂拖延退房，新生从9月延迟到11月20日才入学。入学后学生们在木板房上课。在木板房教室中，还实行过"二部制"上课；到1981年春，才从木板房搬到教学楼上课。并在大礼堂住宿过冬。一直到1981年2月底八零级学生才住上宿舍。

1981年招新生的宿舍问题没有得到解决，故此，被迫停止招生一年。

1982年7月78级178名（原有183名）学生毕业，这时才空出一些学生宿舍。1982年暑假中财院在11个省市招本科生200人（财政专业（内有财政专业的税收专门化）40人，基建财务信用专业40人、金融专业49人、国际保险专业40人、会计专业（内有银行会计专门化）40人）。后为北京市代培，又扩招本科生53人（财政27人、金融26人）。故此，两次共招82级学生253人。编为财政八二班67人、基建财务八二班40人、金融八二班66人、国际保险八二班40人、会计八二班40人。

当时中财院面临的最大困难是只局促于原院址的两隅。在十年"文革"浩劫中，中财院的校舍被北京卷烟厂侵占。中财院复校后，北京卷烟厂还迟迟不腾退，致使新生无法入学；在校师生由于校舍场地匮乏，难以开展正常的教学活动。这严重影响了中央财政金融学院的正常运行。

当时兼任中央财政干部学校副校长、中央财政金融学院教授、顾问的崔敬伯崔老先生，看到这种情况甚是忧心。于是在1982年9月6日写下了"呼吁烟厂退还校舍"的诗作：

寒流热浪屡相缠，老眼苍苍不忍看。

领导频申还校舍，新生仍叹入学难。

是谁作梗年年误？ 相对枯棋步步拦。

见义勇为当立断， 北京烟厂必须关。

崔敬伯老先生不顾年事已高，频频给当时的国家主席李先念（曾任财政部部长兼任中央财政金融学院院长）、中共北京市委、市人民政府以及北京日报等相关的部门写信。多方奔走呼吁，强烈要求北京卷烟厂尽快迁出。崔敬伯老先生为收回校舍付出了极大的精力，赢得了中财院广大师生的尊敬和爱戴。

1983年7月，七九级毕业学生有202名（原是200名），即财政专业71名、金融专业69名、会计专业31名、会计专业的银行会计专门化31名。其中有199名授予学士学位，1983年暑期招本科生240人（其中财政专业40人，编成财政八三班；基建财务信息专业40人，编成基建财务八三班；财政专业的税收专门化20人，编为税收八三班；金融专业38人、编为金融八三班；国际金融专业21人、编为国际金融八三班；国际保险专业41人、编为国际保险八三班；会计专业20人、编为会计八三班；会计专业的银行会计专门化20人、编为银行会计八三班）。此时，在学院的学生共有649人，与"文革"前，1966年在学院的本科学生1579人相比，差得太远。专业设置方面，除恢复了"文革"前的专业外，还新增了一个基建财务信用专业和一个税收专门化。1983年暑期，还第一次招财政学和货币银行学两个专业的三年制硕士研究生6名（国际分配任务招的5名、委托代培1名）。研究生入学后由系领导，并指定教授和副教授作导师。

　　由此可见，当时，中财院在教学上已结束了恢复阶段，并进入了新的发展阶段。烟厂的退房、退地、搬走是中财院恢复、发展，不可缺少的物质基础。因为校舍的问题，中财院几经波折，终于在全体师生的齐心努力下，该问题得以解决，为学校此后的发展奠定了坚实的基础。

菁菁校园——清河别恋

回忆清河

春　秋*

"一般意义的家是一种生活，深刻意义的家是一种思念。"

人总在一路走，一路望，如我，在这时依然回望着清河。偶然一个阳光灿烂的秋日，那些记忆像落叶一样飘到我面前，让我不知所措的直到午后慵懒的阳光爬进窗子。清河有条铁路临近分部校园，每当疾驰的火车驶过，尖利的笛声划破夜色渐浓的长空，打破周围的静谧，那颗躁动的心更加不安，没有人可以把这样的校园与十年寒窗、与那个颇可以炫耀的学校名字联系起来。一声笛响再次惊醒本已麻木的思想，心高气傲的已无可容忍两座楼之间那块可怜兮兮的水泥地。当外面的精彩一次次以这样的方式叩敲我的时候，飘忽着已不敢再正视曾几何时那个自傲的少年，只想落回山清水秀的江南水乡。那条铁路奠基了多少理想的碎片，多少沉重的乡愁，清河遗落了多少悲哀与无奈。

清河有条小街很窄，因为窄，所以拥挤，看不出多少诗意，可因为大家都很尊崇的一位师长的一句诗"我爱过的那个人站在街那头微笑"而声名鹊起，一夜成名。懵懂于人生、爱情的我们对着那位师长诗句渐渐成长的时候，也渐渐用另一双眼睛去看那条小街。小街的灯是幽暗昏黄的，一个细雨翻飞的春夜，路上已是处处积水，灯光照着影影绰绰，周围静得似乎人已脱离。带着残缺的心

---

* 作者为中文九九级校友。

灵，瞻仰一种完满的生命与自然融为一体的极乐，有了僻陋也有了静谧，除了上帝，世界上哪个不会没遗憾。我们追求完美却要立足于现实，除了形而上，除了感性的真实，毕竟还要理性的存在，因为人生的不完满我们才有所追求，清河留下多少思索。

清河分部发生过许多美丽的故事，有的已迷失在那个寒冷的冬季，有的却延续到现在。曾经的那许多都让我仍然感动，当迷离那沉重负担走入大学面对更多新的面孔，有些感情已在心中不可抑制的生根、发芽以致成长的很疯狂。只为一次碰面、一次回首而心跳。想他（她）却不敢说出来，只盼不经意遇上他（她）。终至有一天牵了他（她）的手，开始两个人的浪漫。其实也有很多感情是人格成长的需要，只是一种感情的依赖借用了爱情的名义，只是体味喜欢或者被喜欢的感觉，可是那玻璃的心那样纯洁、易碎。即使走过，当时的刻骨铭心变为云淡风轻，仍有至今不能遗忘的憾失，有时经常被熟悉的情绪刺痛，心里莫名的低落，只为回头路上不能更动的风景，情为之伤、心为之痛，淡雅的纤丽的感情如天上浮云一般，真实的虚幻不经意掠过去私事心底深处的一抹叹息，爱情是永远说不完的美丽。

想起清河，笔触似乎无可停留。清河很细碎，但清河的每段日子、每个地方都有故事，都有诗。不敢回清河，只是回头遥望走得还不算远的时候，就已生出颇多感慨。是啊，我们只走到大二，大一的积淀竟多得难以背负，只是那个晴朗、快乐而略带一丝酸涩如同一个春日早晨的大一，如此短暂而让人留恋。可是，是否我们就"春眠不觉晓"了，一阵惶惶。

回首清河，凝着思念。想念的感觉让它近在咫尺却如远在天涯，不敢去接近，不敢去触碰，只怕美丽如梦被不经意的破坏，碎得灰飞烟灭。让那厚实沉重的生命无可寄托。清河，大一；清河，回忆。

大一断想

潘静波*

　　大一的心情是失落的。或许还有失望——失望得近乎绝望，那是一种现在想起来还心有余悸的感觉。高考之前那种"舍我其谁"的霸气和勇气，在接到通知书的那一刻，被无情地击碎了。曾经确确实实就要实现的梦想，刹那间变得遥不可及。也许是对以后的生活想得太多，想得太好，以至于梦想破灭的那一刻，我再也不知道前方等待我的将是什么。一个人拖着沉重的行李，从南方一个边远的小县城来到陌生的大北京，最后走进了那个只有几幢盒子似的楼房的小学校。心情是压抑的、沉重的、麻木的。冥冥之中我似乎已经感到了生命的飘摇。大学就这样开始了。刚经历挫折的疲惫、无休止的抱怨、几近疯狂的学习，构成了大一的全部生活。一直都在体验这样那样大大小小的失败，曾经自信得几乎自负的心第一次弥漫了一层深深的自卑——我不害怕自卑，事实证明，那是最坚固的原动力。我刻苦地学习着，尽量不参加有可能占用学习时间的社会活动，尽量少地保持着与人的交往。我开始学会以一种无所谓的谦虚的表情去面对以前的那些对手或朋友（他们都已经进了最好的学校了），心里却在对自己说：不要放弃，你所有的努力，都是为了有一天能证明，你并不比他们逊色。

　　生活是单调的，也是充实的。要走的路是漫长而艰辛的，但

* 作者为财管九九级校友。

199

值得庆幸的是，虽然经历风雨，却至今都没有想过要放弃。一直都充实地生活着，当我每天晚上躺在床上，细细地回忆今天已做完的事，认真地计划明天要做的事时，我的心中都充满了一种平和的幸福和成就感，那些收获告诉我，所有的努力都不会白费的。寻梦的路很难很难，但毕竟有梦！

清河的岁月

娄俊永*

　　从车站到学校的车是经过清华和北大才来到清河分部的，分部在一个乡村里。在踏入校门的时候，我以为我是先要经过一个小学才能进入中央财经大学，因为我有点晕车，没注意校门上的名字。可是当我问了一个同学并看到一群学生排队时，我意识到了自己是在中央财经大学的校园里。我硬是愣了半天，突然想哭。尽管同学早就告诉我，不要把大学想得那么好，可是我在经过清华、北大时已经给中财打了一个折，怎么还是这个样子？看到那群愁眉苦脸的学生，是大学生吗？

　　妈妈好像了解我的心情，只说了句"咱们去报到吧"就再没说什么。妈妈是一位只字不识的农村妇女，她或许并不知道我那时近乎绝望的心情。我只有沉默，我不想让一路辛苦的妈妈陪我难过，可我实在装不出笑容来。我按部就班地办，其中有一项是填家庭情况，我看了一下，只有两个是农民家庭，其余全是干部！我突然有一种从未有过的感觉。在和妈妈闲聊时说了出来，只见妈妈脸一沉，什么也没说。我连忙改变了话题。至今我仍后悔我的失言，它对妈妈的打击绝不亚于以前任何一次顶嘴。

　　进了宿舍，妈妈帮我安排好行李，只随便吃了午餐，连学校都没逛，就搭上了回家的列车。在车站和妈妈挥手告别时，我流下了

* 作者为工商管理九九级校友。

眼泪。可怜的妈妈在黄土地上辛苦了一辈子，这次终于有机会送儿子来首都北京了，却连一天都没呆，连天安门甚至连立交桥都没见过就急匆匆地回家了。回家的时候只带了20块钱，正好是下火车到我家的路费。

从火车站出来我瞎逛着，不想回学校。

开学了，尽管同学们对学校有怨言，但还是陶醉于大学的新奇和兴奋之中。而我却用长久的沉默来与学校无言地对抗着。我对一切都不感兴趣，我的人缘很差。后来我无缘无故成了班委成员，这多少让我有点高兴，但相对于自己那种低落的心情而言，它根本起不到什么作用。我开始学会了逃课，并且一发不可收拾，整天睡到10点才起床，然后就是闲聊胡侃，看电视、无休止地看。一天天就这样过去了，我并不觉得这样"轻松的日子"有多么好，我常常陷入一种深深的内疚和无所事事的极端空虚中，我奋力挣扎，但我不知道自己到底想干什么、该干什么。

后来我终于找到了精神寄托，我找到了一份家教工作，因为我的钱已经花光了，我必须为了生存而努力。几经周折开始了我的家教工作。

第一份家教工作让我终生难忘。我教的那位学生家位于北京市南边，而我在北边，我必须从早上5：30起床，坐3小时的公交车才能到达。这个过程对于我有点近乎残酷，我不习惯早起，我还晕车，我在饥饿、困倦的情况下乘车，简直是一种噩梦。经常呕吐、虚脱、但仍旧精神饱满地上课。人生的第一笔工资是8小时的家教换来的150元。怀揣那神圣的150元，心情是无比的高兴和激动。可回到学校后却发现自己有些头晕，然后就是连续6天的高烧。接着就是循环的高烧、家教。

那些天的折磨让我尝到了离家的艰辛。躺在床上，我独自蒙头流泪。我经常想起整日忙碌的妈妈，想起在外受苦受累挣钱、连我的通知书都没见到的爸爸，想起因我而辍学的弟弟，再想想我现在整天虚度日子的行为，我总是深深地内疚和自责；我想到我拼命读书两次参加高考都被本科院校录取，而我只为了上一个好一点的重点大学又参加了第三次高考，结果却来到这个破烂学校时，我总是后悔不已；我很想念以前爱我疼我的老师和同学们，想起他们每一个关心的眼神和动作；我经常想起相恋了五年却在高考前分手的女友，而这一切都在离我远去。

日子在悄悄地走着。我把大量精力放在家教上，但当我发现家教的微薄收入不能维持自己的生活时，我只有向学校伸出了求助的双手。用深情和真诚写了近十页的特困申请书，然后就是忐忑不安的等待，最后当那位可敬可亲的班主任告诉我"你的申请被批下来了"时，我差点掉下眼泪。我真高兴！这是上大学以来第一次有人这么关心我。谢谢你们，我亲爱的中财！

之后我对学校的抵触情绪慢慢淡化了，毕竟习惯了这里的一草一木，尤其是当我知道我们的中财在全国都算很好的学校时，我更后悔当初的愚昧和无知。我逐渐把精力放在学习上来，我的心情渐渐从灰暗中走出来。

持续了一段时间，我发现自己的学习仍然跟不上，穿梭于家教和学校之间我也感到沉重和疲倦，同时，我还有着巨大而莫名的孤独感。我不怕累，但我怕孤独。从高中的活泼开朗、人缘和学习都很好的男生变成现在这样的寡言和孤僻的人，我深觉自卑，不能适应大学的学习和生活。但我仍没有放弃，只是，振作是一件很难的事。我盼望回家，只有回家才能改变我这种近乎崩溃的精神状态。

终于，我回家了。那兴奋绝不亚于报到时的感觉。欣喜、解脱、感动。那个寒假，我感到和亲人们在一起时的幸福与温暖。

二月初，回校，怀揣着爸爸借的几百块钱，我踏上了北上回校的列车。那一刻，真有悲壮的感觉！以后的路，不能再逃避、堕落，全部要靠自己了！

吸取第一学期的教训，我不再故意把自己封闭起来，有意识地调整自己的情绪。我开始参加一些协会，并认识了许多投契的朋友，我开始广泛阅读各种书籍，参加很多运动，我的生活圈子逐渐扩大，心情也慢慢恢复了平静。

由于自己的参与，我经历了很多，也想了很多，同时也收获了很多。这都是我从前从未有过的。一天一天的生活让我有了蜕变的感觉，我的充实感越来越强，也认识到了大学的多彩和大学生的活力，同时，我也体会到了自己作为一个中财学生的骄傲！我愈加后悔以前的我对学校的抵触。我从中学到了面对逆境时保持乐观和信心的方法，我学会了认真对待每一件哪怕很小的事情，并从中得到了许多成功和自信的感觉，这对我来说是很重要的。

或许，这就是中财在第一年在清河给我的考验吧！

生活就是这样充实而紧张地进行着，我的大学生活也真正开始了。每当夜幕降临时，四周的蛙声伴随着定点的列车鸣叫声让乡村的中财分部分外清净和温馨，望着外面那片绿油油的菜地，我又回到了家乡的那个田野里，那里有我童年的欢笑，有爸妈劳作的身影，有烈日下吸满汗水的黄土地，有憨厚亲切的小鱼。有时想，在北京这座嘈杂的城市里，有这所如此接近乡村的学习生活的地方，真是幸运！

告别了清河，这个曾给我孤独、迷茫、疲惫和泪水同时也给我坚强的清河，这个曾让我处于一片灰暗的世界里的清河分部，我会永远记住你的！！！

水至清则无鱼
——我们是被清河滋养的鱼
贺浩洪

清河校区，是中央财经大学一个不为人所熟悉的校区，但是确是最为活跃、最为纯真的校区。因为那里是大学新生的所在地，有的是大一新生的纯真与快乐，有的是大一新生或青涩或甜蜜的回忆。

但是，我们从清河校区里得到的不仅仅是这些……

古人云："书山有路勤为径，学海无涯苦作舟。"

现在的我们，很幸运，不再需要像古人一样凿壁借光，只是为体味圣贤之道。我们读书有了更高的追求、更高的目标。但我们与古人一样的是，我们学习过程的辛苦。我们同样需要一段很长的时间，甚至是终生的时间去刻苦学习，特别是自学。

而大学正是培养自学能力的最佳时间，清河校区为了更好地培养大一新生的自学能力，加强学校的学风建设，更是为我们的辛苦的学习生活增添一分亮色，开展了一系列有意思而又颇具意义的活动。其中最值得称道的应属"梦幻教室"和"绿色阅读"活动。

教室是一个学生每天必去的地方，它也是留下学生印记最多的地方之一。如果，每每看见教师总是写板书，日子久了，难免会"审美疲劳"。为了让我们在自习与上课的时候，能够更好地保持一份良好的心情，"梦幻教室"应运而生了。每个班分一个教室，全班一起布置我们的教室，布置成我们喜欢的样子，布置成我们自己的家。梦想有多大，教室就有多大，一起动手，一起DIY。

谁都有过想在夏日午后的蒙蒙细雨中，躲在宿舍的窗台旁，静静地读上一本像细雨般充满惆怅情调的爱情小说；谁都有想过在冬日煞红的夕阳之下，就着天边的那一抹晚霞，慢慢地回味"华山论剑"的英勇与豪迈。但是，在无限地纵情于这些休闲书之后，我们在获得片刻满足之后，可能失去了更多。为了避免同学花费过多的时间在阅读休闲书上，清河校区开展了"绿色阅读"活动。同学们以班会的形式，开展了广泛的交流，深入地讨论了如何阅读课外书籍可以做到学习与放松两不误。最后，大家开始了以清河校区为范围的换书活动，希望能够培养同学们健康阅读的好习惯。

俗语说："光说不练，假把式。"的确如此，只会纸上谈兵，到了战场上必然会输得一败涂地。我们学习也是如此，不能只限于理论上的学习，更需要时间，只有亲自做过，才能真正把握。

"创业先锋班"就是一个帮我们实现时间的一个很好的平台，为我们提供了一个证明自己的全新渠道去提高自己。

这是一个累积经验的过程，这是一个提高阅历的过程，同时也深刻地把 "务实"两个字印到了我们的脑海。剥去虚华的外衣，有些人可能什么都剩不下了，因而我们需要务实的态度。清河正是借助这次教育，为我们打造了务实的学校氛围。

人之所以为人，区别于动物，就是人具有思想，因而可见思想的重要性，更可见思想教育的重要性。

清河校区为了加强同学们的思想教育，开展了"团日活动"。由各个团支部自行采用适宜本支部的方法，加强对同学们的政治思想教育，从而树立良好校风。团日活动的开展，加强了同学们之间的沟通与交流，增进了理解尊重与信任，变得更加团结和谐。同时，它又有团课教育的性质，提高了同学们的思想素质和政治涵养，更好地完善自己。

一个小支部的团结，必然带来一个支部良好的风气，积少成多，每个班级都做到如此，我们的学校会更加优秀。

清河校区给我们很多一生享用不尽的宝藏，这里举出的不过是凤毛麟角罢了，但是我希望能够做到滴水映朝阳，可以看见阳光背后的七彩美丽。

落在清河的足迹

贺浩洪

清晨的操场、草坪、教室，到处都是朝气蓬勃的身影，耳中是朗朗的读书声；到了晚上，自习室虽不至于人满为患，但直到教学楼快关门时里面还是静悄悄的，聚精会神的环境影响和肃静的气氛足以让人怡然地学习一天。我深深地体会到，其中蕴含着我们年轻生命里流动着努力前进的激情。我们处在一个资讯发达、机遇众多、竞争残酷的大环境下，我们必须下定决心拼搏，在中财这个资源有限但却有无限价值的校园里用行动补齐自己"木桶"上最短的那一块。年轻的心喷发的激情会让我们锻炼自己，展示自己，提高自己。

父母说鸟儿的翅膀长硬了就该自己学着飞翔了，于是我们告别了温暖的巢穴来到了这个给我们未来的地方。朋友说，进了大学，每一个人都是全新的，要珍惜机会努力表现自己，于是我们积极参加活动，勤奋刻苦学习，把自己的汗水留在这片土地上。清河是我们梦开始的地方。这不是终点而是起点，摆正位置、确定目标、重新定位，定格一个真实而完美的起点。

在学校的引导下，我们携手青春，面向未来，前方会有忙碌，会有失败，会有伤心，会有孤单，但我们坚信会有喜悦，会有成功。当以后回首这段时光的时候，我们能够笑着说无悔！所以，爱清河，爱中财，爱她的作风，爱她的气质，爱她的一切！

清河轮回

贺浩洪

曾经在不知疲倦的深夜中备战高考，曾经紧张地在寂静的考场中迎接挑战，更多的是在家中手捧录取通知书不知欣赏了多少遍。只因为我向往大学，我真的渴望有一天可以漫步在菁菁校园成为一名大学生。当然我这个18岁以前的梦想在经历了黑色七月的洗礼之后终于实现了。

不久，新奇代替了喜悦。不可否认，任何梦想和现实之间都是有差距的。清河不是我梦想中的大学校园。但是显然对于大学生活的渴望还是大于她给我的失望。我同样的期盼着开始我的大学生活，各种新增的课程，名目繁多的社团，大大小小的讲座着实令我莫名的忙碌了一番。想来大多数人都和我有一样的体验吧，渐渐的新奇没有了，热情浇灭了。

一段时间后，茫然代替了新奇，我突然发现自己不知道该做些什么了。大学中过多的自由变成了一种散漫。我不能像自己想象中的那样刻苦学习。没有大环境给予的压力，没有限时需交的作业，没有家长老师的督促，我发现自己可以学进去的东西越来越少了。曾经我认为高中时代所学的数理化是为了应付高考的，于我的生活并没有太多的意义。但是我发现大学中的某些基础课程学起来比数理化更没有意义。单凭这一点，已经让我失去了学习的兴趣，没有了兴趣学习就难以有动力，没有动力学习就难以有自觉性。于是每天比学习更多的是抱怨。直到有一天突然像从梦中醒来，考试的日期如此的近了。

原来时间已经不由我茫然了。考试的前一周我都是泡在自习室的，所有的科目也早已分不清喜欢与不喜欢的界限了，一遍又一遍地翻阅着。与空虚的茫然相比我更喜欢紧张的忙碌。但这大一期末的忙碌给我留下的是什么呢？肯定没有真正要学的知识，至少我现在已想不起课本上的内容了。那有没有关于生活的启示呢？

生活上也茫然了。人们都说青年人是最具活力的最热情的人群，跟他们聚在一起生活也会变得绚丽。但现在我常常对周围的人包括自己感到失望，仿佛很难感到初、高中时大家聚在一起的亲密。也许每个人都像我一样，曾经以为是自己周围的环境变了、周围的人变了。那么每个人自己呢，是不是也在改变——变得陌生、变得难以接近。

转眼已经是大学的第二个学期了。新奇的感觉是早已退去，茫然也早已显得不合时宜了。

说积极一点是适应取代了茫然，说消极一点是茫然被麻木取代了。

不能说我喜欢现在的大学生活，但我的确在努力地习惯它、接受它。我也会自觉地看书、上课、去自习——每个人都是这样在寻找一种感觉，一种属于自己的生活方式——我也在摸索。

生活日趋平淡，常常会听别人口中抱怨生活郁闷。不知不觉中，这个词成为越来越多人的口头禅。我想，也许不是清河缺乏激情，而是我们没有学会如何创造激情；正如，并不是生活带给我的无奈，而是我并没有学会怎么生活。

清河是个很让人怀恋的地方，在那里，我们思考了很多，也让我们告别了少年，后半生从那里起步。告别清河，下一站。下一站，精彩！

清河，这里很平静，很淡然。"人生的意义是什么？"一个奇怪的问题悄悄涌上来还死缠着不肯走。我不去想，却躲不开，只好去构思它的答案。

在清河那个狭小的地方，时间过得格外的快，因为轮回在那里显得那么的简单。学期很快地过去，陌生的面孔已成熟悉的身影。

清河二三事

贺浩洪

撞上e时代

自从有了网络，欣赏各种电影大片，网购、流行资讯、BBS灌灌水，游戏拼杀激战。

初识电脑，茫然与欣喜。

曾几何时，上网成为一种高雅的时尚在各地流行起来。网民们沉浸在丰富多彩的网络世界里，如痴如醉，废寝忘食。对大学生来说，也带来了很多便利。虽然现在学生们人手一台笔记本司空见惯，但那时，的确资源有限。

那时候，常去上网的地方一定有很多人还记得，机房；那时候，很流行发e-mail；那时候，OICQ还没缩写成QQ，还是7、8位的短号，精神百倍地聊天，联系天南海北的朋友。

虚拟与现实，其实都很美好。

申奥成功　2008畅想

经历了一次申奥失败后，中国在这一年的成功让国人意气风发，人们听到此消息后涌入天安门广场庆祝，第二天从学生到各个阶层人士谈论的都是申奥成功的话题。"我们赢了"这四个大字，印在每个人的脑海里。萨马兰奇先生的一句"CHINA"，13亿中国人的热情化为了一片热情的海洋。

世界杯，你到底离中国有多远

2001年10月7日晚，中国足球结束44年的等待，历史上第一次杀进世界杯。这一年，每一个中国球迷都是快乐的人，每个人心里也都藏着一份快乐的记忆。

社团风采

社团从来都是一个学校的窗口，是校园生活一道亮丽的风景线，它蕴含的从某种意义上来说是一所学校文化和风格的缩影，在中财它尤为突出地显示了这种风格，我们的社团文化活动，无一例外地展现出与我们的专业紧密联系，在用一种不同于课堂的方式，将我们所学的知识运用于活动中，真正成为我们学以致用的一个明证，每一次的活动都是精心准备的，我们的社团也在一步步走向成熟。从无到有、从少到多，从不完善到逐步完善，从第一个社团建立的那天起，中财的社团就已经从一个精神层面上成了中财人的精神家园。给了我们另一片发展自己的家园，在我们寂寞、迷茫、无助的时候给了我们希望和方向。

心不再寂寞，因为有了你；梦不再偏远，因为有了你；青春不再暗淡，因为有了你，你让我们在瑰丽的大学生活中恣意这激情，挥洒着青春，放飞着心情，你让我们变得浪漫和多情；你，我们的社团，我们的家。

昨天，年轻——今天，成长——明天，蓬勃。

在这个属于我们的舞台上，为一个个动人的故事挥洒我们的青春！

忆清河

贺浩洪

七年弹指一挥间，灰飞烟未灭。

离开清河分部七年多了，上地，清河路过了多少次，但是一直没有真正地回去看看战斗过的地方。这次再去清河，不能再只是路过了。

七年前的活动范围，西起上地南口，穿越上地城铁，穿越清河毛纺厂，东至清河桥。其实那个时候，初来乍到，这条线就成了我们生活的主线，出租车司机不知道朱房路，只有说上地南口，从机场打车，花了整整100元，第一次感受到了大城市的概念。

初冬的早晨，我们曾经购物的大本营，清河的金五星已经开始了一天的忙碌。沿着清河中街向西，街道，大树，邮局，七年的岁月并没有带来多大的改变。

但是这仅仅是万绿丛中一点红。商业区的西边，还是那样的破旧，断瓦残垣，狭窄的道路，让我还能找到过去的记忆。这条路上的一些小店，是我们经常聚餐的地方，在某个重庆人开的小店，我和小郭同学比着吃野山椒，我们吃着水煮肉、毛血旺，我们把朱磊同学这个上海人也拉进了吃辣的行列。

三蹦子，是这里生活必不可少的交通工具。过去是，现在是，将来会怎么样？

市场还在，这里曾经给我们供应着游戏卡。现在这些游戏基本

清河校区校门

已经被移植到了电脑上了，再也找不回拿着手柄，插着卡带，宿舍几个人轮流挑战的乐趣了。

这个餐厅曾经叫做海阔餐厅，大家都还记得吧？餐厅边上还有一个商店，现在，也成了回忆。只是旁边的幼儿园，貌似和我们的过去没有多大的关系。

大门还真的没啥变化，我还能找到回家的路。

两栋宿舍楼+教室，我们起居学习的场所，如今已经变成了青年教师的公寓，里面也经过了很大的改变，单人间，双人间，有些教室甚至被改成了套间。经过装修后的环境也大为改观了，还给配上了厨房，活动室。

学一506。我们的老窝。我，蒋大爷，朱，小姚，大杜，郭子。充满欢乐，闹腾，折腾，我们比较遗憾的是没有门禁卡，没法再到506看看。

住在5层，学在3层，这也算中财的一种独特体验。大家一起

清河校区风景

"翘课"的日子，几个男生宿舍派出几个代表去上课，大家能在2分钟之内从床上到座位上，然后下课间隙的时候回去洗漱。

后面的这个大教室，我忘了叫什么名字了，依然还在，只是好像改了用途了。以前在这里上政治经济学的课，还依稀记得老师叫李淑湘。这个大教室每个周五还放电影呢，票价3元，现在真后悔，怎么没有去看过呢。

上面这个空地，以前画为了一个羽毛球场，室外的，不过已经很知足了。在这里第一次很严重的崴脚，在医务室进行了检查，然后拿着单子去北医三院拍片。

清河校区丰富多彩的校园生活

　　左右两边的食堂，现在基本上已经废弃了吧。左边是清真，当时印象最深刻的是清真的醋熘白菜，貌似一个冬天，每天都有这个菜。

　　二层是以前的图书馆，严格来说应该叫图书室，哈哈，每周由学习委员去帮同学们借书，看看有没有自己喜欢的书。只不过看样子多年不用了，楼下竟然都改成了京包高速的指挥部了。

　　澡堂就在开水房的旁边，一三五女生洗澡，二四六男生洗澡，让我现在对这种生活习惯也很适应。澡堂没啥变的，只是据说把开门的朝向变了，难道是风水的原因？

小卖部一点都没变，我觉得连窗户、字都是多年前的模样。我们习惯把水壶扔在小卖部门口，在小卖部门口的小桌子上坐着聊天，这里是我们生活中最重要最方便的补给站。

这个小的篮球场，外加里面的排球场，就是我们以前活动的地方，当然这个小树林边，我们也上体育课。由于场地限制，我们的体育课还学习太极拳。

校车，也已经不是以前的老旧的丹东黄海了。

真的是巧合，竟然在楼下碰见了当初一个学院，优干保研留校的刘伟哲同学，然后钟俊杰同学竟然也在楼上发现了我，太巧了，能碰着的熟人，大周末的，竟然都给赶上了。彼此的惊讶之后，是一通狂侃。

每天左手拿饭盆，右手拎壶，日复一日重复着。

在窗口趴着看球赛，打望美女，看着几百人在这小地方穿梭，也不失为一件很惬意的事情。

那个时候，一个愣头青，我还是很爱学习的，每天晚上还到4层的通宵教室学习去，教室的电源都被很多同学利用来煮方便面，大晚上的，在方便面的香味中学习，必须要能忍住。正是因为在那么偏远的地方，让我能静下心来好好学习。在通宵教室结识了段鹏，这也是这个圈子我第一个认识的人；大一的时候加入了礼仪社，在那里认识了这群兄弟中的程超，不过那个时候因为干活的冲突对他的印象貌似不太好。

那个时候，周末还去做家教，家教的地点有一个在甜水园，有一个在丰台岔路口，当时其实并没有觉得有多远，周末坐着302路车，绕着三环，横穿北京城去做家教，但是现在想起来，从上地到甜水园、丰台岔路口，距离真是产生美啊。用做家教挣的钱，买了羽毛球拍，第一个牌子是"泰迪"吧，当时那个兴奋劲，就算现在买尤尼克斯的牌子也找不回当年的那个感觉了。

那个时候，上网还是需要去机房的，拿着上网卡，刚开始接触网络，大家都比较亢奋，在破电脑前面，大家依然玩得不亦乐乎。

清河的岁月，还有很多事。

军训归来，在上地南口的小肥羊，宿舍的六个人来了好几斤羊肉大快朵颐；某天蒋大爷喝多了，在新疆餐馆里面发压岁钱，被架回来了还在窗户呼喊某人的名字；曾经操场上燃放着火焰来表达爱意，引起我们在楼上敲饭盆起哄；隔壁宿舍的某人喝多了，是拆了一块水房的门，然后给抬回来的；篮球场上的比赛（应该是和金融学院打比赛吧），蒋大爷从家里带来了大喇叭，放在窗口加油，一帮金融的女同学上来抢喇叭，然后我们拒绝开门；球赛最后成了两个学院的战争，从此结下了梁子，自此4年；班上有人出了车祸，大家忙前忙后，刚来北京就见识了999急救中心；告别清河的时候，我们班是最后一个节目，在大风中演唱着《相亲相爱的一家》。

京包高速从分部边上经过，去地铁站的路也比以前好走多了，路一直都在。

梦回清河，岁月静好，时光安然。

谨以这些文字和图片，献给曾经在清河朱房路29号战斗过的所有朋友们。

写给在清河的2005

佚　名

清河校区门口

　　车子拐过轻轨桥洞，停在挂着"欢迎新生入学"的横幅的大门口。我紧盯着门口那块写着"中央财经大学分部"的牌子，确认一下我没有走错。

　　门修得不够气派。我在心里暗想。

　　进门后我才明白，对于我们的校园，门已经够大了。

　　不过还好，听清华的同学说，从进校门到报到，到找到宿舍楼，然后再次找到校门，花了一整天，还不包括到食堂熟悉一下饭卡的具体使用方法。而我这边，在一个大的平房教室（就是十教）

清河校区宿舍楼

完成了所有的步骤，两小时搞定。

然后将所有的东西倒腾到了学二楼三层某室——我的大学一年级将蜗居在此。

我与Milk、小聪、大姐、大蚊、小雯共享一室。中国人不比洋人，开口必谈天气，所以学校的面积问题很快成为我们的共同话题，顺带运用比较法把各位高中、初中甚而小学的硬件条件也了解了一下。我们讨论得乐此不疲，甚至忽略了这本来是一件很无奈的事。

小雯同学在开学后很长一段时间内很失落。我们慢慢了解到，她是以相当高的成绩进入我们学校的，然而我们并不宽敞的宿舍和更不宽敞的校园很明显让她感到了失望（其实失望的又何止她一个）。我们沉默了好一会儿，不知道再说什么。

班上有个神秘人，从开学一直未曾谋面，但是我班名单上有他的名字。思修老师说，这种情况并不奇怪，是有人一进入清河就死心塌地地再进入补习班。

那么，祝他好运。

不过很快我就发现其实幸福就在身边。

想到北大的一个同学抱怨，说开学一个月穿破四双袜子——拜他们辽阔的校园所赐。对比一下我可以在7点50起床去赶早上8点的课，而且不至于蓬头垢面——有什么能比教室就在宿舍楼里更加人性化呢？后来北大的同学袜子倒是不破了，可惜连丢两辆单车——包括一把超级无敌坚强的锁。于是我很得意地对他说，在我们清河，雨伞也是奢侈品，你足可以在大雨打湿衣服之前从校园任何一个角落狂奔至寝室。

这是我第一次在北大数学系高才生面前有优越感。

其实只要拥有发现美的眼睛，在我们的校园里，不难看到有靓丽或奇异的风景出现。

譬如，有一次我跟大蚊同学从学一楼出来，惊讶地看到篮球场上出现别的学校千年不遇的壮观景象——两个篮球筐下各围着十来号人，多个篮球冲着仅有的一个篮筐跑去——让人更为惊讶的还在后面，两个篮球筐之间的那方空地上，有两队人马悲情地踢足球，壮观。

对于我这种体育细胞比较匮乏的人来说，没有操场无疑是一件不错的事。

学校从具体校情出发，给我们大一的体育课安排了

生龙活虎的篮球赛

太极拳。比起需要四处跑动的田径项目来说，太极拳无疑是更为经济的占地方式。

据说这一不得已而为之的体改措施深得北京市教委的认可，学校因为这一别具特色的体育教学内容还受到表扬，太极拳作为一项教学内容在北京市高校推广。

于是大一上学期，悠扬的太极拳背景音乐就飘扬在清河分部的上空。

家属区的小柳树也好像随音乐扭起来，树叶慢慢、慢慢地落下来，落在去往澡堂的路上；我提着澡筐踩在上面，很有感觉。不过洗澡时人山人海，很没感觉。

为了提高我们寝室的综合素质，我们决定学习打双升。隔壁宿舍全民皆兵，个个都是双升高手。我们借来两副牌，开打。当然不能白输。第一局下来，我和小葱拿起了话筒，拨通学一楼5层某室的号码。

"你好，请找你室阿宝同学。"我听到那边好像是我班阿宝。

"我就是，请问你是——？"果然是阿宝，Bingo！

"我是你的同学，你可能知道我，也可能不知道我。我打电话给你，是想对你说一句很重要的话——"我尽量冷静地说，另外五人强捂着嘴笑。

"你是谁啊？"那边阿宝一头雾水。

"我早就想对你说这句话了，嗯，我，嗯——我想对你说……"我继续。

"……"阿宝相当无语（可能也相当期待）。

"那个，我想跟你说——我是猪。"终于说完，我长出一口气。

然后，小葱抢过电话，激昂地纠正："不是，不是，她说错了，我才是猪。"

任务完成，继续开战。

北京的冬天冷且长，我们缩在寝室打双升，乐此不疲。

转眼半学期已过，寒假过后，我拖着行李箱抵达寝室，六人再次相聚清河。

其实这是一件很令人称奇的事情，六个人，分属祖国辽阔疆域上的不同角落，一天之内聚到不足20平方米的空间内。

然后对各自带来的特产实行共产主义。

广东的老婆饼，山西的太谷饼，宁夏的牛肉，东北的酱菜，山东的扒鸡，还有福建的橄榄和芒果干。

后来共产的范围扩大，蔓延到隔壁，进而隔壁的隔壁。

寒假过了，五一还会远吗？

在大风的日子里，我对袖珍的校园再次心怀感激。口罩、纱巾，甚至面巾纸都不是必需品，承前所说，你足可以在风把沙子吹到眼睛里之前从学校的任何一个角落奔回宿舍。

春天到了，我们的日子好像也多姿多彩了。日子在十佳歌手大赛、主持人大赛和大大小小的春游中过得飞快。

夏天如期而至。我离开了清河，拖着大包小包，来到了皂君庙。

想起刚开学，分部篮球场上的迎新晚会，漂亮的主持人学姐说，清河是一个让你第一眼和最后一眼都想流泪的地方。

此为正解。

清河，我想对你说

佚 名

　　清河，一年的光阴就这样无声无息地流走了，我与你也走到了告别的岔路口，分道扬镳了。在分别的日子里，我要向你表白我对你的爱恋。等到我们有机会重逢的那一天，再回首，至少我们曾经拥有过。

　　曾记得否，清河？当一个刚刚走过独木桥的懵懂女孩千里迢迢，风尘仆仆地来见你的时候，她是多么地充满了期待，充满了欣喜，充满了紧张，就像是面对自己的情人一般。可是当她见到你的那一瞬间，她的眼里充满了失望。你是那么的朴素，那么的瘦小，与你的同伴们相比，你似乎营养不良。这是我眼中的大学吗？这是我即将度过一年光阴的地方吗？我很疑惑，我很郁闷。可是清河，你无言，你知道我不信任的目光，但你没有在乎，憨厚地接待了我。

　　还记得否，清河？在很久的日子里，我都默默地独自沉思，暗自地懊恼，试图想比较出你与其他伙伴的差距。可是你就是你，没有人可以代替。你也很着急，但你知道这得靠我自己来克服。我不断地调整我的心态、我的眼光来适应你。你用默默的眼光注视着我的成长。直到那场初冬的第一场雪下的时候，我才恋上了你。大雪给你披上了银白的大衣，显得你是那么的单纯，又是那么的冰晶动人。我是第一次看见大雪，心里充满了激动。我在雪地里跳呀蹦呀，大声地叫喊，恨不得全世界都知道我看见了雪，看见了鹅毛般的大雪。透过纷纷扬扬的大雪，透过迷迷蒙蒙的灯光，我看见了你的微笑。在这一个沸腾的雪夜里，你跟我们一起欢呼，一起雀跃，从来就没有这么纵情过。

清河校区雪景

"腹有诗书气自华"，这句话很适合你。与你相处的日子久了，我渐渐品出你的韵味，你的醇厚。是的，你没有英俊的外表，但你有宽广的心灵。我们这群初生牛犊们开始围着你转，开始展现我们的才华，开始打拼我们的梦想。在篮球场上，你与我们一起为队友们呐喊助威，赢了一起笑，输了不流泪。在课堂上，你默默地微笑着看着我们求知的眼睛，伴随着老师们循循善诱的话语，跟我们一起畅游知识的海洋。我们的喧闹，我们的任性，我们的张扬，你都一一包容。

清河，我们伴着春的和风，夏的骄阳，秋的金叶，冬的白雪，共舞了一年。在这一年里，你教会了我很多东西。在你身上，我学会了沉思，学会了内敛，学会了张扬，学会了展现，更重要的是我学会了你那宽于待人，严谨治学的精神。没有你的伴随，我不会成长得那么快。可是清河我们已经分离了，我是多么地想念你。千言万语都道不尽我对你的感情，也许它们都凝结到了五个字："清河，我爱你！"

清河别恋

凡红婷（摘录）

清河十一载，今宵话离别。在2006年6月21日晚，2006级本科生告别清河大型文艺晚会"清河别恋"在分部正式拉开帷幕。本次晚会由分部团委、学生会主办。校长王广谦、党委副书记倪海东、党委副书记兼副校长侯慧君、副校长李俊生，组织部、学生工作部、团委及部分学院领导莅临晚会现场，与同学们共赏这场视听盛宴。

晚会以舞蹈《阿里郎》开场，分部艺术团的同学用娴熟的舞姿、激荡的热情充分展示了大学生的青春炫动，博得全场喝彩，一开始便为晚会营造了热烈的气氛。随后，青协会员以奥运为主题，为大家展示了一系列礼仪常识，节目富有特色，使人耳目一新。分部器乐团成员用小提琴、电子琴、单簧管等乐器演绎了《卡农》等经典乐曲，展示了良好的器乐演奏技术；十佳歌手詹媛同学带来一曲《长大后，我就成了你》，而另两位十佳歌手称号获得者徐晶静、薛白同学则合唱一曲《欧若拉》，展现了一流唱功。法学院、房产班、新闻班也各自呈现了自己富有学院班级特点的节目，其中，新闻班全体同学演出的舞蹈《千手观音》再现了这支经典舞蹈的精彩之处，流光溢彩的场面令台下同学叹为观止。街舞社的舞蹈则用动感、活力征服了场下观众。随着晚会进行，现场出现一个个小高潮，欢呼声把分部变成了欢乐的海洋。

在众多精彩节目中，由分部全体老师带来的朗诵《清河的紫玉

精彩纷呈的演出

兰》，充分展现了为人之师的辛勤、平凡和伟大，感人至深。通过这一节目，老师和同学们的感情得到了进一步升华。

本次晚会的一个特色在于现场通过大屏幕分别播放了三段视频短片，以回忆、感动、展望为主题，再现了零六级同学在清河分部的生活。随着最后一段视频《夏至又至》结束，大家为之深深感动，很多同学不禁潸然泪下。他们表示，自己将永远铭记在清河分部的日子。

最后，金融学院的合唱节目《回首　告别》将现场气氛推向最高潮。在《祝福》的歌声中，现场弥漫着温馨的气氛，历时约两个小时的精彩晚会随之圆满落幕。校领导对这场晚会给予了很高的评价，并在晚会结束后与演员代表合影留念。

清河别恋，炫彩青春。在本次文艺晚会上，零六级同学以饱满的青春激情为自己在清河分部一年的生活画上了一个完美的句点。今晚的盛况和在清河分部的美好回忆，必将激励各位同学继续保持积极向上的精神面貌，续写更加灿烂的未来。

"中文"的那些"陌上花"

董顺珍

蓦然回首，我们失却的只是我们的青春，也许还有我们的伙伴，毕竟只是我们的曾经拥有。而我们捡拾的也许只有他们的背影，只有时间的嘲蔑。

可是我们仍是一个个喜欢怀旧的孩子，怀念中梳理着过往，梳理着我们曾经的梦，梳理着我们的曾经的曾经。

当我们回首看看我们的学校，在风风雨雨中走了那么长的路，成长了那么久，邂逅了那么多的人与物事，但是那已经是过往。其间的人，彼时的物，须臾的景，我们又该怀着怎么样的心情去揭开校园的历史？崇敬，抑或是遗憾，抑或憧憬？遗憾着自己为什么不是在中财的发展路上搭把手的一员，但憧憬的也许只能是中财的未来吧！我们的梦，总归是没有尽头，我们的校园也是在他们——一代代的良师与先辈们的带领下，顺延着我们共同的梦，一步步前行。

当我看完九六级文秘班的学长学姐们的《毕业十年》时，我唯一能感慨的只能是世事沧桑，万物轮回，物是人非倒是谈不上，毕竟中财的大环境也有了那么大的变化，究其所有，应该是物变人也变吧！各个人的人生轨迹是那么的相似，却又是那么的迥异。我自己都不知道是怀着一种什么样的心情读完的。因为我们永远无法预测未来，而对未来的憧憬遐想是人类永不变的情愫，也许冥冥之中不知哪位学姐学长的人生轨迹，便是我们未来的蓝图。

中财的历史虽说不是久远，可是毕竟是风风雨雨中，从1949年走到了现在，有多少人曾在中财史上留下过足迹，抑或曾经流连过？又是谁，邂逅了那些陌上花？

物事，人事，又有何纠纷？只不过是我们不愿忘怀，仅此而已。我们的怀旧，有时候也是很要紧的，正是因为它，我们才一遍遍地重温历史，缅怀过去，品味其间的酸与甜、苦与辣。

如此，便陷入了回忆中，陷入了寻找历史中。

还是想说一点文传，因为毕竟是中文的人嘛！

当年的第一届中文系的学长学姐们——文传学院第一届本科生九六级财经文秘班，他们提到的最多还是王强、刘树勇、莫林虎、李志军等老师，我现在还只是听过王强、莫林虎老师的课，每次总是会遐想学姐学长们当年听课的情状，激动之情溢于言表，因为你总归是不知道自己毕业10年之后会在哪，会是什么样。记得王强老师还特地为我们请来了高龄的杨敏如先生，那个时候我还没有领悟到学识的重要性，所以当时只是听了个热闹，如果搁在现在，我定会认真做笔记，睹其风采，重沐其学识之甘霖。

我们学校的中文系始创于1995年5月，在财经类院校办中文系是中财的创举。1996年年初，学校清河分部建成，于是9月初，1300多名学生入住这里，其中便有九六级文秘班的学长学姐们。2000年，也是九六级学长学姐毕业的那年，经过系领导去教育部高教司进行切实有效的申办专业的公关活动，2月25日批准了中财举办"汉语言文学专业"和"新闻学专业"的资格。财经文秘和财经新闻终于从财政学专业分别归到了汉语言文学专业和新闻学专业之下，中文系从此开始了独立自主的办专业的历程。

关珠老师在其《九六中文班同学毕业十周年之际与同学们的笔谈》中提到"闭目细想，九六中文班同学入学及毕业时的情境好像就在眼前，同学们当时渴望知识的眼神，对文秘专业成长发展的种种困惑，为办好中文系积极献言献策的种种情景，让我至今难忘，在中财大设立文秘专业，开设文学课程，进而申请下文学专业办学资格，这是许多教师的办学理想。九六中文班承载了我们这一办学理想，也承载了由于种种主观原因所造成的办学缺憾。"读完之后，我想每个中财人，每个文传人，每个中文系的学生都会不由自主地陷入其中，那时候是怎样的一幅图景？我想，他们应该是拥在一处，集思广益，各抒己见，师生团结一致，共为文秘专业的发展而献计献策吧。学生老师之间，不仅仅是师生了，更多的是朋友，更多的是相互帮助鼓励支持，共同为这中财中文系的发展而奋斗着。

陈峰学长（九六级文秘班）在《我的心曾乘着风》中写道："1997年下半年，大二时我们由清河分部搬回学院路39号，大学对我的启蒙是从这时候开始的，启蒙是从王强老师、刘树勇老师的课堂开始的……后来王老师想搞几个兴趣小组，想引导大家的兴趣，能在某一方面积累更丰富的知识。我和禹强都参加了宋词兴趣小组。王老师放弃了自己的休息时间，每周拿出一个晚上开始给我们讲宋词……再后来，王老师决定在全校范围内开设公共选修课，就让我们成立一个广告小组，负责推广这个课。于是，刘树勇老师就成了广告小组的指导老师。"读完，立即在眼前展现一个画面——学生们孜孜不倦，老师们诲人不倦，他们相得益彰，自得其乐，徜徉在无限的乐趣之中。那里没有利益之争，没有尔虞我诈，没有矫揉造作，有的只是师生情，有的只是对于知识的渴求，对老师们的尊敬，与老师们的友谊。这是校园之外无法找寻的。

点滴铸就大爱

任芳宇

1996年清河分部成立，中文系由此诞生，时至今日，已经历了十多个春秋。前辈们铸就了辉煌的故事，英才们在熏陶中准备扬帆起航。成就与感动在中文系学子中薪火相传，学长学姐们用吞吐大荒的魄力教会了我们成长，读着他们的故事，我们明白了有一种成长叫做爱。

淡不了的校园情

清河初见

清河校区位于朱房村，有位从农村来中财读书的学长曾说，来到中财，不过是从一个农村来到另外一个农村罢了。我想当时一定得到了很多同学的赞同，清河校区的教学楼都是一间间很简陋的平房，一个食堂、两栋宿舍楼和两栋教学楼，其中宿舍楼是男女混住，黄沙水泥一堆堆的遍布各地，学校前门种的是白菜，地里浇灌着大粪，大粪的味道轻而易举地飘散在清河分部的周围，学校里没有大操场，没有树也没有草坪，简而言之，刚建成的清河校区的特点就是小、偏僻和简易。

清河建设

清河的建设就像现在我们的沙河校区一样，慢慢地改变，逐渐

233

地蜕变，新的校门和新的建筑，教室里安装电脑，行政楼后盖起了学生活动中心，菜地改成了松林，粪池被填平，土路变成了宽阔平坦的柏油路，道路的畅通预示着中财学子能踏平不平之路，做人上之人。每一个瞬间都为了学生们露出笑脸，每一点改变都包含着学长学姐们的心血。学校的硬件设施要靠学校的投入，而其他的就由清河的学生们自主完成了，他们栽种花草，利用简陋的篮球场开展篮球比赛，利用较小的操场开展各种活动。通过一届又一届学生的努力，建立了较完善的学生会体系、校园社团的形成和校园文化的发展，等等，他们在此期间付出很多，抱着对校园未来发展的期待，用他们的爱谱写校园最美的乐章。

离开清河

离开了清河，中财人的身份深深烙印在学子的心里。对学校的关心并没有因此减少，相反，他们用更多的方式表达着对中财的惦念和期待，基金会的成立，为学校的建设投入资金，除此之外，只要学校有需要，他们就回到学校帮忙，还有开设辅导班、和学弟学妹们分享他们的经验和教训、开展专业知识的讲座，等等，还有的留在学校任职，将自己的一切都奉献给母校，这些都怀抱着对中财的期待，期待中财的未来越来越好，期待学弟学妹们的前途更加光明，他们带着一颗心来，却不带走一棵草，他们乐于奉献才华，勇于担起乾坤。

分不开的师生情

校内情谊

看到杨禹强老师（九六级中文系学生，现在中财任职）写当时听王强老师、关珠老师、刘树勇老师、莫林虎老师等讲课的过程，每次都会深陷其中，那时的老师和同学就像是朋友，经常一起出游谈天、老师有时还给同学们下厨做饭、为同学们过生日、老师上课的时候同学还曾感动地流泪，还有老师对他们说"人要有一己之人格尊严，不能当任人宰割的羔羊"，敢于说出这句话的老师并不多，可以看出老师和同学们的关系已经亲如一家了，家人才会对自己的子女说出这样的话啊，师生情谊已成朋友情谊和家人情谊，多么难得！

校外情谊

毕业后大家都天各一方，但只要老师走到有学生的地方，一定会有学生尽地主之谊，无论多忙有多重要的事，老师总是摆在第一位的，而学生进京的第一件事也是去看望自己的老师，让我最印象深刻的是王强老师生病的那一次，老师怕同学担心，不想将消息告诉学生，而学生心里则牵挂着老师，大家从四方赶来，伏在老师的床头，而老师在同学们走后失声痛哭，这是一种多么深刻而又真挚的师生情啊，这还只是师生情吗?这样的情谊虽不能说惊天地泣鬼神，但是平凡中见伟大，患难中见真情，是多么的难得啊。

散不了的同学情

混住情缘

男女混住虽说有很多的不方便，但是也有很多的乐趣，当时流行宿舍之间进行联谊，大家在那时结成了深厚的友谊，还有男生和女生之间的串门，分享食物交换礼品，在寝室谈天说地。那时的男生和女生的友谊是多么的纯粹，多么的令人羡慕。

生日庆祝

在大学过的每一次生日总是让人难以忘记，过生日是最能加深同学情谊的时候，大家一起为寿星策划生日，一起去庆祝，一起欢乐，平时没什么接触的同学彼此更加熟悉，有些小摩擦的同学也可以趁此机会化解，所以生日会是大家都开心的，会让大家更加团结。

外出旅游

这也是一种集体的活动，也是一种团结同学更加了解彼此的方式，一起爬长城、一起游天津、一起观升旗、一起去安徽凤阳、一起社会实践，等等，太多的一起，太多的故事，太多的欢乐铭记在我们心中。

毕业聚会

在大学的时候，大家都有很多的机会外出聚一聚，但是毕业后每一次都显得那样的珍贵，若在同一座城市也是很难有机会聚在一起的，更何况不在一起的时候，所以每年的同学聚会是很难得的，大家围在一起述说着各自的生活和工作，聊着以前大学的故事，那种情感不像是同学之间，而像是家人聚在一起谈天说地，也只有和同学们在一起，大家才那么的畅所欲言，意犹未尽。

结束语

太多太多的故事，太多太多的情谊，大学的生活是人生中最重要的阶段，这里承载了太多太多美好而纯粹的事情，就像有人说的"一日为师，终身为师；四年同窗，一生情谊"，校园情、师生情、同学情，这就是我们生命中追寻的爱，点滴情谊铸成的大爱。

中财侧记——史料辑轶

中财侧记

董顺珍

校名的曲折由来

中财名的由来可谓是"千回百转"。但据资料显示，晋冀鲁豫边区建业会计学校——华北财经学院，是我们学校的源头。

1943年，晋冀鲁豫边区建业会计学校建立，当时的校长是王风来。由于是在抗日战争期间，校址不断地变动。1948年5月搬到石家庄，改名华北建业会计学校，由财政、银行两家分管。12月改名为华北财经学院，开始隶属于边区工商管理局，之后又隶属于边区财政区。当时的领导人是戎子和，当时担任边区政府副主席，分管财经工作。

1949年7月的时候，学校很多人员都到了人事部、财政部、人民银行、财委等部门工作。之后的这些部门成立了干部学校，部分原来的干部教员又到了干校工作，逐步形成了华北税务学校、财政学院、银行干校等。

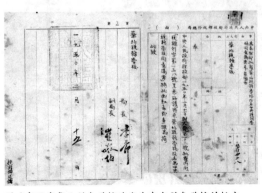

财政部同意华北税务学校改名为中央税务学校的批文

新中国成立之前中央就决定办一所税务学校，因为解放战争时期，我们的财政经济比较困难，主要靠税收，为了培养税收干部，1949年建立了华北税务学校。但是它并未挂牌子并未招生。新中国成立之后，就有了我们中央政府，成立了财政部和税务总局，也就改名为中央税务学校。

中财的第一课

中财的第一课可谓意义深远，奠定了中财的传统，奠定了中财的培养特色。

1949年11月6日成立华北税务学校之后，用了两周的时间，做了紧张的准备和招生工作，18日的时候，第一批新生就入校了，这是我们的学姐学长。

在12月15日的时候，他们正式开学，在开学典礼上，首任校长作了激情洋溢的演讲，号召同学们团结一致，喜欢学习。他还解释

1950年中央税务学校第一期税政三班全体同学毕业合影

了校训"忠诚朴实、廉洁勤能"八个字的含义：第一忠诚，对人们事业无限忠诚，对革命一条心；第二朴实，是革命的优良传统，必须发扬；第三廉洁，税收是与各个阶层相接触的，而且与钱联系，很容易犯错误，必须保持廉洁；第四勤能，必须勤恳工作，提高效能，这样才能贯彻政策。这是学校对学员的要求，也是党对学员的要求。税校的学院入校伊始，校长就把这些传导给他们，这不仅是税校的第一堂课，更是中财历史上的浓墨重彩的一笔。

中财复校

1968年7月22日的时候，《人民日报》刊载《从上海机床厂看培养工程技术人员的道路》的调查报告，并加编者按。编者按中有毛泽东同志亲加的一段："大学还是要办的，我这里主要是说理工科大学还要办，但学制要缩短，教育要革命，要无产阶级政治挂帅，走上海机床厂从工人中培养技术人员的道路。要从有实践经验的工人农民中间选拔学生，到学校学几年之后，又回到生产实践中去"。这段话后来被称为"七·二一指示"。也就是说，文科院校不办了。陈伯达也说中国人还学中文啊？就是受这些话的影响，我们学校就撤销了。但是学校还炮轰、打倒李先念，李先念是管财政部的副总理。那时候还有林彪的一号通令，要我们赶紧撤离北京，不撤的话，紧张情况下，都走不了了。就这样，我们学校就被迫停办了。

中财停办，校址被北京卷烟厂占据。1978年在党中央的直接关怀下复校，之后在校址方面与卷烟厂做了十余年的斗争，最后取得胜利。由于学校的发展，后出现了西山校区、清河校区、上庄校区、沙河校区等多个校区，而校名也由中央税务学校、中央财政学院、中央财经学院、中央财政金融学院等校名，最终定名为中央财经大学。

中财的骄傲

最近"财经黄埔"一词频频出现。2003年9月的时候《经济》杂志刊登了一个专栏《财经黄埔力量》，将李金华、戴相龙、金人庆等作为当期的封面人物，以"中国财金黄埔军"、"财政金融高管云集"、"三位正部长"、"三十位司局长"等字眼，详细介绍了中财六二级的校友，

《经济》杂志开设专栏介绍中财大六二级金融班的丰硕成果

并将六二级金融（1）班称为"银行行长班"。

后来新华网、新浪网、《南方日报》等多家媒体，又以《奇迹：中央财经大学一班出了30个局长部长》、《中国财金"黄埔军团"》、《中央财大六二、六三级为何能出三位正部长》、《中国经济主力军的诞生：中财大一班出30个局长部长》等文章，引起社会上的巨大反响。

还有类似的称呼："中国财金黄埔军团"、"财金黄埔"等。现在社会上还有种说法，那就是"中财现象"。这也表明了，中财在社会上的知名度。

中财的招生简章、网站、各学院宣传手册、海报等校内媒体也出现"财经黄埔"字样。我们中财师生也乐于此称。

我们是中国共产党所办的第一所财经院校。我们学校经过"文革"浩劫后，在党中央的直接关怀下于1978年复校，其中邓小平、王任重等的中央的领导，都亲自过问中财的复校问题。

中财为国家的经济建设做出了杰出的贡献，与国家的经济命运休戚相关。为国家经济建设输送了大量的人才。

尽管我们学校在众多高校中不是规模最大的，环境条件不是最好的，但是我们却赢得了如此的称号，我们不由得感到骄傲与光荣。同时我们也担负起了重大的责任，我们要有一种使命感，我们要勇往直前，要担得起这些光荣称号，为中财的发展贡献自己的力量。

清河

起初，清河在海淀区清河镇毛纺厂附近，出校门不远处就是一片小树林和铁道两旁绿油油的田野和肥料丰富的菜地。

清河令人印象深刻的还有那体育场地，学生们只能在教学楼之间的篮球场上踢足球，要不就得跋山涉水穿越毛纺厂到清河的一个球场或麦场去踢球，这对于爱好足球的同学们可是一个不小的挑战。他们踢一次球，会浪费很多时间和精力在路上，因而很少能组织大批人马出动。

后来也不断地改进：多数教室安装了电脑，教师们用课件讲

篮球场和机房

课；行政楼后面盖了一所学生活动中心，为学生提供室内活动场
所。校外也有了很大改观：原先的菜地变成了一片松林，粪池被填
平，土路变成了宽阔平坦的柏油路。

沙河

沙河也在不断地发展。

2011年的我们有四个月的假期，记得还没接到通知书的时候，一位学姐就说："你们很幸福啊，你们去的时候会到沙河校区，那里还没建好宿舍楼，你们去了的话会没地住，所以我们听说再加上我们的推测，你们会晚开学一个月！"当时我就脑袋一哄："新校？晚开学？四个月的假期？！"不过也没大相信：怎么可能呢？结果接到通知书的时候还真的是这么回事。

来到之后，不少同学抱怨：路好难走，天气太恶劣……不少的学长学姐就安慰我们说："你们已经够幸福的啦！我们来的时候（2009年夏天），就只有几路公交，连地铁也没有。你们现在有那么多路公交，还有地铁，出行比我们好多了。中财现在虽然在施工，但是我们那会儿，全是土路，一走路，那些灰尘简直没法忍受。现在都硬化了，已经很好了。天气恶劣就忍着点吧。毕竟自己已经选择了北京——北京的天气、环境能和你们的家相比吗？"

沙河校区学生活动中心

　　沙河目前为止只有三届学生，09级的学长学姐"身先士卒"，相比之下，我们的确比他们好多了。我们已经够幸福了：公交已经有好几路都经过我们学校门口，地铁也在不远处；道路已经硬化；树也越来越多；西区的住宿条件也不断地完善.总之，沙河校区随着新生地不断注入而不断地发展。

中财大的源头考

吴焕智*

一直以来，关于中央财经大学的前身，说法众多。就此问题，访问了知情人，得出如下结论：晋冀鲁豫边区建业会计学校——华北财经学院，才是中央财大的真正渊源。

我访问了原建业会计学校的同学和原晋冀鲁豫边区工作人员共十人，据他们回忆，晋冀鲁豫边区建业会计学校建于1943年，校长王风来。因当时是抗战时期，校址随边区政府地址变动而变动。开始在太行山武安，日本投降后搬到邯郸。解放战争开始，搬到太行山涉县，学校在涉县北郭口村。1948年5月搬到石家庄，改名为华北建业会计学校（因晋冀鲁豫和晋察冀两边区合并为华北政府）。1948年12月，华北建业会计学校改为华北财经学院，院长王学文，原建业会计学校校长王风来任会计系主任。

该校开始隶属于边区工商管理局，之后改隶边区财政厅。领导人是戎子和，他当时担任边区政府副主席，分管财经工作。晋冀鲁豫和晋察冀两区合并后，戎子和任财政部长。1948年5月学校改为华北建业会计学校时，曾由财政、银行两家领导。

1949年7月，学校人员都到了北京国家政务院财经委员会。当时缺干部，各部都抢这批干部。很多人到了人事部、财政部、人民银行、财委等部门工作。以后这些部门都陆续成立了干部学校。部分

---

* 作者原为中央财经大学人事处处长。

原来的干部教员又分派到干校工作。逐步形成了华北税务学校、财政学院、银行干校等。

从人事安排上，也可以看出学校与建业会计学校的传承关系。原建业会计学校管教务工作并兼教员的张焕彩，后来担任中央财政金融学院副院长；原建业会计学校的总支部书记高文明任党办主任，后来戎老任财政部常务副部长，兼任中央财政金融学院党委书记。

三中全会以后，国家工作重点转移为经济建设。此时学历开始受到重视，故原建业会计学校的学生纷纷来中财要补学籍学历。戎老和张焕彩副院长研究决定：建业会计学校为中专、华北财政学院为大专（见开出的学籍证明）。张焕彩、高文明两人委托马旭光负责这部分人的学籍审查并出具学历证明。马旭光同志是建业会计学校队长、学生会副主席、华北财院会计系班主任，我本人是建业会计学校学生。

据原财大校长王柯敬同志回忆，确定1949年10月6日为学校成立时间，是请示过财政部的。陈如龙副部长说："华北财院既然让人民大学占去了，我们就从税校算起吧。"据我了解人大校史是从1938年陕北公学算起，华北财院另有源头，两者是有差别的。陈副部长是从西北来的，对华北的情况，可能不太了解。

本校原基础部主任闵庚尧同志，三年前听到中央人民广播电台研究中国问题的美国专家说："中央财经大学前身是华北建业会计学校。"中财校史如从晋冀鲁豫边区建业会计学校算起，则比此前说法提前了七个年头，跨越了抗日战争、解放战争两个革命时期，是一所有着革命传统的优秀大学。

如果领导认为以上材料有参考价值，希望尽早取证，有些人年事已高，时间长了就不好取证了。

没挂牌也没招生的华北税务学校

王万友（口述）

　　我们学校前身是1949年建立的中央税务学校，当时是新中国成立初期，为什么要建立中央税务学校呢，那是因为全国的解放战争发展很快，解放了许多新的城市，当时我们的财政经济也比较困难，主要的靠税收，所以为了培养税收干部，中央决定办这么一所税务学校，这所学校的创办是在新中国成立以前就开始筹备了，那时候可能开始叫华北税务学校，可能查档案有这个记载，华北税务学校始终也没挂牌子，也没招生，但是有这个学校，为什么呢，因为在中华人民共和国成立之前呀，我们党在华北地区有一个华北人民政府，以华北人民政府的基础，因此就以华北的名义创办这个学校。它没有挂牌子，也没有招生，因为等到十月一日之后呢，中华人民共和国成立之后呢就有了我们这个中央政府了，财政部就成立了，财政部成立以后呢，税务总局也就成立了，我们就改名为中央税务学校。

"中央"二字之由来

杨 博（整理）

　　中央财经大学，其前身可追溯至"华北税务学校"。华北税务学校，1949年11月6日批复成立。华北税务学校成立后，不到3个月时间，随着华北税务总局成为中央财政部的一个总局，1950年2月11日中央人民政府财政部财人字第103号文批复："将原华北税务学校改名为中央税务学校"。

　　通令发布后十几天，财政部指令学校更名，于是"中央税务学校"的名字就通行天下了，这对后来的中央财经大学而言，具有划时代的意义。在以后的岁月里，校名几经变化，如中央财政学院、中央财经学院、中央财政金融学院、中央财经大学。尽管各个不同时期的校名多有变动，但是，"中央"二字始终保留。

　　一所学校在命名时，冠以"中央"二字，是不多见的。就当时的背景看，这是由两个因素促成的：

　　一是华北人民政府1949年10月底即因中央人民政府已成立而名称上取消，各部门转换成中央政府的机构。1949年11月28日，政务院财政经济委员会复函财政部，同意以原华北税务总局为基础，组建全国税务总局。同年12月16日，政务院任命曾经担任过华北税务总局局长的李予昂为财政部税务总局局长，任命担任过原国民政府财政部直接税署署长的崔敬伯为财政部税务总局副局长。1950年1月1日，财政部税务总局正式成立。因为华北税务学校属于华北税务总局，总局成了中央政府的，税校也就随之成为"中央"字头的了。

二是中央高度重视税务干部和人才的培养、教育。

在1949年11月24日至12月10日召开的首届全国税务会议上，研究了税务机构和税务干部队伍建设问题，并拟定了《全国各级税务机关暂行组织章程（草案）》。中央人民政府副主席朱德，中央人民政府政务院副总理兼政务院财政经济委员会主任陈云，在会议上的讲话中就税务干部问题作了重要指示。朱德副主席指出：建立新税制是一件大事，干部不足以后还会提得力干部到税务部门来，税务部门也要办训练班。

陈云副总理指出：税收任务加重、应该增强干部的意见是对的。其途径有四条：一是从上边调动，二是在下边要求党政部门给予配备，三是收集、使用旧职员，四是吸收青年学生。

政务院财政经济委员会副主任兼财政部部长薄一波在会议上的讲话中谈到税务机构问题时提出："财政部税务总局的工作是检查各级税务制度、任务、政策，交流各地经验，培养税务干部。"

中央领导同志都十分关心经济建设方面的人才培养问题，人才匮乏导致人才的急需，正是由于对税务干部的急需，1950年1月30日，政务院以通令发布的《关于同意全国税政的决定》中，一共提了五条，其中有两条是关于税务机构和税务干部队伍建设的规定的，特别是在第五条中提到："中央税务总局，除扩大税务学校，积极培养干部外，应再注意督促各区税务管理局及各省市税务局，开办短期训练班，注意补充缺额人员，提高干部政策与业务水平。"

在政务院的通令中要求财政部税务总局扩大税务学校的办学规模，这是学校莫大的荣幸，也是学校发展的一个机遇，更增强了学校为国家大量地、快速地培养经济建设方面人才的责任感。

中财建校初期的"文化补习学校"小考

杨　博（整理）

　　文化补习学校是特定历史背景下的产物，新中国成立初期，旧的教育制度亟待改革，广大人民群众的文化水平有待提高，在这样的历史背景下，1949年12月，教育部召开了第一次全国教育工作会议，教育部部长马叙伦阐述了新民主主义教育工作的总方针，他指出："代替旧教育的，应该是作为反映新的政治经济的新教育，作为巩固与发展人民民主专政的一种斗争工具的新教育。这种教育是新民主主义的，即民族的、科学的、大众的教育。"为了贯彻这一方针，在这次会议上，教育部决定创办新型的以吸收工农干部及优秀产业工人为对象的文化补习学校和工农速成学校。当时有个说法，就是"使成千上万的工人农民受到高等教育"。

　　为响应中共中央的伟大号召，我校前身中央税务学校决定附设文化补习学校，校长由税务学校校长李予昂兼任，陈健为副校长，教导主任是张光三，副教导主任是吴新智。

　　开办补习学校的办学宗旨是：对参加革命或者参加产业劳动一定时期的优秀工农干部及优秀工人，施以中等学校的文化科学基础知识的教育，使其能深入高等财经院校，对不能升学者分配工作。

　　当时的文化补习学校设有三年制的中学部，相当于高中；还有两年制的初级班，相当于初中。文化补习学校有教职工22人，学生

158人。

这种被称为"工农速成学校"的文化补习学校，1950年入学的许多学生没有受过正规教育，他们现有的知识是通过自学学到的，但是据说他们完成新的速成中学3～5年课程后就能进大学。教育部部长马叙伦宣称在新制度下，条条道路通向高等学校。正规中学的毕业生不再是有资格入大学的唯一候选人，所有阶级中参加过各种短期学校和业余学校的人们这时都可以进大学。中央税校的"文化补习学校"是响应国家号召建设的。这种学校不是一般意义上的文化补习学校，颇类似于大学的预科班，这是有别于我国任何时期教育模式的、在"向工农开门"的教育方针指导下的全新的教育模式。这种把工农速成学校附设在高等学校里的模式，在1951年11月教育部《关于工农速成中学附设于高等学校的决定》中被确定下来，在这个决定里明确提出，速成中学的毕业生一般即可直接升入高等学校继续深造。

中财历史上的"第一课"

编　者

　　华北税务学校1949年11月6日批复成立，仅用了两周时间，作了紧张的准备和招生工作，18日，第一批新生就入校了。又不到一个月，在12月15日正式开学，开学典礼上，首任校长李予昂作了激情洋溢的讲话，他号召同学们团结一致，互相学习。他特别解释了校训"忠诚朴实、廉洁勤能"八个字的含义："第一要忠诚，就是对人民事业无限忠诚，对革命一条心；第二要朴实，这是革命优良传统，我们必须发扬下去；第三要廉洁，税收工作是与各阶层相接触的，而且与钱相联系，很容易犯错误，所以必须廉洁自守；第四要勤能，必须勤恳工作，提高效能，这样才能贯彻政策。"*这是学校对学员的要求，也是党对学员的要求。可以看出这里体现着一种革命的纯洁性，没有"八股"的东西，比如我们看不到后来那种非要把领袖的话作首要标准和第一要求的现象。大学依靠梦想、依靠希望生存下去———这是大学的历史。那个时候，就是把献身于人民作为革命的梦想，把建设好社会主义新中国当作我们的希望。税校的学员入校伊始，校长就把这梦想与希望传导给他们，并把经济工作的伦理要求和态度要求传导给他们，可以说这既是税校的第一课，也是中财历史上的第一课。这是奠定中财传统的第一课，也是奠定中财培养特色的第一课。

---

*　《中华人民共和国工商税收史长编》，中国财政经济出版社1988年版，第53页。

中财率先开设公文写作课

闵庚尧（口述）

中财是1962年经过教育部批准开始正式招收高中生的，之前都是招收调干生，也就是从那时我们学校正儿八经成为高等院校了。我是1962年8月份调到这儿来的，我以前是搞美学的，搞文学理论的，领导找我谈，让我讲写作课，但不是一般的写作课，是讲公文写作。但我不会呀，我就去财政部学习了一个多月，从9月到10月，11月正式开课。后来我才知道，我们学校之所以开这门课，是当时的财政部常务副部长吴波同志亲自指示学校开的，当时全国只有我们学校开了这门课，我们学校是独一份。我们学院的学生培养的是干部，毕业后要会写公文，所以学校一定要开设公文写作课。事实证明，我们学校毕业的学生很多都当了干部，尤其是在财经战线。我们刚刚退休的王柯敬校长毕业后被分到车间，后来厂长调他到厂部去写公文，他基本上没怎么费劲，其他学校的学生就不知道怎么写，我们学校的学生毕竟学过，有过这方面的训练。掌握了公文方面的一些知识，对学生的将来还是很有帮助的。当然，开设一门公文课，也不算是创新。早在国民党统治时期，社会上就印过一些公文写作的材料，但是公文写作材料没有正式进入学校，在解放区也有公文写作的一些知识，也没有进入学校。正式进入学校的就是咱们中央财政金融学院。这功劳，首先应该归功于财政部，是当时财政部主要负责人亲自做出的指示；其次是中财，是中财认真落实了这一指示。

中财财经古文课

王瑞一（整理）

"四人帮"垮台后，中央财政金融学院于1978年3月经国务院批准复校。闵庚尧老师于当年11月从大连调回学院。当时的汉语教研室开出了四门课：基础写作、应用写作、语法修辞、财经古文。对于前三门课程，教研室都可以自力更生。唯独财经古文，大家都感到很吃力。此时，大家便想到了崔敬伯老先生和王子英老先生，因为两位先生在"财经"和"古文"两个方面都是最权威的。按照学校要求，不仅要开课，也要编写教材。崔老先生和王老先生在选题、审稿等方面都给予了很大的帮助。教材编写工作从1980年开始，于1982年2月完成、共选42篇文章，由崔敬伯先生作序，送交出版社，出版社于1983年3月出版，名曰：《财经古文选》。崔老先生的序言，全文如下：

在设有中国经济史的财经院校，要开设古汉语，看来是没有多大争议了。然而，如何确定古汉语的内容，采用什么样的篇章，也就是说，是采用文学篇章，还是采用财经方面的篇章？看来，认识还不尽一致。在中国历史的长河中，不仅产生过很多优秀的文学家及其不朽的文学巨作，而且还产生过不少大理财家及其著述的财经文献。作为财经院校，能否通过财经篇章进行古汉语教学，是中央财政金融学院汉语教研室同志们多年来一直探索的问题。正是以这种大胆探索的精神，他们才能够在两三年时间之内，编写了这部《财经古文选》。这是很可喜的。

这部《财经古文选》，选录了涉及财经的、有代表性的古文四十二篇；其内容，始自春秋时代的管子，终于明末清初的黄宗羲、顾炎武和王夫之等。大体上足供一个学年的教学之用。每篇照录或选录古代作者的原文，对作者进行详慎的介绍或考证；对每一篇文章的内容作了比较通俗的解题；并对一些古文引文、古地名以及比较难懂的成语、古词都作了简明的注释。

这部《财经古文选》，不仅对财经院校的学员以及对古文有兴趣的各级财经干部来说是一本比较好的教材和参考书，而且对有志研究中国财经历史的同志，也不无启迪作用。同时有助于我们今后进一步研讨祖国的古籍，做到"取精用宏"、"古为今用"，从而在"四化"建设中为发扬祖国的文教事业、培养谙熟祖国文字的财经工作人才做出贡献。

因为编写紧促，有一部分稿子未经崔老审阅。出版后，崔老先生又通读了全书，于是又发现了不少问题。这里仅举一例：

书中有一篇刘晏的《与元载书》，刘晏是唐代理财家。该文有如下几句话："请护河堤，冥勤在官，不辞水死。"我们的注解是："冥勤：专默精诚之谓。"崔老见到此注后，专程来到闵庚尧老师的家中，指出此处注错了：此处是一个典故，要把典故注释出来，才能清楚。并指出，此典出自《国语·鲁语·展禽论祀爰居》，其中有"冥勤其官而水死"一语。崔老先生解释说，冥，是契的六世孙，是夏朝的治水官，他勤于其职，而死于水，死在治水的工作岗位上了。此外，还指出了其他的一些不妥之处。所以崔老先生指出的错误和我们自己发现的错误，于1990年再版时，均做了改正。

　　崔敬伯老教授学识渊博，治学严谨，堪称后学者之楷模。也由此反映出，中央财经大学的教授们为了学校的发展所作出的巨大贡献。正是他们一丝不苟的精神才让中财创造了辉煌业绩，他们的高尚品质也深深地影响着每一个中财学子！

中财复校后共举办九期全国财税局长培训班

马　计（撰稿）
杨　博（整理）

　　中央财政金融学院1978年复校以后，在招收本科生的同时，还举办九期全国财税局长培训班。

　　当时的中财院是一套人马，两块牌子，即中央财政金融学院和中央财政金融干部学校，校长是已故的姜明远同志。在校内设一个干校办公室，专门负责全国财税干部的培训工作。干校办公室在党政方面由学院直接领导，干部培训由财政部教育司直接负责，例如，每期招什么样的班、规模多大、学员条件、办学地点、办学经费等问题都是由教育司决定后，干校办公室具体实施。

　　我是1979年年底从河北大学回到学校的，到1983年4月，一直从事这项工作。据我所知，因当时学校90%的校舍是北京卷烟厂占用的，学校不具备办班条件。所以，干部培训工作，一直是打游击的方式，办一个班换一个地点。据我记忆，曾经在铁道兵招待所、二炮招待所、河北省秦皇岛财政局、基建工程兵招待所、企业局招待所办过班。

　　在这样的一种现状下，教育部提出举办全国财税局长培训班，提高我国财税干部的理论水平、业务水平和工作能力，更好地解放思想实事求是，大力推动我国经济建设的改革步伐。

　　财税局长培训班每期大约50~60人左右，他们是分别来自各省直辖市的财税厅局的处长，地方级财税局的局长或副局长。每期的学习时间大约在三四个月。教育方式全部采用部长、司局长专题报告，教授、专家专题讲座，然后分学习小组讨论，最后全班选送出学习优秀者重点发言，交流心得体会。学习结束时，还发给结业证书，以资证明。

全国财税局长培训班，共举办了九期，大约500~600人参加了培训。

中财"财经黄埔"称号之源起

王传照*

近年来,"财经黄埔"一词频频出现,几乎成为了中央财经大学的代名词,诚然这是社会给予中财的美誉,是社会对中财近60年来为新中国所作贡献的肯定,而中财师生、校友亦欣然接受了这一称号。这一称号到底从哪源起的呢?

考证"财经黄埔"之前,得先弄清"黄埔"一词的由来。1924年孙中山先生在广州黄埔长洲岛创办了"中国国民党陆军军官学校",简称黄埔军校。学校以"亲爱精诚"为训,一时群英荟萃,成为中国近代著名将帅的摇篮。以后该校数迁校址,几易校名,后迁至台湾。昔日辉煌的黄埔军校已经成为历史,而中国人立志做国家栋梁、勇担天下兴亡之责的精神却代代相传,"黄埔"成了中国人心目中一个高尚的名词。建立于1949年的中央财经大学(当时为中央税务学校),在六十多年的办学历史中,培养了大批经国济世之才,与黄埔军校一样在国家富强和民族复兴中做出了重大贡献。

"财经黄埔"称号的由来并非"一锤定音",而是日积月累,集众人口碑而得。这大概分为两个阶段,一是口头传说阶段,二是媒体报道阶段。

口头传说的具体情况很难考证,据中财前副校长姚燧说,他最早听到"财经黄埔"的称号是在20世纪90年代,当时中财招了一个

---

* 作者为零五级文化产业管理班校友。

金融方面的硕士班，一位老师上课时曾对学生说"你们是财经黄埔（毕业的）"。可以确定2000年以前，已经有人将中财称为"财经黄埔"了。

媒体报道使"财经黄埔"的称号更广泛地深入了社会，也大大增强了这一称号的影响力。其中一个里程碑性的事件是，2003年9月《经济》杂志刊登了一个专题报道《财金黄埔力量》，采访记者是王信川、黄小伟，选题为其主编所定。该杂志在这一期刊登了数篇关于中央财经大学的文章，将李金华、戴相龙、金人庆等作为当期封面人物，列出"中国财金黄埔军""财政金融高官云集""三位正部长""三十位司局长"等关键词，详细介绍了中财62级校友，并将六二级金融（1）班称为"银行行长班"。后来，新华网、新浪网、南方日报等多家媒体，又以《中国财金"黄埔军团"》、《中国经济主力军的诞生：中财大一班出30个局长部长》等为题，相互转载报道，在社会上引起巨大反响。"财金黄埔"和"财经黄埔"读音相似，渐渐"财经黄埔"的称号就称呼开了。

从2005年以后，中财招生简章、网站、宣传册等校内媒体刊物开始频繁引用"财经黄埔"称号，中财师生、校友等亦乐于此称呼。

最后，据笔者理解，中央财经大学之所以被誉为"财经黄埔"，大概有两层意思。一是中央财经大学与新中国的经济命运休戚相关，起到了黄埔军校在中国民主革命时期所发挥的作用。中财培养的学生遍布全国各地财经领域，对中国的经济建设与社会发展作出了很大贡献，并涌现很多类似将帅角色的领导干部，如李金华、戴相龙、金人庆等。二是中央财经大学早期的校史与黄埔军校有很大相似之处，都曾历经坎坷，几迁校址，数易校名。中央财经大学自1949年成立，校址从南皇城根迁到皂君庙，"文革"期间停办，校址被北京卷烟厂占用，1978年复校后与烟厂在校址方面做了十余年斗争才彻底赶走烟厂，后来由于学校发展，又出现了西山校区、清河校区、上庄校区、沙河校区等多个校区，而校名也从中央税务学校、中央财政学院、中央财经学院、中央财政金融学院等多个校名，最终定名为中央财经大学。总之，"财经黄埔"称号是社会对中央财经大学的支持与赞扬。

中财成为"财经黄埔"的内因

编 者

中财之所以被称为"财经黄埔",是由自身的诸多因素决定的。

一是中财有一支既懂理论、又懂实践的教师队伍。学校教师中大多从事过实际工作,从而在教学工作中能够理论联系实际,教出的学生能够学以致用。就我个人而言,很能说明这一点。我原本是一个从校门到校门的教师,针对我缺乏实际工作经验的不足,学校每年都安排我参加财政部一年一度召开的全国财政厅局长会议,并在大会秘书处工作,参加小组会议,作小组会议记录并整理会议简报。同时也参加中国人民银行每年召开的全国分行行长会议,还跟随中国人民银行副行长丁冬放率队进行全国流动资金调查、综合计划局副局长冯天顺率队进行农村信用调查,还参加了中国人民银行组织的农村货币流通调查。通过参加全国财政厅局长、银行分行长会议和跟随业务部门到基层进行的专题调查研究,大大弥补了我缺乏实际工作经验的不足。我在学校停办期间,到工厂长期担任财务科长之职。复校后,一边从事教学工作,一边凭借多年财务科长的经历,取得了中国注册会计师的资格并在会计师事务所任职。除了当时的验定、年检和定产评估之外,每年岁末都率队参加国务院大检办布置的全国财务、税收、物价大检查工作,在财税大检查中,通过对会计报表、会计账册和会计凭证的检查,都能发现大量的违纪资额。例如，对一家北京市海淀区企业会计报表的审核，发现利润科目的利润并未转入利润分配科目，而是转入了资本公积科目，营业外收入未转入利润，而是转入了资本盈余公积科目，从而偷逃税收70多万元；又如，对北京市一家城市信用社的账册审核，发现了通过扩大成本从而偷逃税收50多万元；再如，对外贸部一家企业会计凭证的审核，发现多转成本偷逃税收160多万元。"文革"前与"文革"复校后，我校教师大多具有相当丰富的实际工作经验，从而能在教学过程中做到理论联系实际，教出的学生能够学以致用。

再一个就是独特的课程设置。中财开设的公文写作课是当时的十几所财经院校的唯一。这一课程的开设，使得中财的毕业生掌握了公文写作的基本知识，一旦遇到单位领导吩咐要写公文，由于受过这方面的基本训练，写的时候就不怎么费劲了。还有一门课程，也是当时众多财经院校的唯一，这就是每年学生毕业前夕都请部长、各业务司局长来作报告。财政系的请当时的财政部部长来作报告，金融系的请当时的中国人民银行总行行长来作报告。将当年的财政金融形势，有哪些问题，采取什么对策，方针政策和规章制度有什么重大的变化，等等。然后是各业务司局的司局长来作报告。如财政部的预算司、工业财务司、商业财务司、农业财务司、基建财务司等，分别由本司分析领域内的基本形势，方针政策和规章制度的变化情况，作专题报告。金融系则请中国人民银行总行的综合计划局、工业信贷局、商业信贷局和农业信贷局的局长，针对各局分析领域的基本形势、方针政策和规章制度的变化情况，作专题报告。会计系的毕业生除了听取财政部部长和中国人民银行总行行长的专题报告外，还专门请财政部会计制度司和中国人民银行总行的会发局局长来作专题报告，分别就本司局所分管领域的基本形势、方针政策和规章制度的变化情况作专题报告。通过这些报告，使得毕业生对各自专业领域的基本形势，方针政策和规章制度的基本情况和变化趋势有了一个清晰的了解，为走上工作岗位，很快进入角色，创造了得天独厚的条件。再加上毕业生在毕业之前到各经济部门几个月的实习，让他们在实际岗位操作，并且是岗位轮换实习。通过毕业实习使毕业生都具有一定的实际工作经验。

总之，具有实际经验的师资队伍，部长、司局长们的专题报告，公文写作课程的开设，岗位轮换的业务实习，这几个因素综合作用的结果使得中财的毕业生都具有一定的财经方向的方针政策水平，通晓各业务部门现行的规章制度，具有一定实际工作经验和公文写作能力，与其他财经院校的毕业生相比，中财的毕业生动手能力强，上手快，进入角色快，很受业务部门的欢迎，当时像江苏、浙江、湖南等省财政、银行业务部门都点名要我们学校的毕业生。

由于中财毕业生政策水平高，业务能力强，很快就成长为各自所在单位的业务骨干，不少人相继走上领导岗位，如戴相龙任中国人民银行行长、金人庆任财政部部长、戴凤举任中国人民保险公司总经理、钱中涛任国家开发银行行长、程法光任全国税务总局局长。财政、金融、会计六二级、六三级以及金融系为中国人民银行总行举办的外汇班、法语班，相继出现了几十位司局长，单就金融六二（1）班就涌现出了30多位司局长。从此"财经黄埔"的美名不胫而走。

抗"非典"记

王瑞一（整理）

2003年"非典"时期，在北京，中财属于发现"非典"疑似病例较早且疫情较严重的高校。面对这场突如其来的灾害，学校全体师生团结一致，在校党委的带领下，显示出了抗击灾害的决心，展开了一场应对"非典"的顽强战斗。

"非典"刚刚出现时就引起了校领导的高度重视，3月25日，学校召开防治"非典"工作会议，学校稳定工作领导小组成员出席会议。会议传达了北京市教工委关于北京市高校预防非典型肺炎工作会议精神。

4月7日，学校成立了由党委书记李保仁任组长、校长王柯敬任副组长的学校防治理非典型肺炎工作领导小组。同日，学校门诊部开始熬制预防"非典"的中药制剂，为师生员工提供服务。4月12日，学校发现了首位"非典"疑似病例者，这标志着学校抗击"非典"战役正式打响。面对疫情，校党委紧急动员，沉着应对。

4月14日，学校就预防"非典"工作召开党委常委会议。下午，李保仁、李玉书、岳桂贤、姚遂、陈明等领导同志会同有关部门负责人分赴学校各系、教学部、研究所、图书馆、网络信息中心及两个分部和总务处医务室、学生宿舍，看望学生，介绍情况，稳定情绪。同日，学校"抗非"工作快报《昨日情况》创刊。每日1期，公开、及时地向师生通报最新疫情及学校"抗非"工作进展情况。同日，学校共有4名教工被诊断为"非典"高疑对象。随后，校党委发布《致全校共产党员的公开信》，要求全校党员与党组织在这场严峻考验面前，发扬越是困难越向前的大无畏精神，履行共产党员的光荣职责，充分发挥模范带头作用。同日，学校为每个在校生免费发放体温计，配备《非典型肺炎预防手册》。

4月18日，学校发布《致学生家长的一封信》，并开始免费为在校生发放学校熬制的中药。 4月21日，学校防治"非典"专刊《阻击非典》创刊，旨在宣传报道学校"抗非"先进人物事迹，介绍防治"非典"工作情况和师生思想动态。

4月23日上午，学校制定《非常时期在校生行为准则》，施行半封闭式管理制度，限制学生离校时间。同日，学校"防非"工作办公室学生组发布《致在校学生的一封信》，提请在校同学要以积极的心态迎战"非典"，保护自我，健康他人。同日，学校"防非"工作办公室学生组发起"亲历'非典'时期"主题征文活动。

4月24日，北京市政府依据《中华人民共和国传染病防治法》的有关规定，对学校教工宿舍皂君西里29号楼实施封闭隔离。 次日，学校党委发布《致西塔楼居民的一封公开信》，号召居民配合政府和学校，服从大局，共同做好隔离工作。同日晚，党委常委召开了紧急会议，会议传达了国务院领导同志关于高校加强预防和控制非典工作的指示精神。

4月29日，学校在行政楼前召开了全校中层干部会议。党委书记李保仁、副校长王广谦等分别就近期学校各项"防非"工作事项作了布置。同日，学校发布《中共中央财经大学纪委、组织部、监察处、人事处关于严明纪律确保非典型肺炎防治工作顺利进行的紧急通知》，要求学校各级领导干部、全体党员工一定要坚定地站在斗争第一线，以实际行动落实"三个代表"的要求，尽心尽责，恪尽

职守；全体教职员工要坚守岗位，做好本职工作；同日，学校发布
《致学生家长的第二封信》，再次向家长通报学校防治"非典"情
况，要求学生无学校通知，不得返校，以防止疫病扩散。

4月30日，学校开辟玉泉路校外健康观察区，截至6月27日撤销
之前，共计有150名学生接受健康观察，无一人有异常情况。同日，
《中国青年报》刊发中文系教师雷润琴所写《谣言：别再袭击我们
的校园》一文。截至当日，为防治"非典"，学校共投入约210万
元专项资金；学校共统一购置"防非"物品"84"消毒液2500瓶、
过氧乙酸350桶、口罩5000只、手套4000双、防护服500套、喷雾器
30个、喷壶500个、全自动空气清净器100台、人免疫球蛋白1500多
瓶；发放《非典型肺炎防治知识问答》1000册。

5月1日，学校在操场举行趣味体育竞赛活动，学校领导和"防
非办"人员也参加活动。同日，校领导慰问西塔楼教工和学校医务
人员。

5月7日，学校团委发起"与你同心、拥抱希望"主题教育活
动。同日，《中国教育报》刊发《因为有爱——记中央财大战斗在
"抗非"一线的共产党员们》一文，报道了中财战斗在抗非一线的
共产党员们的先进事迹。同日，《中国青年报》刊发《当"非典"
袭击大学校园的时候——来自中央财大、北方交大的报告》一文，
后被广泛转载。

5月8日，经过14天的隔离，教工住宅皂君东里29号楼（西塔
楼）正式解除隔离。在楼前的空地上，举行了隆重的解除隔离仪
式。教育部副部长张保庆、校党委书记李保仁、中共海淀区委书记
谭维克等分别讲话，充分肯定了此次隔离所取得的成就，对在隔离
期间未发生一例患者表示欣慰。近百家中外媒体前来报道，中央电
视台等媒体相继播发这一消息。同日，中央电视台《焦点访谈》节

目报道学校教工宿舍西塔楼正式解除隔离有关情况。同日，《光明日报》刊发《阻击"非典"——首都高校在行动》一文，报道了学校"抗非"情况。同日，《中国日报》刊发教工宿舍西塔楼解除隔离图片新闻。截至当日，学校门诊部共计为师生开出中药5000余副，熬制中药制剂26000余袋。

5月12日，《中国教育报》刊发《只愿师生俱安然》一文，对学校总务处处长、共产党员白锡生同志的先进事迹进行报道。同日，学校发布《关于进一步做好防治"非典"工作的通知》，要求各单位、部门要认真执行《关于防治"非典"工作期间分组轮替工作和时间安排的紧急通知》、《关于做好离京教职工有关工作的紧急通知》，贯彻落实《中央财经大学关于近期教学工作安排的通知》，积极做好出院教职工的愈后康复工作，加强在校学生的日常管理工作和政治思想工作，加强校园管理。随后，《中国经济时报》刊发《中央财大：一个月的"非典"经历》一文，简要回顾了一个月来中财大"抗非"情况。同日，《财经》杂志SARS号外版刊发《SARS袭击中央财大、北交大调查》一文，介绍了学校疫情及防治情况。

6月16日，在学校学习汉语的20余名外国留学生开始重新上课。这也是学校"调课"后首批开始上课的学生。校长王柯敬，校长助理李俊生及国际合作处、中文系的领导特别到教室向留学生表示问候。随后，学校学生相继返校。20日，学校最后一名患病职工病愈出院，至此学校已经有效地遏制了疫情。

6月30日下午，中财大举行抗击"非典"先进表彰大会。大会由党委副书记李玉书同志主持，党委书记李保仁、校长王广谦等校领导出席会议。王广谦校长宣读了学校的表彰决定，丁国英等66名抗击"非典"先进个人、卫东等15名优秀党员、机关党委等12个基层党组织受到了表彰；抗击"非典"先进个人代表、优秀共产党员代表、先进基层党组织代表进行了发言；党委书记李保仁同志代表校党委对学校抗击"非典"工作进行了重要总结。

在这次抗击"非典"的过程中，学校全体干部从维护师生根本利益的高度，树立全局观念、大局意识，以身作则、坚守岗位、恪尽职守，严明纪律、服从指挥，不折不扣地落实了学校防控工作的各项安排和具体措施。学校党委的坚强领导，各级党组织和共产党员先锋模范作用的发挥，极大地坚定了师生员工战胜"非典"的信心和决心，全体师生的齐心合力最终打赢了"非典"这场战役。

从老校歌到新校歌

杨　博（整理）

国有国歌，军有军歌，市有市歌，厂有厂歌，校有校歌。各行业各地各单位的歌，都是为了塑造和展示自己的形象，大学校歌也不例外。校歌是一种宣示，宣示着自己的立校宗旨和传统，也是一种号召和承诺，对于学生的成才，对于学校的建设，校歌犹如学校的精神图腾，与校徽、校训等相得益彰。其作用概括说来有二：对内，以凝聚人心，鼓舞士气；对外，以展现风貌，广告天下。

中央税务学校正名后不久，就制定了由阿真作词、陈方千谱曲的校歌。歌曲雄壮愉快，弘扬了时代主旋律，鼓舞了莘莘学子的士气。校歌的歌词是：

伟大的人民的力量

有谁敢来阻挡

新的中国放出万丈光芒

经建大业落在我们肩上

我们有钢铁意志

接受财政的重担

我们有合理税制

推动社会的生产

我们是忠诚的人民公仆

我们是廉洁勤能的税工人员

在毛泽东思想的旗帜下

向着建设新民主主义的道路奋斗向前

我们团结起来

奋斗向前

如今，中央财经大学亦有《中财之歌》，歌词如下：

礼花将你送来，肩负殷切期待，有志青年神往，涌向你宽阔胸怀，你用科学的乳汁，哺育莘莘学子，你用理想的彩笔，描绘美好未来，我们热爱中财，我们歌唱中财，无论天南地北，爱心永系中财。

春风将你送来，豪情激扬澎湃，为了振兴中华，师生竞展风采，园丁辛勤耕耘，桃李香飘四海，忠诚团结求实创新，陶冶代代英才，我们热爱中财，我们歌唱中财，无论天南地北，爱心永系中财。

朝霞将你送来，学苑百花盛开，财经专家的摇篮，更加绚丽多彩，海纳百川的美德，勇攀高峰的气概，同心再创辉煌，紧跟伟大时代。我们热爱中财，我们歌唱中财，无论天南地北，爱心永系中财。

随着时光的推演，可以明显地感觉到这两首校歌所处的不同的时代背景和所具有的不同的文化气息，但不管处于何种时代背景、何种学习条件，中财人那忠诚、团结、求实、创新的精神永远都铭刻在每一位中财人的心中。

中财建校以来人事管理的变革与发展
（1949~1992年）

潘保山

校志有关人事管理方面的情况，根据所能收集到的资料，是按照自1949年7月开始筹建华北税务学校（中央税务学校）到1969年中央财政金融学院停办和1978年2月中央财政金融学院经国务院姚依林同志批准，在原校址复校以后两个大阶段整理的。因为材料收集有一定的困难，所以第一阶段情况较为简略，有的地方可能还会有疏漏。1978年复校后在人事管理方面，存在着机构设置不完善、不规范的现象，有些职务的设置并没有对编制体制加以研究，到1987年后才逐步形成较完善的科、室体制。此材料作为校志人事管理方面部分时间概括了1949~1992年人事管理方面的发展与变革历程，材料尚显粗糙，谨供参考，并希望提出修改和补充意见。

中央财经大学经历了华北税务学校及中央税务学校；中央财政学院；中央财税学院，中央财政干部学校，中央财政金融干部学校，中央财政金融学院，中央财经大学等几个阶段（时期）的变革与发展。此期间人事部门在管理机构上也曾做过多次的调整与变革。1969年经过文化大革命，中央财政金融学院停办以前，保卫工作一直设在人事部门。

一、自1949年成立华北税务学校（中央税务学校）到1969年停办，人事部门的变革与发展中央财政金融学院筹建于1949年7月，前身是中央税务学校（筹建时名为华北税务学校）。1949年7月开始筹建到1949年11月正式开学，当时学员共有30余名，（连同工勤、炊事人员），学校机构设置了三科一室，即组织科（负责人事、保卫工作和党团组织等管理）、教务科、总务科和校秘书室。组织科科长康民，副科长王跃斋（分管保卫工作），下设有组织干事2人，保卫干事1人，青年干事1人兼任团委副书记，校团委书记由康民同志兼任。

1950年，财政部指示筹建财经学院，派李涉同志主持筹建工作，工作班子主要就是税务学校的工作人员。

1951年2月，中央人民政府财政部第56次部务会议正式决定筹建中央财政学院，同年夏，中央财政学院正式创建，学院的管理机构在税务学校的基础上未作大的调整和变动。

从1952年下半年开始，按照政务院决定，教育部在全国范围内进行了高等学校院、系调整工作。根据调整方案，中央财政学院与北京大学、清华大学、辅仁大学、燕京大学、四川大学经济系合并成立中央财经学院，归属教育部领导。到1953年8月，高教部通知撤销中央财经学院，学生及部分教职工并入中国人民大学，部分留归中央财政干部学校。1952年8月到1953年9月，中央财经学院时期，人事处处长为武亚伯，副处长王跃斋。

1953年上半年，根据财政部的指示，即开始筹建中央财政干部学校。由秦穆伯和康民同志负责筹建工作。1953年4月经政务院财政经济委员会批准设立中央财政干部学校，属财政部领导。同年4月21日宣告正式成立。

这一时期人事管理机构设人事科，科员3~4人，科长胡屏之，副科长何学仁，保卫工作仍设在人事科内。1957年，整风"反右"后人事科正式升级为人事处，处长为康民，保卫工作仍设在人事处。

处内未分科室，工作人员5名。

1953年12月，中央财政干部学校与中国人民银行总行干部学校合并，成立中央财政金融干部学校，归财政部党组领导。在此期间人事处仍由康民同志任处长，原银行干部刘雄民同志任副处长。1959年人事处开始设立科的建制，成立了人事科和保卫科，人事科科长李凤彩，科员3名，保卫科副科长刘光厚，科员两名。

为了恢复和发展高等财经教育事业，1960年1月，经中央财贸部批准，在中央财政金融干部学校的基础上成立了中央财政金融学院，学院与干校两块牌子一套人马，在内部并无分别，所以人事管理部门没有变化。

1964年在陈如龙副部长来校任院长兼党委书记，张建皓同志任党委副书记时，高峰同志任人事处副处长，直到文化大革命后，1969年中央财政金融学院被迫停办，人事处一直保持上述建制和人员。

二、1978年2月复校以后，人事管理从重新组建，逐步形成较健全的管理机构

1978年2月，经国务院姚依林同志批准，中央财政金融学院在原校址复校，当年暑假就在北京招生并开学。在财政、金融、会计学三个专业共招收学生184人，当时主持复校工作的是副院长姜明远和张焕彩同志及党办主任高文明同志所组成的领导小组，工作人员仅10余名。复校初期做了大量的人事调配工作，将原学院被迫停办时调往北京航空学院、财贸学院、大连辽宁财经学院、河北大学、福建厦门大学以及其他部门的教师和干部调回，并补充了部分63级和62级的本校毕业分配到地方各部门工作的学生，作为骨干力量。同时，也从其他院校和实际工作部门抽调了一部分教师和管理人员。

在复校初期极端困难的条件下，通过积极努力，逐步形成了一

支较强的教学、科研和管理工作队伍。

　　人事部门的管理机构是根据复校工作的进程，逐步建立和健全的，1987年以前机构设置不健全也不规范。这阶段人事部门自身的机构和人事配备情况变动较多。1978年年底，原在财政部工作的王兰培同志，调入学院负责人事工作，1979年6月被任命为人事处处长。1982年6月吴焕智同志被任命为师资科科长；丁振颖同志为保卫科副科长。1982年7月刘春阳同志被任命为科长；赵振合同志为副科长，分别负责工人和教职工福利工作的管理。1983年4月程静安同志和吴焕智同志被任命为人事处副处长。1984年1月，张文荣同志被任命为干部科副科长，赵振和同志被任命为科级干部（正科级）。1985年2月任命赵连刚同志为职工管理科副科长，张文荣同志为人事科科长，高玉亭同志为档案室主任。在此期间人员调动和内部分工频繁，全处连同处长和科长工作人员大体基本保持在8～10人左右。

附录：史料片段

校　友（口述）
编　者（整理）

中财的骄傲——第一个设立金融专业的学校

从中央财经大学来讲，我们值得自豪的就是金融专业，我们是全国第一个设立金融系的学校。在1962年那个时候还没有几个学校有金融专业。比如北大，它没有专门的金融专业，人大则是在财政系里有一个金融专业，而我们是专门有一个金融系。一般来讲，我们就是边写教材边讲课。我们编教材，写一章去校印刷厂印一章，然后再发给学生，实际上那只是一种讲义，而不是正式的教材。当时来了几个其他学校毕业的非金融专业的学生，后来他们就成了助教。对于这一点，我是很紧张的，因为有的时候他们对学生们提出的关于金融方面的问题无从下手。从1962年起，中央财政金融学院在全国招收了第一届高中毕业生，招生工作一直持续到"文革"时学校下马前。这批"文革"前的学生，都在我们国家金融战线上挑大梁。原中央财政金融学院的副院长，后来任中国进出口银行副行长的钱中涛就是那时考入中财金融系的。那个时候在全国高等学校里很少有金融专业，这就使得我们国家的银行界、金融界有很多中财的学生。

中财的干部班——六二级学生创造的奇迹

中央财政金融学院第一次真正招收本科生是从1962年开始的，叫六二班。当时有财政、金融、会计三个系，每个系大概两个班，一百多人。在这一批六二级校友中后来有五十多个人都是司局长，成为社会上金融界的中坚力量。中央委员李金华和戴相龙就是那时候的学生。据曾给六二级学生讲课、带队实习并辅导毕业论文的俞天一教授回忆，李金华是当时的班长，戴凤举是当时他们年级的党支部副书记，刘春阳老师是书记，杨大亮也是班长。杨大亮同志曾经是江苏南通市的市长，戴凤举曾经是中国再保险公司的总经理。为什么六二班培养出如此多人才，俞教授说：他们班之所以能出那么多人才，有这么大的社会影响力我觉得有那么几条。第一，那时候大家的革命意识比较浓，学生们的表现都非常好。那个时候的生活很苦，但是学校的风气比较好，大家很艰苦但很努力。我们的教学上也比较注意政治。政治辅导员，像刘春阳老师晚上跟同学们住在一起，学生有什么事都可以跟他谈。所以这个班的凝聚力非常好。几个组织能力很强的班干部在这方面是比较突出的。这个班上的干部一号召，大家就去做，风气很正，革命意识很强。第二，我们在教学的时候注意强调国家利益必须是第一位的。你去检查企业的生产情况、资金使用情况，看它使用得合不合理，用什么来衡量，并不是企业赚钱多就一定合理，对国家没有好处，对国家计划能不能遵守，这才是标准。当然这个标准也不是没有缺点，按照国家的计划做，有时候新的发明创造可能会受到一些压抑。第三，学生的政治觉悟很高。还有一点。学生们毕业后基本上都被分配到农村和边疆去了，不在北京，也不在银行。所以刚开始的时候，这些人基本都是默默无闻的。到改革开放，金融的重要性就表现出来了，这个时候就要找金融的人才。找来找去一发现中央财经学院有金融专业毕业的学生，各个省市基本上把这些人找出来了，找出来就是去搞金融财政。戴相龙同志是学会计的，金人庆这些都是财政的。把这些人都找出来，尽量用他们，一个是他们学的是这个专业，另外一个是他们在农村锻炼了较长时间，再加上原来教学时政治方面比较重视，所以一般作风比较正派，后来大部分得到了重用。这个年级得到重用的人比例比较大，据说好像是70%是司局级以上干部。他们得到重用，一个是主观因素，与他们的个人经历有关，另一个是客观条件的变化，没有改革开放，金融的发展，这些人可能也得不到重视。盛产干部的62级学生为中财的历史写下了辉煌的一笔，也希望我们能够学习前辈，踏实学习，与时俱进，再创辉煌，为中财书写更美好的明天！

中财校风

校风的提出

学校的校风——"忠诚，团结，求实，创新"是在我们学校40周年校庆的时候提出的。那个时候大家认为一个学校需要有他的灵魂，尤其是作为一个与共和国同龄的学校更应该形成这样一个灵魂。最后经过大家的讨论，得出了这八个字，并得到了王丙乾部长的认可。然后王部长给我们题了词，现在王部长的题词还在一块大石头上刻着。

对校风的解读

谈起校风，校友钱中涛这样说道，当时来讲，大家讨论内容之一便是要"忠诚"。那个时候学校培养财经干部，现在培养的对象范围更宽了，但起码要有忠诚，现在可以称之为诚信。不以诚信为本的话做人就做不好，更别说是做事了。"团结"也很重要。我们的学生分配到哪儿都必须要团结，团结才有力量，团结才能进步。"求实"也是很重要的一个。咱们的学生就是实在、踏实。那个时候中组部就跟我们提过，说中财的知名度也不高，但培养的学生为什么就那么多司局级以上的干部？这当然有很多原因。但是其中有一条就是我们中财毕业出去的学生很踏实，不好高骛远。在学校的时候老师就是这么教他们：到岗位上要认认真真、踏踏实实工作。任何一个单位的领导都是喜欢部下不是光耍嘴皮子，要踏踏实实工作。那么这些同志出去后，自然发展得很快。所以我们讨论的时候认为"求实"这个校风一定要写在上面。我们的学生一定要有求实的态度，不要搞虚的东西。我们的课程设置方面，也特别注重操作技能，这是我们学校的一个特点。学生毕业后很快就能上手、能干活。包括我们这些在单位上当领导的老校友就能感觉到：每一届大学分配来的大学生有很多，但真正能干活的还是中财的学生。这是因为我们务实、实干的态度。当然"创新"也是必须要有的，这在当时是培养学生的一个目标。

校训新解

对于后来成为校训的"忠诚、团结、求实、创新"这八个字，曾任校长的王珂敬教授也有他自己的一番解读。他说，忠诚，是政治方面的要求，符合社会潮流，促进党的事业的发展、政治上首先要过硬；团结，是要团结一切可以团结的人，能很好地与别人合作共事，热爱集体，这也是无产阶级的特点之一；求实，即实事求是，按实情来做决定，作为到基层工作的干部，要学会调研，文科学生必须把社会当作实验室，做老实人，说老实话，办老实事。朱镕基总理就很欣赏敢讲实话、真话的人；创新，是有创造力，不要人云亦云。要有旧词赋新意的本领，有新见解、新思路。现今改革中出现了很多新的问题，照本宣科、没有创新的精神是不行的。

中财精神——吞吐大荒

徐山辉教授在谈到中财精神时说道，中财精神就是不服输、不服小、不求大、但求好。我们中财人，始终坚定这个信念。中财精神就像我们的标志"吞吐大荒"那样的一种龙马精神。我们学校 50 周年校庆时树立那个塑像也是有很深的意义的。新生入学以后，我们都要跟同学们讲一讲我们学校奋斗、发展的历史，讲一讲树在我们学校的江泽民同志的题字、龙马精神的雕塑以及它们的含义。这就是我们学校的无形资产，是一笔精神财富。我们这个不服输的精神是要继续保持下去的。同时，我们还要有脚踏实地的精神。要想办好一所大学，除了借鉴别人的长处之外，还需要脚踏实地艰苦奋斗。所以，求真务实就成了我们学校的一个优良传统。学校有好的传统才能带出好的学生，学风潜移默化的作用是不可低估的。

中财校园建设

中财校友钱中涛在接受记者采访时回忆起当时入校时学校的情景，他说当时他刚考入学校时（1962年）学校的校址就在现在本部的位置，学校现在只留下了几间他们当时上课时的教室。一个是礼堂，那是当时学生上课的地方。还有一个就是现在的校医院，那个时候叫友谊楼。这座楼最开始叫单干楼，也就是单身宿舍，后来留学生来了以后就改成了友谊楼。现在大部分人都知道这叫友谊楼，因为是留学生住的。再后来那里就变成了现在的校医院。钱老说在他当院长的时候就是在友谊楼里办公的。此外，学校里还有两个平房，就是现在的南平房和北平房，那也是历史遗迹。现在学校里保存下来的当时的建筑就只有这几个了。原来的学校不大，但是很有特色。四个楼东西南北围着构成了四合院，中间是个小花园。学生宿舍的主体就是这样的。三个系都分在三个楼里面，南楼则是老师办公的地方。现在的专家宾馆所在地，原来有个老的教学楼，学生上课都在那里。现在的校医院旁边过去有个大教室，合班上大课都在那里。那个时候的校园总体上来说不大，比较安静，也比较有特色，具有文科院校的特点。据钱老说，按照原来最早的规划，中财面积很大，校址一直到后面的三环路。在做整体规划的时候，学校前面都是用来建运动场的空地。后面才开始慢慢盖楼，也都是往后盖。再到后来就不行了，那时候因为国家搞阶级斗争，不重视经济建设，不重视价值规律，对财经类人才培养的投入越来越少。学校没有资金在规划用地上发展，便被农民拿去种地，后来学校盖校舍就只能往前挤，这样，房子就盖到门口了，导致了现在教学楼都挤在了前面那一块儿上。

岁月如歌——榜样中财

中财精神—龙马担乾坤

任芳宇（整理）

"龙马担乾坤"主题雕塑

"龙马担乾坤"主题雕塑坐落于主校区校门口广场中央，面向学校正门，背依教学主楼，落成于2000年5月16号，由著名工艺美术大师韩美林先生为中央财经大学建校50周年创作，由中国再保险公司出资建设。

雕塑造型由龙马和象征乾坤的太极球组成，用青铜铸就，通高9米，称之为"龙马担乾坤"。按照中国传统说法，所谓"龙马精神"即"龙"与"马"有着共同的灵魂，马亦是龙。龙马担乾坤，体现了中华民族顶天立地的气派。韩美林先生在说明其构思时说："作品是正在腾飞的骏马驮着燃烧的太极球，象征着新一代优秀人才将载着巨大的使命迈进新世纪，创造美好的未来。希望中央财经大学的学生将来个个'成龙'，希望这件作品成为激励同学们奋发向上的动力。"

雕塑的基座镌刻着韩美林先生之书法作品"吞吐大荒",与雕塑珠联璧合,相映生辉。据考证,"吞吐"二字典出南朝诗人鲍照的一封书信,曰:"腾波触天,高浪灌日,吞吐百川,写泄万壑。",而"大荒"二字典出《山海经·大荒西经》:"大荒之中,有山名为大荒之山,日月所入,……是谓大荒之野。""吞吐"二字喻龙,腾天潜渊,吐纳川海,以说中财气势之恢宏;"大荒"二字言马,辽阔原野,一任奔驰,以喻中财影响之广阔。中财学子,亦如龙有触天之才,亦如马有腾越四方之志也。

每一所大学都有它独特的风格和深刻的内涵,而这种风格可以根据学校的风景或者标志来判定,作为一名中财人,当我站在这座神圣却又熟悉的雕像前,我被它震撼,我不知用什么语言来形容它,但是我想凭着我的感性,来解读一下我对这座雕像对中财的感受。

站在雕像前,我看到了中财的传承。按照中国传统观,龙亦是马,《龙马记》曰:"龙马者,天地之精,其为形也,马身而龙鳞,故谓之龙马。高八尺五寸,类骆有翼,蹈水不没,圣人在位,负图出于孟河之中焉。"龙马,即刚健、明亮、向上、升腾、昌盛的代名词,而龙马精神所富含的寓意即中华民族自古以来所崇尚的自强不息、奋斗不止的民族精神。这种精神,中财人60年来一直在继承中,他们用一代代的青春去铭记,用一代代的青春去证明。

站在雕像前,我看到了中财正在发展中。看到马,总让人想到一马当先、马到成功、快马加鞭等词语,而看到矗立在中财的龙马,我想到了以管理学和经济学为主的中财,在不断的发展中,我们不仅仅是"中国财经专家的摇篮",在财经领域中,中财已经输送了一批又一批的高质量人才,无愧于"财经黄埔"的称号,但中财并不满足于此在法学、文学、力学、工学等领域,中财也在不断的努力中，法学硕士、文学硕士等，一批批复合型的人才象征了中财人的优秀和中财的发展，我们相信，在不久的将来，中财一定会是国际一流大学。

站在雕像前，我看到中财正在时代中。时代的发展需要各色人才，而"龙马"这一形象无论是在古代还是到了现代，所代表的含义和精神都不会因为时代的发展黯然失色，而它的形象也永远不会落伍，"龙马"即象征着中财，中财用它的发展证明了期许的正确性，中财确在继承中，中财确在发展中，中财确在时代中。在不同的时代的中财人用自己辛勤的汗水和不谢的努力证明了自己的优秀，证明了中财的优秀，中财确在时代中。

"龙马担乾坤"，既是对一代代中财人的期许，也是昭示中财面貌的一面镜子，看到这座雕像，我想每个人都会有不同的感受，但是我相信，每一个中财人心中都怀着对它的崇敬与敬仰，每一个中财人都想努力去享受和利用在中财的每一分钟，看到这座雕像我本想写得更好来表达我心中对这座雕像敬畏和对中财的热爱，但是无赖我笔法拙劣，无法一一记录下我的心迹，但是作为一名中财人，我一定会谨记期许，努力实践，做一名合格中财人。

榜样中财

编 者

第三届"榜样中财"颁奖晚会

"找寻现实的榜样，找寻情感的支撑，找寻心灵的制高点！"这是榜样中财的口号与目标，作为一个中财人，更是为这些榜样中财人物感到骄傲，他们是中财的骄傲，更是激励了一个又一个中财学子，他们就是我们的榜样。

榜样中财活动于2005年4月3号正式启动，启动活动的目的就是希望在学校寻找一批在某些方面具有突出表现、具有榜样色彩，并拥有一技之长或与众不同的闪光之处，是新时代青年人心中高质量生活、学习的楷模的人物。希望通过对这群人、事迹和思想的宣传，给中财人以至海淀区的高校学子以心灵上的震撼、情绪上的震动，激发更多的同学去学习榜样、成为榜样。榜样中财活动充分调动学校同学，通过学生自荐或第三方推荐的方式，推选出"榜样中财"候选人，再经过广大同学的参与投票和专业评委的评选，最终选出"榜样中财"人物，在校同学可通过展板现场投票或发邮箱、手机短信，并邀请具有权威性老师参与评审。活动初步设置了十个奖项，包括感动中财奖、学术奖、最具开拓精神奖、最具公益爱心奖、多才多艺奖、阳光奖、超越自我奖、优秀团体奖、最佳搭档奖以及最具人气教师奖。每个奖项将评选出一人（除团体奖和搭档奖），获奖者将获取"榜样中财"奖杯和一笔数量可观的奖金。活动具体时间安排为，4月初至5月初为榜样人物搜集、推荐过程，5月初至5月底为评选过程。"榜样中财"活动将一直持续到5月底，届时将举行颁奖晚会揭晓全部奖项。同时"榜样中财"活动也是每年举行一次。"榜样中财"活动得到了校党委、团委老师的高度重视和大力支持，组委会成员也做了大量的前期准备工作，组委会表示将尽力把每次活动办好，在学校内甚至社会范围内做更广泛的宣传，把"榜样中财"活动做成品牌。

从中财走出去的名人们

杨　韵（整理）

　　若是有人问起中财的历史，中财人必然会自豪地回答我们是与新中国同龄的财经院校。成立于1949年的中央财经大学自办校起，就随着新中国的发展不断地成长与壮大，为国家甚至世界培养了大批优秀的财经类人才。我们在浏览与财经相关的信息时只要稍加留心，便会发现许多名人都是中财的校友。翻开中财校友名录，我们更会情不自禁地感叹原来从中财走出去了那么多名人。

从六二级的"财金黄埔集团军"说起

　　翻开2003年9月号的《经济》杂志，首先映入眼帘的便是"中国财金黄埔"这几个黄色的加粗大字，细看之下，在这个大标题下面还写着"三位正部长，三十位司局长，财政金融高官云集，中央财大六二级"这样几行小字。虽然只是短短的几个句子，却道出了中财六二级校友们的辉煌与荣耀。封面上出现的金人庆（时任财政部部长），李金华（时任审计署审计长）和戴相龙（原央行行长，时任天津市市长）均毕业于中央财经大学，且都是六二级的学生。与他们同届的校友里出现了多位司局级以上的干部，且大多身处经济要害部门，包括国家审计署署长李金华、中国进出口银行副行长

五位财政部长参加校庆活动

钱中涛、中国再保险有限公司总经理戴凤举、原光大银行副行长王希坤、原华夏证券董事长邵淳，等等；不仅如此，他们之中也出现了不少政府高官，包括财政部长金人庆和原央行行长、天津市市长戴相龙等。据曾给六二级学生讲课、带队实习并辅导毕业论文的俞天一教授回忆，当时中财60年招收的是在职干部，1961年因自然灾害停招，中财第一批真正的本科生是1962年开始的。当时一共有财政、金融、会计三个系，每个系大概100人，分为两个班。据钱中涛校友回忆，他们那一级的多数人本应该1966年毕业，但是那个时候正好赶上"文革"，学生被留在学校2年，到1968年才分配。当时的学生毕业后基本上都被分配到了农村和边疆去了，他们去过工厂，下过基层，都没有在待在银行工作。然而改革开放以后，在国家缺乏金融人才之际，他们基本都回到了本职岗位上去，成为了优秀的领导群体，构成了金融界的中坚力量。

为什么六二级学生会取得如此高的成就，俞天一教授说道："他们班之所以能出那么多人才，有这么大的社会影响力我觉得有那么几条。第一，那时候大家的革命意识比较浓，学生们的表现都非常好。那个时候的生活很苦，但是学校的风气比较好，大家很艰苦但很努力。"接受《经济》杂志采访的六二级(1)班的同学都谈到，当时的学生生活非常清苦，班上70%的同学靠国家每月12元左右的助学金生活，校园里清一色的补丁衣服，许多人从1962年进校到1968年工作期间没穿过一件新衣服。宿舍里没有开水瓶，只有用大铁壶打开水，常常喝凉开水。尽管如此，在国家遭受自然灾害后经济形势开始好转，学习先进人物活动频繁展开的社会氛围中，大家却满怀热情，当时的同学们争着学雷锋做好事。"我们的教学上也比较注意政治，"俞教授接着说，"政治辅导员，像刘春阳老师晚上跟同学们住在一起，学生有什么事都可以跟他谈。所以这个班的凝聚力非常好。几个组织能力很强的班干部在这方面是比较突出的。这个班上的干部一号召，大家就去做，风气很正，革命意识很强，学生的政治觉悟很高。"据六二级校友邵淳回忆，当时校园里流行一句口号——我们要为党工作50年，在这个口号的激励下，那时的学生每天都锻炼身体，而这也使得他们养成了干事认真的特点。"第二，我们在教学的时候注意强调国家利益必须是第一位的。第三，学生们毕业后基本上都被分配到农村和边疆去了，不在北京，也不在银行。他们在农村、在基层锻炼了较长时间，再加上原来教学政治方面比较重视，所以一般作风比较正派，后来大部分得到了重用。他们得到重用，一个是主观因素，他们的个人经历有关，另一个是客观条件的变化，没有改革开放，金融的发展，这些人可能也得不到重视。"俞天一教授的一番话，是六二级校友理应得到这个荣誉最好的佐证，"财金黄埔"的称号可谓是实至名归。

50年前那金色的秋天，他们一腔热血走进中央财政金融学院（现中央财经大学），怀抱建设祖国、振兴中华的美好理想，在这里起步人生。从1962年入学转眼间已经过去半个世纪，在这50年间，他们为国家经济社会发展做出了巨大贡献，也为母校赢得了"中国财金黄埔"、"中国财经管理专家摇篮"的美誉，他们为中财的历史画上了浓墨重彩的一笔，中财的历史也将铭记这一群从中财走出去的名人。

80年代的崛起

中国人民银行党委委员、副行长李东荣校友

中国人民银行党委委员、副行长李东荣，有"女巴菲特"之称的刘央，交通银行行长牛锡明……这些最近几年刚刚崛起的响当当的名头看似没有一点联系，但是一看他们简历，我们不难发现，他们均于20世纪80年代毕业于中财。

李东荣是中财80级金融专业的学生，2012年7月被任命为中国人民银行党委委员、副行长。

2012年9月21日，美国《财富》（FORTUNE）杂志公布了2012年全球最具影响力的50位商界女性名单，中财国金84级校友刘央首次上榜，排名第48位，此次共有中国大陆及香港特区及台湾地区的6位华人女性荣登榜上。刘央校友1988年毕业于中财国际金融专业，1993年被派驻澳大利亚管理在当地上市的一只中国封闭式基金，2001年加入总部在悉尼的首域(First State)资产管理公司，任中国投资总监，1年后加入英资对冲基金公司西京投资管理公司，现任西

京投资管理公司（香港）主席。

一直以来，刘央校友非常关心母校教育事业的发展，2009年校庆之际，她慷慨解囊，向母校捐赠人民币500万元，设立了"成心奖励基金"，支持母校发展，

西京投资管理公司（香港）主席刘央校友资助栋梁之材。

刘央校友今天的煊赫成就，是学校在人才培养方面取得的又一丰硕成果，也是中财雄厚办学实力的再一次彰显。作为中财校友的杰出代表，刘央校友的一言一行让大家更加体会到中财校友的赤子深情。她带给中财学子的，不仅仅是一份资助，一份爱心，更是一种希望，一份信念。

交通银行行长牛锡明于1979年考入中央财政金融学院（现中央财经大学）金融系，1983年毕业后分配到青海省工作。1986年进入中国工商银行，历任工商信贷部总经理、北京市分行行长、总行行长助理兼北京市分行行长等职；2002年任工行副行长，2005年至今任中国工商银行股份有限公司执行董事兼副行长。

在中央财经大学的网站上，牛锡明被形容为一名成功校友——"文革"时期他当过兵，改革开放之初考上大学，在大学里学的是马克思主义经济学，工作之后，随着市场化改革的深入，他又自学了西方经济学。他亲身参与和经历了国有商业银行的改革进程。

当然除了他们，这一时期还有李克穆、缪建民和陈剖建三位中财人入选"新中国60年保险业60人"。李克穆是中财财政专业1982届毕业生，现任中国保险监督管理委员会常务副主席。缪建民是中财保险专业1986届毕业生，现任中国人寿保险资产管理公司董事长。陈剖建是中财保险专业1986届毕业生，现任天安财产保险公司董事长。荣获中国注册税务师行业第一个5A级税务师事务所认证的尤尼泰税务师事务所公司董事长刘志忠先生也是中财83级杰出校友，总裁蓝逢辉先生则是中财87级杰出校友。

新千年的后起之秀

进入新千年后，中财学生继续发挥中财人的精神，积极进取，涌现了一批同样优秀的名人。

中财2006届会计学院毕业生王一钢同学被国际会计师公会授予"杰出英才奖"，毕业后被摩根士丹利公司录用，是当年全亚洲唯一被录用的本科毕业生。

2005年4月，第五届国际会计师青年峰会在上海举行。该峰会由国际会计师公会（AIA）主办，参加者为在会计领域或财经领域有所突破和建树的青年学生。中财会计学院2002级王一钢作为国际会计师公会大中华区形象大使应邀出席，在会上就人民币汇率及是否应将人民币与一揽子货币挂钩等问题进行中英文演讲，还获得了国际会计师公会授予的"杰出英才奖"。

王一钢在大学期间曾参加多项赛事并取得了优异的成绩：2004年CCTV英语演讲比赛二等奖、全国英语辩论赛优胜奖，两度参加AIA求职王语文比赛并获优秀奖、第一届"海问杯"会计论文大赛一等奖、2004年国际会计师公会"关于中国大陆与香港更紧密经济合作关系的讨论"比赛第一名，同时被选为国际会计师公会大中华地区形象大使。由于表现优异，他在大二时被"四大"之一的安永会计师事务所破格录取为暑期实习生（summer intern），大三寒假则在同为"四大"的毕马威会计师事务所实习。

在分享他"少年有成"的秘诀时，他认为首先要注重平时的积累，"四年的学习生活对每个人潜移默化会形成一种素质，平时学的东西会在你需要的时候自然而然地跳出来帮助你。所以一定要注重平时的知识积累。"第二点要善于表达自己，"中财的学生在很多方面都很优秀，但可能是不太善于表达自己，所以给人的印象往往是勤勤恳恳、踏踏实实的那一种。这当然很好，可是如果你不能很好地表达自己，很可能在面试第一轮的选拔中就被淘汰了——因为你不懂得怎么去展示和表达自己。也许你的实际动手能力比其他学校的人更强，但由于你在第一关的时候就没有拿到入场券，失去了继续竞争的机会，也就没有机会进一步展现自己的能力。"作为一个中财人，他更是提出意识到自己的责任是非常重要的，"中财有很多优势是其他学校无法比拟的，像是财政部部长、央行行长，都曾经由中财的校友担任，但这毕竟是历史时代因素作用的结果。当然北大、清华的辉煌也有历史原因，像清华因为当时是留美预备学堂，所以很多学生才能出国；清华巩固住了这个优势，所以清华到现在还是一颗璀璨的明星。中财也有着很辉煌的历史，那么如何像北大、清华一样把中财的优势保持下去是每一个中财的学生都应该考虑的问题。这是对学校的一种责任，同时也是对自己能力的一种锻炼。"

中财一直秉承着"忠诚、团结、求实、创新"的校训，培养了一批批优秀的财经人，无数的毕业生从中财走出，成就一番事业。相信我们能够继承优良传统，踏着光辉足迹，为中财名人榜添加更加精彩的新篇章！

三届"榜样中财"获奖情况

任芳宇（整理）

首届"芙蓉学子 榜样中财"评选结果

2005年6月10日晚，中财首届"芙蓉学子 榜样中财"评选活动颁奖晚会在学校礼堂隆重举行。晚会共颁出了学术奖、最具公益爱心奖、开拓创新奖、阳光奖、多才多艺奖、超越自我奖、最佳拍档奖、最佳团队奖、感动中财奖等9个奖项。

获奖情况如下：

学术奖：郝大为　　　　　　最具公益爱心奖：张亚楠

最具开拓精神奖：迟　旋　　阳光奖：卞光明

多才多艺奖：卢文浩　　　　超越自我奖：杨　冰

最佳拍档奖：孟庆贺 黄　丹　感动中财奖：黄长生

最佳团队奖：西部阳光行动——赴青海治多分队

学术奖：郝大为

郝大为现兼任《Journal of Insurance & Risk Management》顾问、《研究生论坛》副主编。他自进入中财以来，潜心钻研专业问题，已在《金融时报》、《中国保险》等核心刊物上发表保险专业论文近30篇，在研究生期间他参加国际国内保险学术会议十余次。同时他还多次参与组织学术活动。2004年主持完成了2004年中国居民保险需求社会调查报告；组织及参与第四届、第五届首都大学生保险知识竞赛命题工作，等等。

最具公益爱心奖：张亚楠

她从本科阶段就积极参加NGO志愿工作，帮助困境人群促进个体健康发展。2003年5月至今，张雅楠任教育型NGO——Professional Education Organization International（PEOI）的志愿者；2004年9月至今，她担任Unite For Sight（UFS）的志愿者；2005年1月，张雅楠和另外5名UFS国际志愿者前往河南尉氏县和上蔡县受艾滋病影响的地区帮助当地人民。2005年3月起，担任UFS中国区理事。并于2005年4月获得UFS人道主义服务模范奖。

最具开拓精神奖：迟　旋

2005年7月，中财第一位成功实现弹性学分制的学生即将毕业，她就是迟璇。她在三年内修满本科150个学分，平均学分绩点居本专业05届毕业生第3名。她用一年的时间读完大二、大三两年的课程，同时她还修读北京大学中国经济中心的经济学双学位多门课程，且成绩优异；摘取中财第三届"挑战杯"论文大赛一等奖；上了大四的她在两周内顺利通过了五场精算师考试；获得过优秀学生奖学金。

阳光奖：卞光明

卞光明，一个拥有健康体魄、丰富专业知识的阳光男孩。由于长期坚持身体锻炼，他不但有健美的体型与出众的身体素质，而且屡次在校内外的比赛中获奖。同时他在专业健身的道路上也越走越宽，2004年1月获得中国健美协会国家一级健身指导员称号，2005年

5月获得亚洲运动及专业体适能学院（AASFP）亚洲专业体适能教练（PFT）证书。

多才多艺奖：卢文浩

卢文浩，从投资专业学生到美术设计能手，从学术研究到新闻主持，从主播到策划、从大陆媒体到境外媒体、从职业电视人到经济学研究生，7个年头，创造自己多姿多彩的生活。他曾负责多台晚会的舞台设计、活动展板制作；参加"霓裳风"校首届服饰大赛并获奖；勤学术，获中国工商银行奖励基金本科生学术奖、校实践论文评比二等奖。他大四入主湖南电视台，香港华娱卫视邀他策划多个大型活动，且一直兼任华娱卫视文案。

超越自我奖：杨　冰

杨冰，十三岁患病，两个月后截肢的女孩，从此失去左腿，而她从此开始了自己成长之路。她并没有自暴自弃，而用更广阔的胸襟看待人和事，从中收获爱和快乐，在成长中探索生命的含义。在大学中，她积极参加学校丰富多彩的学生活动，走进本部广播台，有了以自己名字命名的专栏《杨冰有约》并担任副台长，在系外联部任干事半年，增强了她与人沟通的能力。每一次、每一项工作，她都尽力而为，并从中收获了丰富的人生积累。

最佳拍档奖：孟庆贺　黄　丹

他们俩的组合始于2004年5月的一次特殊的下乡支教经历，对于农村教育和失学儿童的共同关注让他们走到了一起，成为默契的支教战友，并将继续他们共同的西部农村教育志愿服务事业。他们两次去"行知"民工子弟小学义务执教。2004年暑假，他作为领队，她作为队员，共同参加了"西部阳光行动"。

感动中财奖：黄长生

他来自农村，但北京的繁华没有让他遗忘农村，大一他走上了大学生支农支教道路；大二担任"星火"农村发展促进会会长后对"三农"问题更加关注。后加入了西部阳光行动，休学一年到甘肃省临洮县何家山支教扶贫。在何家山学校，他担任了综合实践课的教学，同暑假志愿者共同建立起图书馆，他不仅帮助贫困山区的孩子们，更拿出自己所学帮助村子的农民，让山村人民过上更好的生活。

最佳团队奖：西部阳光行动——赴青海治多分队

"西部阳光行动"赴青海治多分队成立于2004年3月，是一支以发展西部农村偏远落后地区基础教育建设为己任、志愿服务西部的社会实践团队。他们历经千辛万苦来到青海省的一个小镇，为藏族儿童开办了暑假辅导课堂，援建图书馆并赠送了七百多册图书及一台电脑，为贫困辍学儿童建立了贫困生档案等活动，让他们创造了中财学生社会实践史上多个第一：中财第一支获得共青团中央授予的"全国百支社会实践团队"称号的团队；第一支在同一年中两次获得北京市团委授予的"首都大学生社会实践优秀团队"称号的团队，等等。

第二届"榜样中财"评选结果

获奖情况如下：

学术科研奖：张　辉　　　　社会活动奖：陈　玮

公益爱心奖：胡　萍　　　团队合作奖："我爱数学"啦啦队

多才多艺奖：郭名希　　　突出贡献奖：陈　华

自主创新奖：张凯函　　　自强不息奖：孙建华

特别助学金：徐丽丽　　　特别奖学金：信息学院七人组合

学术科研奖：张　辉

在"优干保研"保送研究生学习的两年时间里，充分利用学校和系里提供的充分的科研条件，完成了一系列的科研工作，共在《中国保险》、《金融经济》、《保险经理人》、《中国保险报》、《中国证券报》、《国际金融报》、《证券时报》、《北京青年工作研究》等国家级期刊和报纸上发表论文27篇。同时，参与了国内外学术组织、政府机构、行业协会、中央财经大学的学术活动，协助完成了中国保监会"2005年中国保险市场发展年报"，并是中国保监会"2006年中国保险市场一季度运行报告"的执笔者之一，中国保险行业协会2006年政协提案"责任保险发展亟待政策支持"的执笔者。赴美参加"世界风险和保险大会。赴台参加"2005年两岸风险管理与保险学术研讨会"。第二届"中国平安青年保险学术论文奖二等奖"。中央财经大学涌金奖励基金——"研究生学术奖"的获得者。中央财经大学"研究生科研创新基金"重点课题的课题主持人。获得参加中国平安金融保险学术论文大赛、中央财经大学"研究生科研创新基金"和"2005年两岸风险管理与保险学术研讨会"和"世界风险和保险大会"这些以"创新"为主要评判标准的科研学术活动，充分体现了该同学的突出的科研创新能力。2005年中央财经大学涌金奖励基金——"研究生学术奖"获得者中两名04级研究生之一，第二届"中国平安青年保险学术论文奖"中中央财经大学唯一获"二等奖"的04级研究生。"反思保费泡沫争论"、"正确认识承保利润与投资收益的关系"、"再保险公司为何无人问津"、"机动车三者险赔偿成本需分担"、"保费收入增长≠国民商业保障程度"五篇文章被国研网收录。

每日笔耕不辍，坚持科研工作，尤其在研究生第一学期，在国家级期刊和报纸上发表论文字数达到32000字，到2006年5月份，完成64000字。研究生入学仅3个月期间内，在国家级期刊和报纸上共发表文章18篇，这一学术论文发表速度目前仍然是中央财经大学校史上的一个记录。

社会活动奖：陈　玮

2004年11月，她负责"北京人文奥运巡展"的外联工作，此次活动得到了中国银行北京市分行的赞助，获得了北京市奥组委、北京市教委、北京市政府和故宫等方面的大力支持，更经由中央广播电台、《新京报》、《中国青年报》等多家媒体的报道。2004~2005学年担任报业集团外联部干事期间，成功邀请联想集团所开展的"联想校园行"活动，创下了中财外联活动单场收入的最高纪录；为了配合学校社联开展的"中财第一锤"的举行，她主动帮忙系实践部联系了嘉宝摄影（北师大国际电影节的赞助商及唯一技术支持），由他们友情提供了拍卖品。大一时，编写并导演了两部话剧；组织本系青协率先在分部开展"临终关怀活动"；在青协举办的"环保服装设计大赛"中组织所在院系的两个班级参加比赛，荣获了全场最高分和"最佳设计师奖"；同时她还在班级户外活动中担任导游，受到一致称赞。她加入了"KEO未来考古鸟"及"新时代公民教育"两家NGO组织；她还多次代表校青协带领志愿者出席北京市高校志愿者大会以及养老院等志愿者服务站的联欢会进行演出。她参与了校级本科生科研创新项目"中国竞技体育产业化研究"；在2005~2006学年的寒假，在中国人寿保险公司福州分公司为期一个月的实习中，因表现突出在后期担任公司营销部临时主训；同时，还在上海大陆期货经纪公司福州分公司兼职实习。如今的她，担任中央财经大学就业协会副会长，分管外联工作和实习基地项目组。

公益爱心奖：胡　萍

她是一名普通的星火会员，在过去一年半的日子里，耕耘着爱心。2005年的3月，她加入了星火支教的队伍，开始了她至今仍在继续的支教历程。从第一次走进行知实验小学开始，以后每周三的下午，她都会准时出现在行知小学的校园里。一年半，从未间断。她负责舞蹈课程的教学。她都会在每周三的下午将原本一节45分钟的支教课一直延长到孩子们放学回家。甚至在放学后，她还会去学校附近的学生家里指导动作。后来她还将一周一次的支教加到了一周好几次。她的课余时间，全都花在了支教活动上。2005年的暑假，她成为了全球经典文化活动的志愿者。这次活动需要志愿者连续性全天制负责来自全球的代表队的领队工作。她早上6点多赶到志愿服务的宾馆，尽力完成各项工作，耐心的帮助来自不同地区的代表团，一直到晚上10点多才能回到宿舍，但她从未抱怨过。活动结束后，一支代表队郑重地给她寄来了整整15张记载整个活动的DVD。她帮助过路边无助的孤苦老人，收留过打工而无处可栖的异乡人，她组织过同学去戒毒所进行慰问谈心，"太阳村"有过她的身影。她去照顾过小动物，也参加过污水河治理的调研。步入大学以后，她继续资助高中时期就开始资助的贫困学生，寒暑假回家，都会帮他补习功课，关心他的学习和生活。

所获称号：

星火社杰出志愿者，并于2005年6月与同行的志愿者为星火社赢
得第一面锦旗

2005年4月至今一直担任YY公益网站义务志愿者

2005年12月被评为中央财经大学优秀志愿者

2005年被授予国家文化部优秀志愿者称号

团队合作奖："我爱数学"啦啦队

篮球比赛有的队员觉得人数少，结果肯定是输，还不如弃权，
我们吼到："只要你们在场上，你们就能听到我们的声音！输赢没
有什么关系，我们一直在场下看着你们打！"最后球队进入了前
四！我们赢得了最佳啦啦队奖！戏曲文化节，没有经费租道具，我
们就用广告宣传纸做了所有的道具，包括衣服、刀、手机、面具、
眼镜，最后反响非常轰动！我们队成功进入决赛！流行舞大赛，人
数少再一次成为了我们的隐痛。除去演员，拉拉队员只剩下几个，
我们边哭边鼓劲，其他院系的同学看了都很感动，帮我们一起喝彩
加油。集体生日，为了让大家有家的感觉而不孤单，我们就提出了
集体生日的概念。而这之后就成为了传统活动，仅一年时间，为了
庆祝同学生日，我们组织的集体活动多达35次！班上的同学根据自
己一年所学的专业知识，总结自己的学习心得和方法。但没有足够
的资金打印这些内容。整整两万字，我们就一笔一画誊写在A4纸
上。三天以后，书问世了。很多同学都纷纷出资买下了这本书。我
们的希望是用我们的行动，用我们的激情，用我们的信心，用我们
的理念，感染整个大集体！激发大家的信心，带给大家激情和那充
满温情的团结氛围！

多才多艺奖：郭名希

400米48秒73，这个中财历史上速度最快的年轻人，他不断超越，永不言败。在他身上，我们可以看到一种力量，而恰恰是这种力量，代表着一个不断加速的学校。17岁那年，有过风一般的历史：2002年3月，北京市田径传统学校比赛400米栏亚军，2002年10月，北京市中学生运动会400米冠军。赛后，他应召加入了"国家青年田径队暑假集训营"。同年，荣获教育部颁发的"国家一级运动员"称号。分部篮球赛冠军，三VS三篮球赛亚军，分部"篮板王"。2005年4月的校运动会上，分部创纪录获得了团体总分136分的好成绩，包揽了男子团体第一名，女子团体第一和总分第一名全部三个重要奖项。作为体育部长的他功不可没。而他也凭借个人得分26分的全校最高成绩，当之无愧地获得了校"体育明星奖"。同时，作为校田径队的主力队员，他正在积极备战将于2005年5月举行的北京市高校运动会。"告别清河文艺汇演"、"毕业生晚会"两场大型文艺演出中，他为老师同学们奉献了精彩了舞蹈，用真情打动了在场的每一名观众。学院的圣诞舞会、团学联谊晚会，他凭借阳光健康的形象，清晰的口齿和敏捷的思维，当仁不让出任男主持，并不负众望，为同学们献上了精彩的晚会。"戏曲融萃"话剧比赛中，作为主要演员的他认真排练，并为整个话剧出谋划策，使得该剧最终获得了"最佳人气奖"和"吞吐大荒1A奖"两个奖项。校辩论赛场上，他思维敏捷，举止大方，诙谐幽默，风度翩翩。评委老师对他的点评是：思维敏捷，课外知识丰富，具备很强的实力！

突出贡献奖：陈　华

大家都知道校园赫赫有名的"中财论坛"，他作为一名普通的学生，他怀着一个为母校服务，为中财学生争气的信念，和另一位学长一起，自己设计，自己出钱，克服了无数的困难，废寝忘食的工作，终于在2005年2月建成了中财人自己的论坛。论坛一建成就受到了全校师生的热烈欢迎和支持，逐步成为了校园里最具影响力的舆论平台。论坛里的每一个声音都可能影响到我们的同学。更直接的，论坛的言论还代表着母校的形象，他深深感到自己的责任大了。网络上的信息发布如此之快，如何抵制不良信息？如何给大家一个纯洁，积极的舆论平台？他牺牲了自己大量的时间精力，每天要消耗6个小时以上（上网费用当然由自己承担），分早晨、中午、傍晚、深夜4个时段查看所有新发帖子的内容，可以想象工作量有多大！在一些重大节日和敏感日子里，他甚至会24小时守着论坛。正是因为他的悉心管理，论坛一直以积极向上的姿态展示中财风采，没有出过任何政治问题。想想我们每天的课余时间能有多少？而他却能牺牲那么多的时间和精力去管理，几乎将自己所有的爱好都推在了一边，因为他深深地爱着论坛，爱着母校，爱着他的公益事业！随着论坛影响力的不断扩大，信息量不断增加，他独自担任了一些敏感帖子的核实工作，尽最大努力保证帖子的真实性，防止造谣中伤。为了更好地发展社团，百忙之中，他毅然担负起了为有需要的社团免费开设版面，并给予学校以及各院系很多活动在宣传方面的大力支持。与此同时，他为了使论坛的速度更快，内容更丰富，又出资出力，购买插件，更换论坛代码。现在呈现给大家的是已经两换外观，三换内核的新论坛了。与此同时，他还担负着学校FTP的工作，利用论坛配合宣传。他仍不满足于论坛的现在，还在寻找更好的发展，努力为大家提供一个更完美的网上家园。他倡导"打造财经黄埔温馨家园"，积极以网络宣传为主。他充分利用自己的信息优势，搜集同学们的意见，努力和相关部门协调，号召同学们以理智的、合理的方式维护权益，并积极促成了一系列矛盾的顺利解决，他的这些行动得到了很多同学的拥戴。论坛建成到现在，一年多了，很有幸它已经成了很多中财师生生活的一部分。他不仅仅在校园论坛上做出了很大的贡献，在平常的生活里，他也是一个充满爱心和责任感的人。他用一颗关爱的心对待身边的同学，他乐于助人的优秀品质为他的同学所称颂。每当有各种捐款号召，需要帮助的人就成为他关注的对象。没有特别的原因，只是他的一份爱心，一种乐于奉献的精神。大二的那次捐款帮助贫困学生活动最为印象深刻，他独自一人捐款几百元给一位父母弱智并面临失学的孩子，要知道那时他刚丢了笔记本电脑，也正是经济非常拮据的时候啊！他仍然希望能尽一点绵薄之力，毫不犹豫地慷慨解囊，也只有这样才能平复他澎湃的心情。与此同时，他还感染周围的朋友，号召大家都能加入其中。他总是关注需要帮助的人们，无偿献血，志愿活动……都是他积极去做的事情。在日常生活中他是如此充满爱心，感动着所有他帮助过的人……是的，他就是这样一个平凡而又不平凡的学生，他的名字并不为多少人所知，但是他所做的一切已经在校园里被广泛称赞。一个普通学生，毫无功利之心的投资建成了中财论坛，并付出了大量时间和精力管理和发展论坛。很多名牌大学纷纷建立自己的BBS，而我们大学却一直没有，中财论坛的建成填补了学校在BBS方面的重大空白，他为学校做出了卓越的贡献。而这一切，他都努力地做着，勤奋、积极、不怕劳累……他坚持不懈发展论坛的决心坚定热烈，他孜孜不倦于公益事业的精神难能可贵，他为全校师生做出的突出贡献也有口皆碑。

自主创新奖：张凯函

她现任保险系学术实践部部长、校社团联合会副主席、中央财经大学旗舰学社的主要成员。她潜心钻研专业问题，取得了一定的成绩。寒暑假实践报告多次获奖。多篇专业文章发表于国内唯一公开发行的保险报纸《中国保险报》上。她从进入中财开始，即担任保险理论研究会分部会长，多次带领会员参加各大高校保险论坛以及保险公司高峰年会。其首篇论文《机动车强制第三者保险社保化的合理性分析》，直击我国机动车强制第三者险核心，对其社保化的合理性分析更是开创了本科生挑战国家机动车强制第三者保险强加给商业保险公司的不合理的先河。她利用假期，完成了实践研究报告——《对吉林农业保险问题的思考》。该篇论文同样被《中国保险报》采纳发表。她以敏锐的眼光和角度，从专业立场，审视当今中国保险业以及农村县域经济现状，撰写论文《审慎发展县域经济》发表于《中国保险报》。另有《责任保险的学习与思考》等文在《中国保险报》上发表。为了联合志同道合的学术研究的本科生一道对现今的保险界进行讨论研究，她创办了中央财经大学旗舰学社。学社成立至今，两个月以来，成员不断向各大保险传媒投稿，取得了骄人的成绩。进入中财学习至今，曾获：优秀学生，优秀学生干部，寒假社会实践三等奖，暑假社会实践二等奖，北京市大学生数学竞赛三等奖等奖项。参与以"环境污染责任保险"为研究课题的课题组，获得本科生科研创新基金的支持，现已全面进入最后攻关阶段，预计五月中旬结题。这一课题在我国尚属空白，在国际上亦无十分成功的案例，相信这个课题的结题报告定可以在业界及学界引起相当程度的重视。

自强不息奖：孙建华

他来自全国著名贫困县内蒙古准格尔旗，来自一个在2004年的春节才有了电灯的落后山区，他从高一开始，一直半工半读，面对病床上的母亲，和一贫如洗的家庭，承担起了一个贫苦农民家庭长子的责任；他高考结束，正为巨额的大学学费和生活费一筹莫展，父亲不幸遭遇车祸，给这个家庭雪上加霜；他为了使同样优秀的妹妹不失学，在勤工俭学供自己生活费的同时又担负起了供妹妹上大学的重担。他的努力换来了欣慰的结果：他如愿以偿地走入了中央财经大学；他在中财连续三年综合测评排名班级第一，拿下了国家级、市级、校级十七项奖励，连续三年获得国家奖学金一等奖，连续三年获得校级优秀学生奖学金一等奖，以及北京市三好学生，校运会5000米长跑冠军、泰跃综合素质奖一等奖，校级三好学生、优秀团员，等等；本科行将结束，他又以优异的成绩顺利地被北京大学光华管理学院录取。他用兼职赚来的钱支持着妹妹的学业，支持着贫寒的家庭，支持着自己简单而充实的生活。大二时，他把视野放得更宽，兼职的同时投入了丰富的学生工作和社会活动中，每一份工作，他都投入了极大的热情，用他的勤奋、乐观和责任心，翻开了大学生活崭新的一页。在校学生会里，他与其他成员精心策划的"四六级模考"成为深受同学欢迎的精品活动；在辩论队里，他与其他队员一道，艰苦奋战，团结协作，最终获得了第一届"首都八校经济学院辩论赛"的冠军；在星火社赴河北"支农支教行"的活动中，他与队员为当地的老乡宣传党的方针政策和先进的科技知识，为当地的小学生传授学习方法，为山区带去知识，送去温暖；作为国家统计局的一名志愿者，他前往北京牡丹园社区完成全国经济普查前期的部分调查工作；他从自己微薄的生活费中挤出一部分，资助着赵北中学一位贫困中学生，把爱心洒向他力所能及的地方……他的生活忙碌而又辛苦，但他收获着友谊，收获着快乐。功夫不负有心人，一个月的磨炼之后，他有幸以唯一一名本科生的身份，进入了广发基金公司由名校硕士组成的初录名单中，给了他这段辛酸的求职经历最好的安慰。更让他欣喜的是他被梦想的北大录取了，他平静地享受着这个美好的结果，思考着下一个更高远的目标——华尔街投行，一个开放、平等、自由而又精英荟萃的地方。面对曾经的困难，他用自己的奋斗改变了贫穷落后的命运；面对如今的成功，他依然保持着朴实的作风、乐观的性格、进取的精神，用坚强的毅力、阳光的笑容和踏实的脚步去铺平通往更高目标的道路。

第三届"榜样中财"评选结果

获奖情况如下：

感动中财奖：第八届研究生支教团

自强不息奖：于小燕	多才多艺奖：张川石
社会活动奖：石玉琦	公益爱心奖：吴　迪
突出贡献奖：杜　鹃	团队合作奖：中财女排
自主创新奖：申　玖	道德风尚奖：李　丁
学术科研奖：金　烨	

感动中财奖：第八届研究生支教团

在一年的时间里，他们用自己的努力和爱心让这些迷茫、悲伤的眼神变得充满斗志、自尊自强。在农村，最可怕的不是贫困，是落后的观念，是扭曲的价值观。在支教服务地，全校百分之八十的学生是女孩，命运是她们沉重的枷锁，她们生来就是兄弟的聘礼，是别人生活的附属。更可怕的是她们自己也默然接受了这种命运，毫无希望地等待着凋零。他们目睹了毕业班女孩手持通知书却无法跨进高中的校门。坚持飘摇的学业，保留人生奋斗的希望；这一年，在支教团数次家访，坚持不懈的劝导下，张艳平执拗的父亲终于认识到女孩同样是家庭的希望，当哥哥输掉了家里最后的积蓄，六十几岁的老人泣不成声地说今后再难一定支持女儿的大学梦；这一年，在支教团悉心关怀和积极鼓励下，樊秀峰，一个和六十多岁养母相依为命、麻木面对命运的女孩，得到了雪中送炭的物质帮助，更鼓起了抗争命运的勇气； 这一年，在支教团温情关怀下，张秀花渡过了她人生中最沉重的日子——失去了最后一位亲人——重新绽放出生命的光芒，她告诉志愿者老师，她会考上技术学校，她会养活自己的。一年前，他们带着满脸稚气和内心执著走上三尺讲台；一年里，孩子们第一次上计算机课、第一次看电影、第一次看见清晰的生物图片……志愿者的课堂里总不缺少阵阵欢呼和啧啧称奇；一年后，孩子们的历史成绩在全县名列前茅、薄弱的英语科目成绩也有了很大突破；筹得奖助学金，使得数百名孩子受益；受援地拥有了第一所体育器材室，第一座图书馆，第一间多媒体教室……"虽然我知道父亲一定会供我，可是现在家里根本就拿不出几十元钱，下星期又要收起（收钱）了，我不知道要怎样对那双深陷的眼睛说出'学校又要钱了'这几个字……"面对这样的来信，他们更加意识到他们虽然平凡和微小，但他们一直在努力，想尽己所能，为这里的孩子和父老乡亲们做点事情，回应来自远山的呼唤。如能获得这笔奖金，他们将全部捐助给受援地急需高中学费的女孩们，实现她们心中的梦想。

自强不息奖：于小燕

她的老家在重庆一个偏远小山村，父母都是老实巴交的农民。自打她知事起，母亲的身体就一直很差，一直休养在家，屋子里常年弥漫着浓浓的药味。哥哥患有"间歇性癫痫",四岁时高烧不退,烧坏了大脑,引起轻度智障。家庭的重担落在了父亲一个人肩上。1999年,母亲的心脏病进一步加重,几度昏迷入院,家里负债累累。由于文化程度不高,又缺乏一技之长,父亲几经辗转才谋到一份在一家工厂大食堂当"跑堂"的活,每月500元的工资。但母亲看病实在需要太多的钱,父亲就背着她们在下班后偷偷地去码头扛货。直到有一天,父亲扛着货从码头梯子上摔下来被人送进了医院……父亲随即被诊为严重"颈椎退行性"病变,引起神经压迫,出现呕吐和晕厥症状;而且长期的过度劳累和饮食不规律,已经有严重的胃出血现象。父亲下岗了!家里断了唯一的经济来源,全家人的生活没有了着落!父亲四处寻找新的活儿,却因身体原因而四处碰壁。同一年,她考上了市重点高中。这无疑是雪上加霜。那年她14岁。她开始半工半读,靠自己负担书费、学费,并独自一个人负担起供养家庭的责任。从初中、高中一直到大学,从发传单、推销、家教到财务助理,每天都是学校、兼职两头跑。半工半读的日子很苦,也很累,可是她很满足:别人的女儿是爸妈的贴心小棉袄,而她是家里的那根顶梁柱。 逆境里成长的她,不怨天尤人也不自怨自艾,坚信生活得靠自己去打拼。高中连续三年被评为"校级特优生",靠全额奖学金完成了高中学业。2005年被评为重庆市"优秀学生干部",高考榜上有名,却险些失学。重庆市电视台报道了她的事迹,西部助学工程也向她伸出了援助之手,全额资助她大学期间的学费和生活费,并被评选为2005届重庆市西部助学工程优秀学生代表。但她并没有让自己闲下来。高三毕业的那个暑假,白天她自己开了个补习班收了二十多个孩子做辅导,晚上去广场摆小摊。她的想法很简单,只有给父母赚足一部分生活费和医药费,她才能安心地踏上北上求学的火车。2005年9月入读中央财经大学

05税务班，同时也开始了她异地的勤工助学之路。她的大学生活已经过去两年半了，在老师的严格教导及个人的努力下，取得了学习总成绩第一名、院系综合测评第一名的好成绩。2005～2006学年、2006～2007学年连续两年获得校级一等奖学金；2006～2007学年获得税务学院"学习标兵"称号和"最佳优秀学风奖"；2006年9月获得重庆市"展示青春 靓丽人生"市级演讲比赛第一名；2007年获得了"寒假社会实践一等奖"和"暑假社会实践优秀个人二等奖"；2007年6月获得第一届凡星中财"自强之星"荣誉称号；2007年8月获得"芙蓉学子"奖励基金；2007年11月获得国家教育部"国家奖学金"；2007年12月获得校级"三好学生""优秀团员"称号……但她在意的不是这些，她更看重自己在一个集体中的作用，珍视同学间的友情，帮助生活困难的同学，帮助掉队的同学辅导功课，积极参加公益活动、支持学校工作的开展、加入奥运志愿者……她能回报给别人什么，这是她一直都要做，而且必须做好的。坚强、独立、有担当，这是生活教给她的最大收获，即使在最困难的时候也不放弃学习和追求。因为她始终相信一句话：艰难困苦，玉汝于成！

多才多艺奖：张川石

一个从小喜爱艺术的孩子，一个正在实现自己艺术梦想的青年，这就是她——多才多艺的张川石。 初中时辽宁人民广播电台少儿节目《河马哈哈》的主持经历让她初步接触了专业的播音主持，高中时系统的学习与在辽宁电视台做主持的经历让她较为全面地了解了播音主持这门艺术。虽然高考时最终没有选择艺术类专业，但是做一名优秀的主持人这个一直以来的梦想从未从她的心里消失过。中财广播台，两年的《音乐主题馆》备受好评，来自她两年间每周的精心准备与播出。从一年一度的毕业生晚会、迎新晚会到校艺术团赴山西文艺演出，从校园戏剧大赛到"印象中财"颁奖礼，学校各项大型活动的舞台上都有她主持的身影。 2007年，从北京人民广播电台的播音间，到中央人民广播电台的训练营，她也在为了播音主持的梦想而不断地努力完善自我。大二时她，绝非专业出身，却靠着平时的积累以及对于文艺的独到理解策划组织了校原创短剧大赛。此后，由她担任策划、导演的校毕业生晚会、迎新晚会以及2007戏剧艺术推广季系列活动等校级重要文艺活动都获得了学校师生的关注与好评，而诸如校艺术团赴山西文艺演出、"印象中财"颁奖礼等许多活动也留下了她参与策划的精彩创意。 担任校话剧团团长的她对于戏剧有着格外的热忱与研究。数次在学校各种演出中的朗诵表演，发起戏剧艺术推广季，让戏剧的氛围开始在中财校园里弥漫。而由她担任导演助理、舞台监督的话剧《暗恋桃花源》在学校的公演更是将这种氛围推向了高潮，而这背后，是她在近一年时间里从策划到排练到统筹各项幕后工作的辛勤努力。 从没有想过有一天可以以一名舞蹈演员的身份走上舞台，但大一入学便加入了舞蹈团，舞蹈成了她挑战自我的契机。三年里，从《阿里郎》到"统一新星大赛"上的街舞，从舞蹈团专场上的六支舞蹈到毕业生晚会上的《毕业照》，一次又一次，她用肢体和舞鞋实现了这个。藏在心底的梦想。 高中时便开始担任合唱指挥的她在2006年校合唱比赛中，凭借激情而专业的表现博得了在场观众的热烈掌声。也正是因为这次指挥表现，她得到了侯书记、朱处长等在场校领导和评委声乐专家张乃雯老师的称赞。而由她带领排练并担任指挥的社会发展学院更是获得了校二等奖第一名。多才多艺对于现在的她来说，已不仅是个人爱好，更是一种责任。作为校艺术团副团长兼话剧团团长的她正在时刻尽自己最大的努力，把艺术氛围带到中财的每一个角落。

社会活动奖：石玉琦

他没有非凡的背景，雄厚的家财，但如果社会活动经历可以作为一笔财富的话，那他一定是富有的。连续两届社会实践十杰、优秀学生干部、学术科研先进个人、三好学生……从社会实践到学生工作再到学术科研，他在各领域中游刃有余，洒下勤奋汗水，实现青春梦想。

实践之路上的他一路艰辛，一路受益。首都大学生社会实践优秀团队队长、暑期社会实践团队一等奖、寒假社会实践一等奖……他带领实践团队来到西部贫苦村落，和队友们将中财实践之旗展开在村卫生所、农民家中、甘肃省委……署名为中央财经大学天行健实践小分队的实践成果以整版形式发表在省级刊物《鑫报》上。 学术科研中的他积极探索、勇于创新。本科生优秀科研创新专项资金资助项目主持人、全国人文核心期刊上发表专题学术论文、挑战杯学术论文一等奖……他艰辛的科研创新之路上开出了一朵朵芬芳的成果之花。

工作中的他踏实肯干，求实奋进。他曾任校学生治保会主任、财政学院学生会副主席、04财政班班长，他以强烈的责任心为同学服务，为老师分忧。开展调研、组织讲座、策划比赛、编排话剧……他几乎出现在学生工作中的每一个角落。 刚满二十一岁的他充满活力，青春阳光。"DV大赛"一等奖作品主创人员、"流行舞大赛"三等奖舞蹈队成员、"凡星中财"创新之星……沉甸甸的荣誉，是他在社会活动中付出的最好认可。如今，优干保研的他服务于广大中财校友和母校的桥梁——校友总会，深感责任之重大，使命之光荣！以思想为翼，以行动为风，他坚信，"士不可不弘毅，任重而道远"！

附：主要获奖情况

社会实践：

2008年1月　获"中央财经大学社会实践十杰"荣誉称号

2007年1月　获"中央财经大学社会实践十杰"荣誉称号

2007年1月　获"首都大学生社会实践优秀团队"（任团队队长）

2007年4月　获"中央财经大学寒假社会实践"一等奖

2006年11月　获"中央财经大学暑假社会实践团队"一等奖（任团队队长）

学生工作：

2007年4月　获"中央财经大学优秀学生干部"荣誉称号

2007年9月　获"中央财经大学优秀学生治保干部"荣誉称号

2007年6月　获"财政学院十佳学生干部"荣誉称号

学术科研：

2008年1月　获"中央财经大学学术科研先进个人"荣誉称号

2007年1月　获"中央财经大学第四届挑战杯创业方案设计大赛"三等奖

2007年6月　获"中央财经大学'创新之星'"荣誉称号

2007年9月　获"中央财经大学挑战杯学生课外学术论文竞赛"一等奖

2007年10月　获"中央财经大学优秀本科生科研创新专项资金资助项目"

其他：

2008年1月　获"中央财经大学三好学生"荣誉称号

2006年4月　获"中央财经大学流行舞大赛"三等奖（学院团体）

2005年12月　获"中央财经大学第三届DV大赛"一等奖

公益爱心奖：吴　迪

阿坞，一个坐落在甘肃南部隶属于国家重点贫困县的小山村，他的支教生活就从这里开始。这个人均年收入不足800元的村子被群山环抱，零星的耕地散落在山脊上，五月还在飘雪，在这样恶劣的自然条件下，别期望庄稼有多少收成，洋芋是赖以生存的根本，在这里，想要有牛奶面包的早餐是种奢望，连买一块肉都要到十八里之外的镇子上，更不用说有红烧肉、烤鸡翅的午饭。但请不要因几个月不能洗澡而抱怨，当你穿着布鞋，用蹩脚的方言和学生交流，看着自己蒸出的一锅锅馍馍，每天面对洋芋丝洋芋片洋芋疙瘩洋芋面时，你会发现，简单的生活让你乐在其中。在已经无法完成遮风挡雨使命的土坯房里，什么都是那么弥足珍贵；在用帐篷搭建的教室中，看到老师用冻得通红的手颤抖着写下"好好学习，天天向上"那一刻，才知道从小一直伴随着他的八个字背后竟蕴含着如此的力量；在一间不足十五平方米却挤了十几个人黑骏骏的学生宿舍里，学生端来了只有盐的洋芋面片，那是生命中最丰盛的晚宴，因为他尝到了生活的滋味；在村小结识了执教近四十年却只进过一次县城的尹老师，由于身体的原因再不能教书的他把女儿也拉进了教师行列，150元的收入怎能让接力棒代代相传，是精神的力量。也许有人认为没有保研自己休学支教浪费了青春，他认为它在他心里埋下了一颗种子。

附录：

一、2007年10月~2008年9月，休学一年，前往甘肃省宕昌县阿坞乡支教。

二、支教期间，参与西部阳光与英国海外志愿服务社发起的"宕昌县基础教育发展项目"，从事以下工作：走访了全县的三十多所中小学，通过与校长、教师的交流，对宕昌县的基础教育情况有了初步的了解；教师培训项目（培训来自全县十九所学校的教师，受益学生3000多名）；外籍志愿者项目（三名海外志愿者前往当地，负责学校发展等工作，受益师生3000多名）；资助代课教师项目（一百名代课教每人每月补助一百元）；幼儿园项目（开办一所幼儿园，辐射半径一个镇）；图书馆项目（建成十二座图书室，受益师生17000多名）。

三、参与发起了中央财经大学商学院"对话学子心，牵手西部情"活动，北京七所高校与阿坞乡建立长期合作关系。建成七所图书室（6000余册图书），受益师生1400多名。

四、在大家的帮助下，有6名学生受到了长期资助。

五、2004年至今累计献血10次，折合换算共计3800cc。

突出贡献奖：杜　鹃

她，高中时成为一名党员，大学期间曾任学生会宣传部干事、班级学习委员，现任共青团中央财经大学委员会委员，研究生会学术部干事，保险学院研究生党支部组织委员、纪检委员。在校期间获得2次国家级奖励，1次市级奖励，7次优秀学生奖学金等各种奖励基金，6次"北京市优秀毕业生"、"凡星中财创新之星"、"三好学生"、"优秀团员"等荣誉称号，并以4.1的优秀绩点保研。自身获得诸多佳绩的同时，她还为中央财经大学知名度的提升做出了突出的贡献。研究成果《Measuring the Impact of Longevity Risk on Annuity Insurance Products》入选由Asia-Pacific Risk and Insurance Association举办的2008年亚太国际保险会议，7月，作为极少数的研究生代表远赴澳大利亚悉尼进行演讲，届时，CUFE将在国际学术殿堂响起，中财人的思想将被各国学者聆听。一年内在各大报刊杂志公开发表论文26篇，文章不仅被中国社会科学院保险与经济发展研究中心等多家网站转载，还两次入选"平安杯"全国大学生金融学术论文大赛，并双双获奖。2007年获邀参加"中国保险发展论坛国际学术年会"，2008年获邀参加北大赛瑟论坛，并作为少数学生代表在北大讲台宣讲研究成果《长寿风险对年金产品的偿付压力分析》。最终，在其和学院师生的共同努力下，CUFE成为保险领域专业、权威和高水准的代表。在专业领域小有名气后，北京交通台主动邀约，就航意险的未来发展问题对其进行独家采访；《中国证券报》等多家报纸长期向其约稿；中国金融网、和讯网、中金在线、华尔街电讯等网站多次转载其文章和观点。不仅成功塑造智慧严谨的中财人形象，还为中财建成一所研究型大学贡献自己的力量。一年内参加各级课题4项，在教育部课题"高校学生医疗保险及医疗费用负担研究"中担任要职，在商业课题"中国汽车保险市场发展与运行状况调查"和"外资保险公司在中国的发展"中，赴上海、苏州、天津等地考察并撰写报告，其不俗表现真正体现了中财人的高素质高品质；凭借优秀的学习成绩和较强的科研能力入选由北京大学光华管理学院举办的"全国经济学与金融学优秀大学生夏令营"，代表中财学子与著名经济学家、金融学家及其他高校代表进行思想交流和学术切磋。作为校社会实践中标小分队成员赴甘肃支教，在当地引起强烈反响。实践报告获校级一等奖，实践小分队获校AAA级团队，同时获得首届腾讯网友杯暑期社会大搜查活动"人文关怀奖",中央财经大学"优秀志愿者"等多项奖励。担任《中国保险报》网站兼职编辑期间,以中财人认真、肯干、细心、上进的优秀品质获得了单位领导好评,为中财人赢得社会肯定。

团队合作奖:中财女排

2004年北京大学生排球联赛女子乙组第一名、2005年北京大学生排球联赛女子甲组第五名、2006年"中体联合"杯北京市大学生女子排球甲级赛冠军、"迎奥运"2007年北京晚报杯北京市大学生女子排球联赛冠军、首届2006~2007年全国大学生排球超级赛女子组第五名、首届2006~2007年全国大学生沙滩排球赛女子组第二名、2007年越南国际排球邀请赛女子组第五名……这一连串响亮的名字让每一个中财学子都倍感骄傲,而这些漂亮成绩的背后,是女排姑娘奔波于球场和教室间匆忙的身影,是女排姑娘面对伤痛忍住不留的泪水、更是女排姑娘迎接挑战时的坚定目光,短短的四年时间,这个团队用自己拼搏的汗水浇灌出了这一连串耀眼的荣誉。如今,这支团结的队伍已经成为了校园中一道独特的风景线,中财女排更是成为了中央财经大学的一面特色旗帜。

同样作为本科生,女排姑娘们每天既要和所有同学一样完成学习任务,又要外出进行高强度的训练,每个星期5~7次的训练,每次的训练时间都达到近3个小时。其疲惫程度是他人无法体会的。她们付出了多少的辛劳,流下了多少的汗水,每一个人都看在眼里。可是即便再累,只要站到训练场上,她们都立刻卯足精神不流露出一丝疲惫。因为她们每个人心里都很明白,作为大学生能为学校做出自己的贡献是多么的自豪。正是这样的荣誉感和自豪感激着她们。她们用实力征服对手,用荣誉激励自己前进,更用精神感动着每一个中财人。她们身上那种积极向上、不可阻挡的团队力量，正是团结奋进，顽强拼搏精神的最好体现。是她们把比赛中永不放弃的激情，坚持不懈的毅力和积极向上的精神带到了校园生活，为我们平淡的大学校园注入了新鲜的元素；从她们身上我们学到了一种精神：团结、拼搏、奋进、无所畏惧、坚忍不拔！她们有能力也又自信在成功的道路上走得更远、更广。让我们共同期待这个团结、友谊、积极向上的集体再创辉煌！

自主创新奖：申　玖

2005年高考他以林则徐三副对联为线索写下《壮哉林公：一个昂首挺立在忘记与铭记之间的人》，取得满分。2006年9月设计第三届学术文化节会徽，开此活动先河，2007年被该活动沿用，2007年年末被学生处纳为部门标志。目前为止，使用此徽标的各类印刷品（信封、书签、书籍封面、海报、挂幅、灯旗、宣传册）已近百种，也因此他有幸受到侯慧君书记的接见，朱凌云处长在一次座谈会上点名表扬他"在中财留下了东西"。4次为各类组织、活动设计徽标并被采纳，2次为印刷品设计封面，并为学院设计档案标签百余个。2007年夏受华娱卫视邀请制作某项目介绍幻灯片。最新作品为校团委"站牌"。目前在策划校团委楼道"中财学子画与话"。2008年3月一篇《校徽选取颜色建议》得到校领导的重要批示，被陈明校长称为"具有一定的国学功底"。同时，受命为新校徽撰写释义；目前，赋、铭、散、说、诗共五个版本的校徽释义已提交至校长，下一阶段将有机会与王强院长等名家共同探讨校徽释义。2007年7月担任院学生会主席以来，大力推动机构体制改革，使之成为20个学院中第一个有独立标志、第一个有团队口号、第一个有机构理念、第一个有系统的组织文化的学生会。2006~2007学年第二学期，先后获得精英学子特别奖，芙蓉学子-团学工作创新奖（第一名，05级唯一获奖者），以及凡星中财——创新之星。其他：2006寒假社会实践校级、院级一等奖，2007暑假社会实践校级、院级二等奖，2008寒假社会实践院级二等奖，学院首届挑战杯论文大赛一等奖，校十七大征文比赛三等奖、2006暑假及2007寒假社会实践优秀组织奖。2007年年底被选为美国密歇根大学某研究项目中国区研究助手。他亦曾是中科院心理所李甦研究员、刘烨博士的研究助手，还曾经以"面部表情模特"的身份参与了汪亚珉博士的情绪研究。从2005年暑假开始，几乎每个假期他都会为当地省级重点高中同学进行有关高中学习的讲座，至今已达10场，听众超2000人。校内演讲，如拜师会上的《我们的文化叫做和谐》。3月初应邀为本届榜样中财撰写引语，后又受命为他校教学评估撰写专题报告《中央财经大学学生榜样教育工作总结》。思想汇报《解放思想之年大学生当首先解放视野》即将刊于校报。回顾三年大学时光，他亦在生活中不断创新：一年增添一个习惯——周记、摘抄、早起，一年增添一个兴趣——登山、散步、摄影，一年增添一个技能——团学工作、社会实践、即兴演讲……这些才是他申报自主创新奖的最终信心来源。

道德风尚奖：李 丁

来自"新中国从这里走来"的那片热土，厚实的传统和纯朴的民风从骨子里便孕育了他率真的性格。出生于一个教师的家庭，作为"人类灵魂工程师"的父母在娘胎里就为他打上了奉献的烙印。父母的耳提面命在他幼小的心灵中播下了一颗"善"的种子，父母的高山景行让耳濡目染的他形成了对"德"的追求，父母的春风化雨让他坚定了"奉献"的信念。在阳光雨露的关怀中，一棵小树正在茁壮成长，他从来不敢忘记这一切，他默默地撑起一片绿荫，用自己的爱一笔一笔描绘出一隅夏日的清凉。上地社区，他曾与年逾花甲的老人分享奥运英语；凌晨三点，他曾为朋友承担了本不属于自己的工作。为宿舍打水，他更是将这简单的举动变成了习惯，几个月来从不间断。当自己的付出换来了别人开心的笑容，他的心中，亦仿佛有鲜花开过。予人为乐，是他最大的快乐。"亲和力产生凝聚力"，在班长竞选中做出承诺，在日常生活中加以践行。一次次精心设计的活动为班级营造了家的温馨，同学们的优秀更给他以无穷的动力，废寝忘食的付出换来的是"中央财经大学优秀班集体"、"中央财经大学优良学风班"等各种荣誉的接踵而至。润物无声的积淀，积淀了同学们对这个集体深沉的爱，他很欣慰自己能够在其中成为团结班级的纽带。奉献社会，他把它看作自己义不容辞的责任，更以此作为自己毕生的追求。 红会艾滋病培训同伴教育，他抛开世俗偏见坦然承担；积极投身环保事业，他在中财林植下了自己的树木。当同学因胰腺炎住院后，他参与发起了全校范围的募捐，烈日下，他守在捐款箱前一整天，用一声一声的感谢诠释奉献。义务献血，则早已成为他生活中的一部分。6次献血总计19单位（200毫升为一单位），他用自己朴素的坚持和耐心地讲解消除了人们心中的恐惧与疑虑，带动了更多的人奉献爱心。他还将形成规律性的献血，以一到两月为一周期。 连续两次的下乡经历，更是他一生的财富。以天为幕地为席，他在旷野之上为孩子们授课，在他们的心中播下了梦想的种子；从零学起苦中作乐，他在田间地头与农民共同劳作，在他们的眉梢留下了会心的笑容。也许第一次他只是想要体验，面对第二次机会时，他却毫不犹豫地选择了坚持，因为此时他已经开始领略到奉献的真谛……他的父母为他播下了"德"的种子，是中财为他提供了"德"的土壤。他热爱自己的学校，并不断从中汲取营养。他相信，爱心让青春焕发色彩，奉献让生命呈现光亮是他一生的财富。

学术科研奖：金　烨

他拥有一个又一个骄人的"第一"：中国第一个作为主要承担人承担国家级科研课题的本科生，中国第一个在国际几大顶级科学大会上做专题报告的本科生，作为亚洲及太平洋地区唯一候选人获得拥有计算机科学诺贝尔青年奖之称的"The Intel excellence in computer science award，2006"，并因此获得哈佛大学的全额奖学金录取。此外，他还以主要承担人身份承担省部级重大课题2项，参与世界银行科研项目1项，以第一负责人获得国家大学生创新性实验项目1项，完成并发表论文7篇（其中一篇被国家录用，将运用到奥运会相关比赛中）。研究涉及的领域有：一、经济类：（1）他作为主要承担人（第三作者）并担任学生课题组组长成功立项为全国教育科学"十一五"2007年度规划课题。这是第一次由本科生以课题主要承担人的身份承担的国家级课题，并被《光明日报》、新浪网、北京市团委、北京市教委等多家媒体、团体报道，且列为中央财经大学本科生评估手册学生科研成果头条。之后不久他又以课题第一负责人和项目组长身份承担国家大学生创新性试验项目一项。

（2）他完成的文章"The research of marketing and management models of CTTA's membership system"入选了国际奥林匹克科学大会（由国际体育科学与教育理事会（ICSSPE）、国际运动医学联合会（FIMS）、国际奥委会（IOC）、国际残奥会（IPC）四方国际组织联合主办的国际体育科学、教育和医学领域中规模最大的多学科大会，每四年举办一次），并在大会上作专题报告。(3)参与财政部负责的世界银行有关政府采购方法创新的课题，并在之后为期半年的项目中承担与外国专家的联络及讨论工作。二、计算机类：

(1) 在成功破译Windows源代码的基础上，提供了一种可将程序运行在Windows系统内核中的解决方案，大大降低了程序运行过程中的资源占用率。凭着这一巨大突破，他荣获了由美国Science杂志主办，Intel公司赞助的世界计算机年度大奖The Intel excellence in computer science award ，2006，这项有着计算机科学青年诺贝尔奖之称的奖项，每年仅选出四名获奖者，每个大区各一名，他作为亚洲及太平洋地区的唯一获奖者获得该奖项。(2) 以主要承担人（第三作者）身份承担两项国家体育总局科技攻关课题（省部级重大课题）：《乒乓球比赛微电脑排名系统的研究》和《乒乓球比赛全民健身系统的研究》。经过一年的研制，现已结题，成功投入使用。
三、数学类：撰写了名为《中国乒乓球超级联赛各俱乐部团体排阵分析》的内部论文，得到了有关领导的一致好评，此研究成果将被应用于2008北京奥运会中国乒乓球队的团体比赛中。

第四届"榜样中财"评选结果

学术科研奖：保险学院2010级研究生袁敏

公益实践奖：外国语学院2011届本科生魏仁科和法学院2011届本科生李波

团队合作奖：中财女排和党委宣传部摄影摄像记者团

博知多艺奖：中国经济与管理研究院2008级本科生马图南和税务学院2009级本科生樊舒文

感动中财奖：法学院2009级本科生徐昌举和经济学院2009级本科生汤懿兰

学术科研奖——求真求是

求真求是，是这所大学赋予莘莘学子的精神。在学术科研的道路上，无数中财学子为求真知上下求索。2011年"榜样中财——学术科研奖"被保险学院2010级研究生袁敏摘得。她立足专业、精诚琢磨的研究精神印证着这所大学"求真求是，追求卓越"的办学理念。我国著名财政学家、中财大财政学院名誉院长、德高望重的姜维壮教授为获奖者颁奖，并寄语2011级新同学："我们有这样的学生，国家就有新的希望，也希望你们能够锲而不舍、再接再厉，创造更高的成绩"。

中财大财政学院名誉院长姜维壮教授为"学术科研奖"获得者颁奖

实践公益奖——历练担当

中财十佳歌手孙天龙的一曲独唱——《等待》抒发了青年人对梦想的追寻，唱出了中财青年对责任的坚守。"榜样中财——公益实践奖"分别颁发给了外国语学院2011届本科生魏仁科和法学院

北京志愿服务指导中心张楠副主任为"实践公益奖"获得者颁奖

2011届本科生李波。魏仁科同学以大学四年逾千小时的志愿服务成为当之无愧的中财榜样。李波同学则以专业所学为需要帮助的人提供无偿法律援助。他们用行动诠释了忠于责任、勇于历练、敢于担当的意志品格。北京志愿服务指导中心副主任张楠为两位获奖者颁奖。张楠副主任提及了感谢和希望，"希望所有新生都能够加入志愿服务的大家庭，奉献公益爱心。"

团队合作——凝聚共赢

中财女排以汗水浇灌出中财骄傲，党委宣传部摄影摄像记者团用满腔热忱记录着母校发展的点点滴滴。两个团队，不同的领域、不同的成绩，却以同样凝聚共赢的宽广胸怀走出共同成长的踏实脚步。我国著名篮球运动员王治郅为获得"团队合作奖"的两个团队颁奖。王治郅在为获奖者颁奖的同时也对在座的新同学提出了希望："希望同学们能够在与他人的融合中体现自身价值，获得共同成长。"

著名篮球运动员王治郅为"团队合作奖"获得者颁奖

博知多艺奖——积淀绽放

"榜样中财——博知多艺奖"彰显的是中财学子潜心积淀的信念与锋颖绽放的勇气。中央民族乐团室内乐团团长、中财大学生艺术团民乐团指导老师刘湘为"博知多艺奖"获得者中国经济与管理研究院2008级本科生马图南和税务学院2009级本科生樊舒文颁奖。

中央民乐团室内乐团团长、中财大学生艺术团民乐团指导教师刘湘为"博知多艺"奖获得者颁奖

从APEC峰会到哈佛校园，马图南展现着中财学子的风采。从花样游泳到蝶舞人生，樊舒文书写着人生别样的艺术篇章。

感动中财奖——中财人的力量

拼搏不息，斗志不移；信仰不改，责任不弃。这是"感动中财奖"蕴含的中财人感动中财的力量。组委会将这个奖项分别授予了法学院2009级本科生徐昌举和经济学院2009级本科生汤懿兰。面对病痛折磨，徐昌举用自行车运动磨砺身心，从四川老家独自骑行2000多公里来到母校求学。缘于两个多月的同桌情谊，汤懿兰用真诚与友爱为脆弱的生命点燃希望。正是这一个个鲜活的中财人，用他们的力量感动着中财。

"榜样中财"的活动还在继续中，像当初对它的期望一样，它已成为中财的品牌，那些榜样，是中财骄傲的儿女，相信在这样有意义的活动的推动下，中财人会越来越优秀，每一位都是榜样，都是社会的榜样。

王广谦校长为"感动中财"奖获得者颁奖

《中财往事》编后记

王　强

　　历史写得"高于生活"一点，就像小说；小说写得"生活"一点，就像历史。中国的史书有一些小说因素；中国的小说也大多不脱史笔。在中国的正史与小说之间，有一种亦史亦文的东西，相对于"史"而言，它叫"野史"；相对于"文"而言，它叫"笔记"，或叫"笔记小说"。有时候这东西也叫"野史笔记"，或叫"笔记丛谈"。这类东西因非官修，所以写得比较随意，没有那么多束约，所以显得比较活泼、比较通脱。古人写这类东西如宋代洪迈《容斋随笔》序中言，是"意之所之，随即记录，因其后先，无复诠次"。因为不太加掩饰，所以也颇近真实。但其劣处，则略显丛杂粗泛。

　　《中财往事》相对于《中央财经大学六十年史》则或可称作中财的"野史笔记"，野史笔记古来就是"纪事实，探物理，辨疑惑，示劝诫，采风俗，助谈笑"（《唐国史补》序中语）的。野史笔记对于认识历史而言，可以补史传之不足。这个"补不足"，一方面是史传未记者，它可能记了；再一方面史传记得略，它记得细一些；第三就是史传如此记，它却从另一角度记，其中或有阻牾，但有互见之效，因为历史往往并非只从一种角度就可以看清楚的。

　　编一个叫"中财往事"的笔记丛书，这想法始于我编写《中央财经大学六十年史》的时候，当时采访了很多老教师，他们说了很多关于学校的人物和事件，有些难于写入正史，一方面是正史的容量有限，一方面是写入正史就会因体例而删消导致其色彩淡化。所以我就和编写组的同志们说，若配合正史再搞一个笔记类的东西就好了。但是当时我们主要的精力都在正史之修订，无暇旁顾。所以这事就搁置下来了。2012年，袁东副书记到文传学院考察，与我有一席谈，说起编辑"中财往事"，袁书记十分支持，且雷厉风行地纳入学校文化建设的计划中。在袁书记和学校的敦励之下，我召集了老同志座谈宴会、中财子弟座谈宴会，会间也就算征稿了，老同志们很踊跃，这本"第一册"上刊出了很多，可见其用心之诚。我也通过宣传部、老干部处等部门广泛征求稿件，得到了各部门的大力协助。稿件上来之后，我在文化与传媒学院找了两个年级的汉语言文学专业的学生，组成编辑小组，他们一边编辑，一边采访，到2012年的秋末，稍得十五六万字，再加删刈，可十万余。他们帮我做好基本的梳理工作，我则在寒假期间通读全稿，时加点窜，反复调整，修修补补，就过了壬辰，来到癸巳，略觉这个年过得还算有点内容。

编完这一册"中财往事"，有些话要写在这里：

首先是，当我们回忆中财往事的时候，最关心的是什么？一是对新中国成立之初那一段历史的关注，60年前，因为久远，很多细节已经模糊，这需要记忆的搜索，记忆的甄别，和多人记忆的整合。这里面既有记忆，也有探究，这就像史学界对上古历史的研究，这是一种源头的考问，这就像我们每个人对自己的出身有一种特有的关心。再一个就是对学校"文革"时期被解散那段历史的关心。这不只是我们一个学校的痛，也是那个时代高等教育的痛，更是我们这个民族文化史的痛。第三个关注点就是，复校后与烟厂八年的"持久战"。那是改革初学校师生最大的纠结，几乎是尽一校之全力应对的事情，为此，我们失去了一些发展的机会，我们没有精力与心情去认认真真地搞学科建设，我们因此而与一些学校拉开了距离。设使我们没有那八年的艰难，以我中财人之智慧与力量，我们应该会比现在发展得更加辉煌。

其次，当我们回忆中财往事的时候，我们记忆最深的是什么？除了上面说的那些记忆深刻的事情，较突出的是复校之艰难与清河校区初建时的简陋与师生对这种艰难与简陋的包容。连同在一些回忆文章中描述的建校之初和一些特殊时期的艰难，我们在这里看到了学校师生的胸怀，他们那种贫贱不能移的志向，他们那种争取权利的执著，他们那种克服困难、在建设中求发展的精神。中财人不是没有委屈，不是没有怨言，但是他们没有因为委屈而颓废，没有因为怨言而放任，因为他们知道，中财是他们人生历程当中最重要的精神家园。特别要说的是，在那些艰难的时期，我的老师们为什么能够坚持在三尺讲台认认真真的教书？这就是中国的传统，孟子所谓："君子有三乐，……父母俱存，兄弟无故，一乐也。仰不愧于天，俯不怍于人，二乐也。得天下英才而教育之，三乐也。"（《尽心》上）这第三乐唯有教师才有，中财的学生，都是天下极好的考生，就是"天下英才"，能够得此天下英才而教育之，本是人生之大乐矣，一切的艰难困苦又何足道哉！

其三，当我们回忆中财往事的时候，最主要的焦点人物是哪些？一是名教授，一是名校友。我在《斯人风景旧曾谙》这篇回忆文章中，写到凌大珽先生时有这样一段话：

我在北师大读书时，在校园中就经常看到那些大师级的老先生曳杖徐行，那些老先生身上凝聚着这个学校的文化、传统、学问、文章。一个学校要是没有这些老先生，就如同一个家里"家徒四壁"一样。我每见到凌先生、张先生他们在校园中漫步，就觉得我们学校虽小犹好，精神上的堂庑顿觉高大，就像宅院里有老树，厅堂上有名人字画，虽不见得有钟鸣鼎食，但总觉得是诗礼传家。孟子说"所谓故国者，非谓有乔木之谓也，有世臣之谓也。"近人清华梅贻琦校长因之而说"大学者，非谓有大楼之谓也，有大师之谓也。"吾于凌先生等老先生之于中财大，亦如是说。

一个学校因为有好老师，就为学校增添了厚重的内容，留下了不可磨灭的痕迹。一个学校因为有好老师，才会使学校有光芒，有影响，才会使学生们在他的学习阶段不忍蹉跎，在他的人生途中不畏艰难。

再说校友，我们学校真是因校友而骄傲，我在2010年写的一首《中财赋》中说到校友有这样几句话："学子莘莘，搏击场屋、荣举中财；毕业煌煌，凭御才力、多成梁栋。州郡因之会计财货；城乡由此融通钱粮。"一个大学若无视校友，何以证明大学的价值？一个校友，若没有大学的滋树，也难有面对社会的底气。校友之于学校，有着学生、老师、学校这种不解的缘分，这是一种相互依存的神圣关系！

其四，我们回忆中财往事的时候，什么算"往事"呢？其实今天发生的事，到了明天就是往事了。我们在这一集里的文章，有的是绍远而述的，有的是就近而记的。其实"笔记"就是意之所之，随即记录的，就近记录，往往还能更清楚一些。所以这一辑里有很多事情是20世纪90年代及以后的事。修史往往是后代修前代之史，多非亲历，依据的往往是当时的档案资料。而"笔记"则可记述当下之闻见，这实际上是后来修史者十分宝贵的活材料。辑在这里的一些刚刚过去的事，脉络十分清晰，而且还有当时人物的心理描述，都十分真实，不加掩饰，这对于后来述史者来说，更足珍贵。

癸巳正月，编次此《中财往事》，希望它能让中财人认可进而喜欢，再进而希望我们中财人拿起笔来，把我们记忆中的故事发表出来，一集一集地编写下去，使往事并不如烟，记录下我们学校发展的足迹。如今付梓印刷，更胜于古代的刻勒碑铭。因为我们不光是记录还要传播，使中财的事，"古"今如旦暮；使中财的人，天涯若比邻。

王强记于中财大文化与传媒学院　时在癸巳2013年2月14日

又是五月，江南梅雨枕水的季节。往年的北京已骄阳似火，但今年似乎春光要长些，至今薄暮温凉。然而，校园里终究还是弥漫着毕业季的离情别绪了，毕业生的论文答辩才告一段落，单反相机就在忧郁的布鲁斯声里，定格了他们身着学位服的青春容颜。此情此景下，再次品读关于中财的往事，心中未免多了些感慨：又一届学子，就要成为中财的校友了。他们可能是后期《中财往事》的优秀赐稿者或忠实读者罢。在此，应该感谢每一位作者的慷慨赐稿，他们是中财的骄傲。稿件收讫，又经文传学院原中文系教授闵庚尧先生三校其稿，其间亦得人事处离休干部黄青山老师和原中文系霍焕民教授匡正史实，增益史事，亦当深致谢忱。同时，还要感谢文化与传媒学院2011级汉语言文学专业的学生编委们，他们课业繁忙却乐此不疲，为本书的整理、撰稿、编辑和校对，付出了青春热血，在此谨将他们的大名一一录下，一则示谢，一则勉励：杨博、任芳宇、王瑞一、凡红婷、杨韵等。又，我的研究生——2013级古代文学专业的汪冲贤契，助我三合成稿，数番核校，用尽心力，亦余当谢者也。此外，经济科学出版社的王娟编辑及文传学院39号艺术空间的同事们，对本书的编排、设计以至杀青付梓，贡献颇著，在此一并表示感谢！

甲午马年2014年5月20日补记